Karl-Hans Hartwig
Monetäre Steuerungsprobleme
in sozialistischen Planwirtschaften

Schriften zum Vergleich von Wirtschaftsordnungen

Herausgegeben von

Prof. Dr. G. Gutmann, Köln
Dr. H. Hamel, Marburg
Prof. Dr. K. Pleyer, Köln
Prof. Dr. A. Schüller, Marburg

Unter Mitwirkung von

Prof. Dr. I. Bog, Marburg
Prof. Dr. D. Cassel, Duisburg
Prof. Dr. H. G. Krüsselberg, Marburg
Prof. Dr. H.-J. Thieme, Bochum
Prof. Dr. U. Wagner, Pforzheim

Redaktion: Dr. Hannelore Hamel

Heft 39: Monetäre Steuerungsprobleme
in sozialistischen Planwirtschaften

Gustav Fischer Verlag · Stuttgart · New York · 1987

Monetäre Steuerungsprobleme in sozialistischen Planwirtschaften

Von Karl-Hans Hartwig

14 Abbildungen und 14 Tabellen

Gustav Fischer Verlag · Stuttgart · New York · 1987

Anschrift des Verfassers:

Prof. Dr. Karl-Hans Hartwig
Westfälische Wilhelms-Universität Münster
Wirtschaftswissenschaftliche Fakultät
Abteilung zum Vergleich der Wirtschaftssysteme
Weseler Str. 1, D-4400 Münster

Für Gaby, Felix und Moritz

CIP-Kurztitelaufnahme der Deutschen Bibliothek

Hartwig, Karl-Hans:
Monetäre Steuerungsprobleme in sozialistischen Planwirtschaften / von Karl-Hans Hartwig. – Stuttgart ; New York : Fischer, 1987.
  (Schriften zum Vergleich von Wirtschaftsordnungen ; H. 38)
  ISBN 3-437-50295-6
NE: GT

Gedruckt mit Unterstützung
der Deutschen Forschungsgemeinschaft

© Gustav Fischer Verlag · Stuttgart · New York · 1987
Wollgrasweg 49, D-7000 Stuttgart 70 (Hohenheim)
Das Werk einschließlich aller seiner Teile ist urheberrechtlich geschützt. Jede Verwertung außerhalb der engen Grenzen des Urheberrechtsgesetzes ist ohne Zustimmung des Verlags unzulässig und strafbar. Das gilt insbesondere für Vervielfältigungen, Übersetzungen, Mikroverfilmungen und die Einspeicherung und Verarbeitung in elektronischen Systemen.
Satz: JW Filmsatz, Passau. Druck: Offsetdruckerei Karl Grammlich, Pliezhausen.
Einband: Großbuchbinderei Clemens Maier, Leinfelden-Echterdingen
Printed in Germany

ISBN 3-437-50295-6
ISSN 0582-0243

Inhalt

Vorbemerkung 1

I. Geld in der sozialistischen Planwirtschaft 3
    1. Die Rolle des Geldes in der sozialistischen ökonomischen Theorie 4
    2. Geld in der sozialistischen Planwirtschaft als Gegenstand der nicht-sozialistischen Ökonomie 13
    3. Die analytische Bedeutung des Geldes als Reflex der Organisationsbedingungen sozialistischer Planwirtschaften 18
       a. Organisationsbedingungen sozialistischer Planwirtschaften 19
       b. Funktionen des Geldes 22
       c. Geld als ökonomischer Einflußfaktor 24

II. Monetäre Organisation und Planung 27
    1. Die Komponenten der gesamtwirtschaftlichen Geldmenge 28
       a. Analytisch begründete Geldmengendefinitionen 29
       b. Empirisch bedingte Geldmengenabgrenzung 30
    2. Geldproduktion in bilanztheoretischer Sicht 39
    3. Das System der monetären Planung 44
       a. Die Struktur der monetären Bilanzen und des Bilanzsystems 45
       b. Der zentrale Bilanzzusammenhang 52
       c. Funktionsprobleme der monetären Planung 54
    4. Struktur und Funktionen des Bankensystems 56
       a. Verrechnungsfunktion 59
       b. Finanzierungsfunktion 60
       c. Kontroll- und Sanktionsfunktion 64
    5. Die Organisation des internationalen Zahlungsverkehrs 64
    6. Zwischenziele und Indikatoren der Geldpolitik 65

III. Probleme der Geldangebotskontrolle 72
    1. Komponenten des Geldangebots 72
    2. Determinanten des Geldangebots 76
       a. Das System der planmäßigen und außerplanmäßigen Kredite 77
       b. Widersprüche zwischen geldpolitischem Zwischenziel und den Interessen der staatlichen Betriebe 80
       c. Die Konsequenzen der betrieblichen Interessen für die Kredit- und Geldemission ... 86
       d. Das System der Finanz- und Kreditkontrolle 88
       e. Die Beeinflussung der Kreditnachfrage durch zinspolitische Instrumente 95
       f. Der Einsatz von Mengensanktionen als geldpolitisches Instrument 99
       g. Die Konkursunfähigkeit staatlicher Betriebe 101
       h. Das Verhalten der Banken 103
    3. Kontrollierbarkeit versus Endogenität des Geldangebots 104

IV. Der Einfluß des Geldes auf die wirtschaftlichen Aktivitäten 109
    1. Aspekte der transmissionstheoretischen Analyse 109

    2. Output- und Beschäftigungswirkungen monetärer Impulse bei begrenzter Planautonomie der privaten Haushalte 111
        a. Staatlicher Sektor 112
        b. Privater Sektor 113
        c. Rationierungsfreies und mengenrationiertes Gleichgewicht 115
    3. Ein vermögenstheoretischer Ansatz der Geldwirkung in sozialistischen Planwirtschaften 119
        a. Determinanten der Vermögensstruktur privater Wirtschaftseinheiten 120
        b. Die Vermögensstruktur der staatlichen Betriebe 122
        c. Anpassungsprozesse bei expansiven monetären Impulsen 123

V. Ergebnisse und Schlußfolgerungen 129

Literatur 131

Anhang 141

Verzeichnis der mehrfach verwendeten Symbole

M	= Geldmenge	A	= Ausgaben
D	= Depositen	Pf	= Prämienfonds
B	= Bargeldumlauf	U	= Nutzen
F	= zweckgebundene Geldbestände	V	= Umlaufgeschwindigkeit
SA	= sonstige Aktiva	k	= Kassenhaltungskoeffizient
SP	= sonstige Passiva	w	= Nominallohn
R	= sonstige Einlagen	P	= Preisniveau
K	= Kreditbestand	m	= Ersparnis
W	= Währungsreserven	d	= Nachfrage
Y	= Volkseinkommen	s	= Angebot
C	= Konsum	p	= Private
X	= Staatsverbrauch	ph	= private Haushalte
N	= Beschäftigung	pw	= private Wirtschaft
T	= maximal mögliche Arbeitszeit	sw	= sozialistische Wirtschaft
E	= Einnahmen	g	= Staat

Vorbemerkung

Die ökonomische Erforschung sozialistischer Planwirtschaften konzentriert sich bislang im wesentlichen auf die Beschreibung institutioneller Rahmenbedingungen und ökonomischer Entwicklungsprozesse sowie auf die Darstellung und Analyse von Funktionsmechanismen und -problemen der naturalen Planung und Lenkung.[1] Demgegenüber finden monetäre Aspekte nur wenig Berücksichtigung in theoretischen und empirischen Studien. Damit wird jedoch ein Bereich weitgehend aus der Analyse ausgeklammert, dem zumindest insofern eine erhebliche Bedeutung zukommt, als bis auf wenige Ausnahmen alle ökonomischen Transaktionen in sozialistischen Planwirtschaften monetär vermittelt werden und nicht unerhebliche Teile des Vermögens der Wirtschaftseinheiten aus monetären Aktiva bestehen.

Vor dem Hintergrund dieses Defizits wird im folgenden versucht, einige zentrale Problemkomplexe, die sich aus dem Einsatz von Geld in sozialistischen Planwirtschaften ergeben, zu analysieren. Dabei wird – unter Heraushebung von Schwerpunkten – weitgehend der Systematik der gegenwärtigen Geldtheorie gefolgt, die im allgemeinen die Bereiche Geldverwendung, Geldangebot, Geldnachfrage und Geldwirkung unterscheidet.[2] Im Vordergrund des Interesses steht zunächst die analytische Bedeutung des Geldes in sozialistischen Planwirtschaften, d.h. seine Funktionen und prinzipiellen Einflußmöglichkeiten auf ökonomische Prozesse, die eine Beschäftigung mit monetären Phänomenen erst begründet. Die ökonomische Bedeutung des Geldes impliziert die Notwendigkeit monetärer Steuerung, soll die gesamtwirtschaftliche Geldversorgung die Ziele der zentralen Instanzen nicht gefährden. Die damit verbundenen Probleme bilden den Schwerpunkt der weiteren Analyse. Im Gegensatz zu den bisher vorliegenden, auf die Verbindung zwischen naturalen und monetären Plangleichgewichten abstellenden Ansätze sind hier die Determinanten des faktischen Geldangebots der Analysegegenstand. Aus nicht vermeidbarer oder von den verantwortlichen zentralen Instanzen bewußt herbeigeführter monetärer Über- oder Unterversorgung der Volkswirtschaft resultierenden Impulse, die über entsprechende Anpassungsreaktionen die gesamtwirtschaftlichen Aktivitäten beeinflussen können. Diese Verbindung zwischen Geldmenge, Output, Beschäftigung und Preisniveau, d.h. die Freilegung der Transmissionswege monetärer Impulse, bildet schließlich einen weiteren Problemkomplex der vorliegenden Betrachtungen.

Monetäre Steuerung bezieht sich somit vor allem auf Aspekte der Geldangebotskontrolle sowie des Wirkungszusammenhanges zwischen monetären und güterwirtschaftlichen Mengen- und Preisvariablen und nicht auf die Beeinflussung einzel- und gesamtwirtschaftlicher Prozesse mit Hilfe von sog. «Wertkategorien», wie Löhnen, Steuern, Preisen, Prämien, Gewinnen usw. Bei letzteren handelt es sich um in Geldeinheiten ausgedrückte Größen, nicht aber um Geld in seiner Eigenschaft als Bestands-

---

[1] Sozialistische Planwirtschaften sind Wirtschaftssysteme mit überwiegend zentraler Planung und Koordination der Wirtschaftsprozesse und Staatseigentum an den Produktionsmitteln, wie sie in Anlehnung an die Organisationsprinzipien des sowjetischen Systems vorwiegend in Osteuropa konzipiert wurden. Im Gegensatz zum Idealtypus Zentralverwaltungswirtschaft handelt es sich um Realtypen, wobei das Attribut «sozialistisch» dem Selbstverständnis dieser Systeme entspricht.
[2] Vgl. zur Systematik KATH (1980), S. 157 ff.

größe, ein Unterschied, der von der sozialistischen ökonomischen Theorie und dem systemvergleichend angelegten Bereich der nicht-sozialistischen Ökonomie häufig übersehen wird.

Obwohl die vorgebrachten Argumente sich auf Erfahrungen aus der DDR, Polen und der UdSSR beziehen, gelten die vorliegenden Ausführungen prinzipiell für sozialistische Planwirtschaften. Ähnlich allen empirisch orientierten Untersuchungen, die sich mit diesen Wirtschaftssystemen beschäftigen, besteht dabei das Problem, daß kontinuierliche statistische Angaben kaum verfügbar sind und zudem monetäre Daten der besonderen Geheimhaltung unterliegen. Aus diesem Grund sind systematische empirische Analysen nur sehr begrenzt möglich und muß zur empirischen Begründung der Analyseergebnisse häufig auf verstreut zu findende Hinweise zurückgegriffen werden, die vielfach einen anderen als den vorliegenden Problemgegenstand betreffen. Dadurch ist die Notwendigkeit einer relativ breit angelegten Literaturauswahl bedingt. Dies gilt aufgrund des Defizits an theoretischen Untersuchungen zu monetären Phänomenen in sozialistischen Planwirtschaften auch weitgehend für die theoretische Analyse.

Die vorliegende Arbeit wurde im Frühjahr 1985 abgeschlossen. Sie entstand auf Anregung von Prof. Dr. H. JÖRG THIEME, dem ich für seine wertvollen Anregungen und seine wohlwollende Betreuung danken möchte. Mein Dank gilt auch Frau MARIANNE SCHAPMANN und Frau LORE SCHLÜTER für die gewissenhafte Anfertigung des Manuskripts, der Deutschen Forschungsgemeinschaft für finanzielle Unterstützung sowie nicht zuletzt meiner Familie, die wesentlich für die Sicherung meiner inneren Stabilität gesorgt hat.

I. Geld in der sozialistischen Planwirtschaft

Der Stellenwert, den monetäre Probleme bei der Analyse sozialistischer Planwirtschaften einnehmen, ist wesentlich mit dem Aspekt der Neutralität des Geldes verknüpft, wobei der Neutralitätsbegriff von jenem differiert, der gemeinhin in der ökonomischen Theorie zugrundegelegt wird. Für die ökonomische Theorie ist – in Anlehnung an die Klassik und Neoklassik – Neutralität dann gegeben, wenn Geld nur das Preisniveau beeinflußt, nicht aber reale Größen, wie Beschäftigung, Produktion bzw. Volkseinkommen, und relative Preise.[1] Demgegenüber schließt der Neutralitätsbegriff im Zusammenhang mit sozialistischen Planwirtschaften auch die Beeinflussung des Preisniveaus aus, weshalb in der Regel die Bezeichnung «Passivität» statt Neutralität des Geldes verwendet wird.[2]

Der weite Neutralitätsbegriff ist Reflex der Organisationsstruktur dieser Wirtschaftssysteme. Sofern alle ökonomischen Transaktionen auf der Basis naturaler Größen und bei staatlich festgesetzten, starren Preisen zentral geplant und koordiniert werden, dient Geld lediglich als Verrechnungsmittel und Kontrollinstrument der zentralen Organe. Geld ist passiv und daher ohne jede ökonomische Bedeutung, da es weder die Entscheidungen der Wirtschaftssubjekte auf den unteren Ebenen beeinflußt, die vollständig in den zentralen Wirtschaftsmechanismus eingebettet sind, noch die Entscheidungen der zentralen Leitungsinstanzen, die sich an naturalen Größen orientieren. Sobald jedoch die zentralen Leitungsinstanzen ihre Dispositionen auch an Umfang und Struktur der Geldmenge ausrichten oder einzelwirtschaftliche Dispositionsspielräume existieren, verliert Geld – zumindest in Teilbereichen – an Passivität. Daher bestehen Unterschiede bei der Analyse des Geldes in Marktwirtschaften und sozialistischen Planwirtschaften nicht nur bezüglich des Neutralitätsbegriffes, sondern auch im Hinblick auf die Voraussetzungen, die gegeben sein müssen, damit Geld neutral bzw. passiv ist: Bedingung für die Neutralität des Geldes in Marktwirtschaften ist das Fehlen von Geldillusion. Das bedeutet, daß die ökonomischen Entscheidungen allein durch reale Größen determiniert werden; die Angebots- und Nachfragefunktionen der Wirtschaftssubjekte sind homogen vom Grade Null in allen absoluten Preisen. Bei gleichzeitiger proportionaler Variation aller Preise erfolgen daher keine Reaktionen der mengenmäßigen Nachfragen und Angebote. Veränderungen der Geldmenge induzieren nur Preisniveaueffekte.[3] Demgegenüber gilt Geld in sozialistischen Planwirtschaften als passiv, wenn die Höhe der Geldhaltung überhaupt keinen Einfluß auf die Dispositionen der ökonomischen Entscheidungsträger ausübt.[4] Variationen der Geldmenge bewirken weder Reaktionen der Gütermengen noch der relativen und absoluten Preise.

Die Auffassung, Geld im Sozialismus sei in diesem Sinne grundsätzlich oder zumindest weitgehend passiv, hat in der ökonomischen Forschung lange Zeit dominiert und ist verantwortlich für die Vernachlässigung monetärer Analysen seitens der

---

[1] Vgl. NIEHANS (1978), S. 7 ff. Zur Dogmengeschichte des Neutralitätsbegriffes vgl. SCHUMPETER (1965), S. 354 ff.
[2] Vgl. u. a. WILES (1960), S. 188; ZWASS (1979), S. 11.
[3] Vgl. PATINKIN (1965), S. 22 ff. und S. 174.
[4] Vgl. u. a. GROSSMAN (1966), S. 233 f.; KORNAI (1980), S. 513.

sozialistischen und nicht-sozialistischen ökonomischen Theorie. Das soll ein kurzer dogmenhistorischer Überblick verdeutlichen. Da sich allerdings die Ansichten über die Rolle des Geldes unter dem Eindruck der ökonomischen Realität – insbesondere der Wirtschaftsreformen der sechziger Jahre – verschiedentlich gewandelt haben, kann die dogmenhistorische Betrachtung nicht ohne Rekurs auf die wirtschaftshistorische Entwicklung erfolgen. Dabei wird deutlich, daß die Beschäftigung mit geldtheoretischen und -politischen Problemen zwar zugenommen hat, deren Stellenwert jedoch noch immer relativ gering ist.

1. Die Rolle des Geldes in der sozialistischen ökonomischen Theorie

Für die sozialistische Ökonomie, wie sie sich als systembezogene ökonomische Disziplin wesentlich im Anschluß an die Oktoberrevolution in Rußland herausbildete, waren Geld und Sozialismus zunächst unvereinbar, schien Geld doch eine für den Kapitalismus spezifische ökonomische Kategorie zu sein. Diese Überzeugung war Ausfluß der Marxschen Wertlehre, wonach mit Warenproduktion und Tausch Ware-Geld-Beziehungen entstehen: «Die Warenproduktion unterstellt die Warenzirkulation, und die Warenzirkulation unterstellt die Darstellung der Ware als Geld, die Geldzirkulation.»[5] Die Ware-Geld-Beziehungen bewirken eine stetige Kommerzialisierung aller menschlichen Beziehungen und führen im Kapitalismus schließlich dazu, daß Geld zur Akkumulation und Mehrwertaneignung eingesetzt, d.h. zum Instrument der Ausbeutung und Inbegriff menschlicher Entfremdung wird: «Wir haben also den wesentlichen Zusammenhang zwischen dem Privateigentum, der Habsucht, der Trennung von Arbeit, Kapital und Grundeigentum, von Austausch und Konkurrenz, von Wert und Entwertung des Menschen, von Monopol und Konkurrenz etc. von dieser ganzen Entfremdung mit dem Geldsystem zu begreifen.»[6] Mit dieser Beseitigung der kapitalistischen Produktionsweise – so die Folgerungen der sozialistischen Ökonomie – mußten daher zwangsläufig alle Ware-Geld-Beziehungen verschwinden und Geld absterben, eine Konsequenz, die auch mit den wenigen Äußerungen Marx' zur gesellschaftlichen Produktionsweise korrespondierte: «Das Geldkapital fällt bei gesellschaftlicher Produktion fort. Die Gesellschaft verteilt Arbeitskraft und Produktionsmittel in die verschiedenen Geschäftszweige. Die Produzenten mögen meinetwegen papierne Anweisungen erhalten, wofür sie den gesellschaftlichen Konsumtionsvorräten ein ihrer Arbeitszeit entsprechendes Quantum entziehen. Diese Anweisungen sind kein Geld. Sie zirkulieren nicht.»[7]

Die Veränderung der Produktionsverhältnisse und die Einführung der Planwirtschaft in Rußland bildeten daher für die meisten sozialistischen Ökonomen den direkten Übergang zur warenlosen Gesellschaft mit direkter Verteilung der Produktionsergebnisse.[8] Dementsprechend wurde im Kriegskommunismus (1918–1921) da-

---

[5] MARX (1885), S. 355.
[6] MARX (1844), S. 511. Ebenso S. 562 ff. sowie ders. (1867), S. 97 ff. und S. 156 ff.
[7] MARX (1885), S. 358.
[8] Vgl. zur ökonomischen Dogmengeschichte in der UdSSR bis gegen Ende der vierziger Jahre ZAUBERMAN (1949/50), hier insbesondere S. 106 ff. BUCHARIN behauptete zudem, daß mit der

mit begonnen, die Beziehungen innerhalb der staatlichen Wirtschaft natural abzuwickeln, die Geldlöhne der Arbeiter und Angestellten in den staatlichen Betrieben und Verwaltungen durch Bezugsscheine zu ersetzen und öffentliche Dienstleistungen kostenlos abzugeben.

Parallel zur Demonetisierung der Sowjetwirtschaft verlief eine starke Expansion der Bargeldmenge. Diese paradox anmutende Entwicklung hatte im wesentlichen zwei Ursachen: Erstens erhielten neben der Armee insbesondere die Bauern für die von ihnen an den Staat abzuliefernden Lebensmittel Papiergeld, so daß ein Teil der staatlichen Bedürfnisse durch Geldemission finanziert werden mußte. Zweitens wurde eine unbegrenzte Bargeldemission aufgrund der ihr zwangsläufig folgenden Hyperinflation als Methode betrachtet, die Bargeldhorte des Bürgertums sowie der Kulaken zu entwerten und das Geldsystem letztlich vollständig zu zerstören.[9]

Der allgemeine wirtschaftliche Zusammenbruch, Bauernrevolten und eine Hungersnot als Folgen doktrinärer Experimente in der Landwirtschaft, Streiks und der Kronstädter Aufstand zwangen die Sowjetführung unter Lenin schließlich, die während des Kriegskommunismus betriebene Politik zu Beginn der zwanziger Jahre aufzugeben. Mit der «Neuen Ökonomischen Politik» sollten Privatinitiative und Markt wiederbelebt und die Wirtschaft remonetisiert werden, weshalb – unter Beibehaltung der Eigentumsordnung – naturale Lohnzahlungen sowie die Gratisabgabe von Gütern und Dienstleistungen wieder abgeschafft, Gewinnprinzip und Steuern eingeführt und das Kreditsystem und der Bankenapparat wieder aufgebaut wurden.[10] Wesentliches Element der Neuen Ökonomischen Politik war die Ausrichtung der inneren Organisation der Staatsbetriebe auf das «Prinzip der wirtschaftlichen Rechnungsführung». Danach erhält der einzelne Betrieb eine gewisse wirtschaftliche Selbständigkeit, die sich auf die Verfügung über die Betriebsmittel bezieht und gleichzeitig die Verantwortlichkeit für die eigene Tätigkeit einschließt. Seinen Ausdruck findet es in der betriebseigenen Bilanz und der Gewinn- und Verlustrechnung. Beides betrachtete man als wesentliche Voraussetzung dafür, daß die Staatsbetriebe untereinander und mit Betrieben anderer Organisationsformen in Handelsbeziehungen treten konnten.[11]

Zusammen mit der Remonetisierung erfolgte auch die offizielle Anerkennung des Geldes als einem bedeutenden Faktor beim Aufbau der kommunistischen Gesellschaft. Pragmatisch wurde auf die vorliegenden Erfahrungen verwiesen. Sie hätten gezeigt, daß Ware-Geld-Beziehungen nicht sofort eliminiert und zudem «Wertkategorien», wie Preise, Zinsen, Löhne, Kredite, gezielt als wirtschaftspolitische Instrumente eingesetzt werden könnten.[12] Theoretisch wurde das Fortbestehen von Ware-Geld-Beziehungen und damit die Existenz von Geld mit dem beschränkten Weiterwirken des

---

Warenproduktion auch die Nationalökonomie verschwindet: «Die theoretische Nationalökonomie ist die Wissenschaft ... von der unorganisierten Wirtschaft ... In der Tat, sobald wir eine organisierte gesellschaftliche Wirtschaft betrachten, verschwinden alle grundlegenden Probleme der politischen Ökonomie ... Auf diese Weise bedeutet das Ende der auf Warenproduktion beruhenden Gesellschaft auch das Ende der politischen Ökonomie.» Zit. nach NOVE (1980), S. 408.

[9] Vgl. hierzu KRONROD (1954), S. 18 ff.; CAGAN (1956). Ihren Angaben zufolge stieg der Geldumlauf von 22,4 Mrd. Rubel im November 1917 auf 2346,2 Mrd. Rubel im Juli 1921 und der Preisindex von 8,71 im Oktober 1917 (1913 = 1,00) auf 44500,00 im März 1921, also um das 5109fache.

[10] Vgl. SIGG (1981), S. 41 ff.

[11] Vgl. HAFFNER (1978), S. 115–127.

[12] LENIN, der lange Zeit der Auffassung war: «Was den Sozialismus anbelangt, so besteht dieser bekanntlich in der Aufhebung der Warenwirtschaft» (1908, S. 129), revidierte seinen Standpunkt

Wertgesetzes, d.h. von Tauschrelationen und Marktbeziehungen außerhalb des administrativen Wirtschaftsmechanismus begründet. Es wirkte noch so lange weiter, wie Privateigentum und ein umfangreicher privater Sektor bestünden.[13]

Allerdings konnte sich diese Sichtweise nur begrenzte Zeit halten: Als Ende der zwanziger Jahre die Neue Ökonomische Politik immer mehr zurückgedrängt und durch den Aufbau eines umfassenden zentralen Planungs- und Lenkungsmechanismus ersetzt wurde, änderte sich auch das ökonomische Denken. Unter den neuen Bedingungen schien der zentrale Plan vollständig an die Stelle der spontanen Koordination getreten und das Wertgesetz nun endgültig seiner Wirksamkeit beraubt zu sein. Dem stand – zumindest nach Auffassung der offiziellen Ökonomie – auch nicht das weitere Vorhandensein von Geld und Wertkategorien entgegen, das der Lehre von der warenlosen Gesellschaft offensichtlich widersprach. Ihnen wurde mit dem Argument, daß es sich um rein plan- und kontrolltechnische Instrumente handele, die Eigenständigkeit als «ökonomische Kategorien» abgesprochen und damit jede weitere Diskussion unterbunden. Diese Aufforderung, ökonomische Zusammenhänge im Sozialismus nicht zu problematisieren, galt nach geraumer Zeit für die gesamte sozialistische ökonomische Theorie. Von offizieller Seite erhielt sie den Auftrag, sich eher mit intensiver Kapitalismuskritik sowie der Erfassung und Aufbereitung statistischer Daten und der Diskussion plantechnischer Probleme zu beschäftigen.[14]

Die in den dreißiger Jahren nahezu verstummte ökonomisch-theoretische Diskussion belebte sich erst wieder zu Beginn der fünfziger Jahre, als die Geltung des Wertgesetzes für einzelne Bereiche der Wirtschaft auch von offizieller Seite anerkannt wurde.[15] Damit begann eine umfangreiche, bis heute nicht abgeschlossene theoretische Debatte, die nicht auf die UdSSR beschränkt blieb, sondern aufgrund der mittlerweile erfolgten Übertragung des Planwirtschaftssystems auf andere Länder eine erhebliche Ausdehnung erfuhr. In ihrem Verlauf setzte sich die Auffassung durch, daß allen, also auch den zwischen Staatsbetrieben ausgetauschten Produkten, Warencharakter zukommt und das Wertgesetz mithin für die gesamte Wirtschaft gilt. Als Hauptargumente wurden angeführt:
- die Produktivitätsunterschiede der Arbeit, die es erforderlich machen, Arbeit zu bewerten und zu vergleichen;
- die relative – «spezifisch sozialistische» – Selbständigkeit der Staatsbetriebe, die als arbeitsteilig produzierende Wirtschaftseinheiten Waren austauschen, wozu sie Leistungsbewertungskriterien benötigen;

---

unter dem Eindruck seiner Erfahrungen im Oktober 1921: «Stimmt es, daß wir im Frühjahr 1921 über den Warenaustausch (im Sinne des Naturaltauschs, K.-H. H.) gesprochen haben? Natürlich stimmt das, Sie alle wissen es. Stimmt es, daß das System des Warenaustausches sich als nicht der Wirklichkeit entsprechend herausgestellt hat, die uns statt des Warenaustausches den Geldumlauf, den Kauf und Verkauf für Geld brachte? Das ist ebenfalls unzweifelhaft, das zeigen die Tatsachen.» (1921, 1, S. 83).

[13] Vgl. u.a. PREOBASHENSKI (1926), insbesondere S. 160ff.

[14] Vgl. zur Darstellung der Wertgesetzdiskussion in den dreißiger Jahren HAFFNER (1978), S. 85f. Zur Vernachlässigung theoretischer Analysen über die Funktionsmechanismen und -probleme sozialistischer Planwirtschaften, die daran deutlich wird, daß an sowjetischen Universitäten bis in die vierziger Jahre nur ökonomische Theorie des Kapitalismus gelehrt wurde, vgl. ZAUBERMAN (1949/50), S. 3.

[15] Vgl. Stalin (1951), S. 20ff., der das Wertgesetz überall dort als regulierendes Prinzip betrachtete, wo faktisch verkauft wurde. Dazu rechnete er den staatlichen Einzelhandel, die Kolchosmärkte und die Transaktionen zwischen Kolchosen und staatlichen Aufkaufstellen.

– der unzureichende ideologische Reifegrad der Gesellschaft, der den Einsatz materieller Anreize erfordert und gemeinsam mit dem noch ungenügenden Entwicklungsstand der Produktivkräfte eine Zuweisung von Konsumgütern entsprechend den artikulierten Bedürfnissen nicht zuläßt.

Das Nebeneinander verschiedener Eigentumsformen, das in den zwanziger Jahren als wichtigstes Argument für ein Weiterwirken des Wertgesetzes galt, spielt in der Wertgesetzdebatte nach dem Zweiten Weltkrieg nur noch eine untergeordnete Rolle.[16]

Die allgemeine Feststellung, daß auch der Sozialismus durch Kauf- und Verkaufsbeziehungen gekennzeichnet ist und mithin Warenproduktion erst im Kommunismus verschwindet, bedeutete zugleich die offizielle Anerkennung des Geldes als integralem Bestandteil des Wirtschaftssystems. Geld wurde nunmehr nicht nur als reines Rechenmittel betrachtet wie in den dreißiger Jahren, sondern zugleich als Tausch- und Wertaufbewahrungsmittel. Dabei konnte sich die sozialistische Ökonomie wiederum auf Marx berufen, der für Tauschwirtschaften die Herausbildung eines allgemeinen Äquivalents postuliert hatte, das die unterschiedlichen Warenwerte ausdrückt, vergleichbar macht und vermittelt. Die von ihm für die Geldfunktionen entwickelte Terminologie wurde von der sozialistischen Ökonomie übernommen und bis in die Gegenwart beibehalten. Danach hat Geld die Funktion des «Wertmaßstabs», des «Zirkulations- und Zahlungsmittels» sowie des «Akkumulations- und Sparmittels», wobei inhaltlich keine Unterschiede zu den in der Ökonomie gemeinhin verwendeten Bezeichnungen: Recheneinheit, Tauschmittel und Wertaufbewahrungsmittel bestehen.[17] Ein Wirken des Wertgesetzes außerhalb des zentralen Planungs- und Koordinationsmechanismus, d.h. das Entstehen spontaner Marktbeziehungen und die Verselbständigung monetärer Ströme, wird generell abgelehnt. Vielmehr besteht Einigkeit darin, daß das Wertgesetz und die Kategorien Geld, Preise, Löhne im Gegensatz zu ihrem anarchischen Wirken im Kapitalismus dem umfassenden Prinzip der zentralen Planung, Leitung und Kontrolle unterworfen sind: An die Stelle der spontanen Wirkung des Wertgesetzes sei seine «bewußte» Ausnutzung getreten.[18]

In den fünfziger Jahren konzentrierte sich die theoretische Diskussion zu Problemen von Ware-Geld-Beziehungen zunächst auf Fragen der Preisbestimmung und des Einsatzes von Wertkategorien im Rahmen der Verteilung und materiellen Stimulierung. Geldtheoretische Aspekte wurden demgegenüber kaum behandelt. Von analytischem Interesse schien lediglich die Bestimmung der gesamtwirtschaftlich erforderlichen Bargeldmenge, weil Bargeld das Zahlungsmittel der privaten Haushalte und Handwerksbetriebe sowie der Kolchosbauern war, die auch damals relativ autonome Entscheidungen treffen und ihre Transaktionen in begrenztem Umfang über freie Märkte koordinieren konnten. Da somit die Gefahr bestand, daß eine Über- und Unterversorgung mit Bargeld über Verhaltensreaktionen der Privaten Disproportionen und

---

[16] Vgl. GUSSAKOW, DYMSCHIZ (1953), S. 12f; KRONROD (1954), S. 133ff. Zur Genese der Wertgesetzdebatte vgl. ZAUBERMAN (1960). Mittlerweile werden alle Versuche, die auf eine Problematisierung des Wertgesetzes und der Warenproduktion im Sozialismus hinauslaufen, als «linke Strömungen», «nutzlose Rückfälle» in die dreißiger Jahre sowie als «Rückkehr zu schon gelösten Fragen» bezeichnet. Vgl. ALBAKIN (1979), S. 79ff.
[17] Vgl. zu den Geldfunktionen WILCZYNSKI (1978), S. 11ff.; HUNSTOCK (1979), S. 130ff.
[18] Vgl. u.a. PAWLOW (1977), S. 17f. und S. 20f.; LIBERMAN (1974), S. 57ff.; BIELIG, PLÖNTZKE (1977), S. 78.

Störungen im zentral geplanten Wirtschaftsablauf hervorrief, war der Analysegegenstand der Geldtheorie eindeutig bestimmt: sie hatte sich auf Probleme der Bargeldplanung und -emission zu konzentrieren.[19]

Giraldgeld hatte demgegenüber für die sozialistische Ökonomie wenig analytische Bedeutung und wurde vielfach nicht als Geld angesehen. Denn Giralgeld befand sich fast ausschließlich in der Verfügung staatlicher Betriebe und Organisationen, die nach übereinstimmender Auffassung weitgehend dem zentralen Planungs- und Lenkungsmechanismus unterworfen waren. Da die zentralen Organe ihre Dispositionen aber allein an naturalen Größen auszurichten schienen, war Buchgeld annahmegemäß passiv. Es diente offensichtlich nur der Verrechnung und Kontrolle zentral geplanter Transaktionen, erfüllte also allenfalls Zahlungsmittelfunktion ohne irgendwelche Bedeutung für die Steuerung der Produktions- und Austauschprozesse im staatlichen Sektor.[20]

Daneben bewirkte die enge Interpretation des Marxschen Geldumlaufgesetzes, daß sich die sozialistische Ökonomie allein auf den Bargeldumlauf konzentrierte: Das Geldumlaufgesetz postuliert einen Zusammenhang zwischen Geldmenge und Gütervolumen und ist insofern mit der Quantitätsgleichung der klassischen Nationalökonomie vergleichbar; allerdings mit dem Unterschied, daß nicht die Geldmenge (M) bei konstanter Umlaufgeschwindigkeit (V) und gegebenem Transaktionsvolumen (H) das Preisniveau (P) bestimmt, sondern umgekehrt «die Preissumme der Waren» und die «Umlaufanzahl gleichnamiger Geldstücke» die «Masse des als Zirkulationsmittel fungierenden Geldes»:[21]

$$(1.1) \quad M = \frac{H \cdot P}{V}.$$

Neben umlaufendem Geld rechnete Marx zwar auch jene Geldbestände zu den Zirkulationsmitteln, die in ihrer «vorübergehenden Form als Schatz» dem Kreislauf unmittelbar entzogen sind, also Geldhorte. Durch die damalige Bedeutungslosigkeit des Giralgeldes, im wesentlichen aber durch sein Fehlverständnis bedingt, schloß er Buchgeld aus seiner Gelddefinition aus. Für ihn war es kein «wirkliches Geld», sondern nur ein «Anspruch auf Geld».[22]

Die im Rahmen der Bargeldplanung entwickelten Vorstellungen bilden in ihrer Grobstruktur bis in die Gegenwart die theoretische Grundlage für die Bestimmung der Geldmenge. Zentrale Planung ist in ihrem Kern natural und deshalb die monetäre Planung der Naturalplanung nachgelagert; erst nachdem die ökonomisch relevanten Transaktionen in Naturalform geplant und mit Planpreisen bewertet worden sind, kann die Planung der Geldmenge erfolgen. Übertragen auf das Geldumlaufgesetz bedeutet das, daß sich bei zentral geplantem und mit zentral festgelegten Preisen bewertetem Gütervolumen und zentral geplanter Umlaufgeschwindigkeit die erforderliche planmäßige Geldmenge automatisch ergibt.

Allerdings zeigte sich sehr schnell, daß dieser theoretische Anspruch aufgrund der mangelnden Planbarkeit des Verhaltens der privaten Wirtschaftseinheiten faktisch nicht erfüllt werden konnte. Da es unmöglich war, die Bargeldströme vollständig zu

---

[19] Vgl. u.a. KOHLMEY, DEWEY (1956), S. 16 ff.; Autorenkollektiv (1962), S. 409 ff.
[20] Vgl. GUSSAKOW, DYMSCHITZ (1953), S. 235 ff.; BATYRJOW (1955), S. 7 ff.; KOHLMEY (1956), S. 152 f.; ATLAS (1959); KÜHNE (1961), S. 41 ff. Eine Ausnahme bildet KRONROD (1953), S. 319 ff.
[21] MARX (1867), S. 133.
[22] MARX (1885), S. 71 und (1894), S. 526.

planen und damit die Umlaufgeschwindigkeit der Bargeldmenge zu bestimmen, waren die Voraussetzungen für eine exakte Determination der erforderlichen Bargeldmenge nicht gegeben. Um die Proportionen zwischen Bargeld- und Konsumgütervolumen zumindest einigermaßen zu sichern, wurden in der sozialistischen Geldtheorie daher in der Folgezeit vorwiegend Methoden erörtert, mit deren Hilfe sich die Umlaufgeschwindigkeit schätzen ließ. Als Näherungsgröße dient dabei die «Realisierungszeit» der privaten Geldeinkünfte; das ist die Zeitdauer zwischen der Geldemission durch staatliche Einkommenszahlungen an die Privaten und des Geldrückflusses in den staatlichen Sektor durch Konsumgüterkäufe und Aufstockung der Spareinlagen im Bankensystem. Gegebene Zinsen und starre Preise unterstellt, wird Geld auf seine Tauschmitteleigenschaft reduziert, so daß für die sozialistische ökonomische Theorie als Determinanten der Umlaufgeschwindigkeit letztlich die Transaktionskassenargumente der traditionellen Geldtheorie gelten: Pro-Kopf-Einkommen, Zahlungssitten und Einkommensverteilung. Weiteres Gewicht wird der Struktur des zentral bereitgestellten Güterangebots beigemessen – mit dem Argument, daß ein zunehmender Anteil an höherwertigen Gütern über die damit erforderliche Ausdehnung des Zahlungsrhythmus eine Abnahme der Umlaufgeschwindigkeit bewirke – sowie den «Realisierungsmöglichkeiten» der Nachfrage, weil qualitative und quantitative Mängel in der Konsumgüterversorgung die Realisierungszeit verzögern und damit die Umlaufgeschwindigkeit verringern.[23]

Die sechziger Jahre begannen für die sozialistischen Planwirtschaften mit zunehmenden ökonomischen Schwierigkeiten, die sich in rückläufigen Wachstumsraten von Output, Investitionen und Arbeitsproduktivität sowie in erheblichen Planrückständen niederschlugen. Als Ursachen wurden neben externen Faktoren insbesondere systembedingte Effizienzprobleme diagnostiziert, die man im System der Naturalplanung sowie der mangelnden Leistungsstimulierung und -kontrolle der staatlichen Betriebe begründet sah. Das Resultat dieser Überlegungen waren umfangreiche Wirtschaftsreformen. Ihr Kern bestand im Übergang von der naturalen zur wertmäßigen Steuerung, verbunden mit dem Einsatz sog. «ökonomischer Hebel», und größerer finanzieller Selbständigkeit und Eigenverantwortlichkeit der Betriebe. Anstelle einer Vielzahl naturaler, in Tonnen oder Stückzahl vorgegebener Planauflagen erhielten die Betriebe Wertkennziffern, wie Gewinn, Umsatz und Rentabilität, wobei die ökonomischen Hebel Preis, Zins, Lohn und Prämie die betrieblichen Verhaltensweisen in Übereinstimmung mit den Interessen der zentralen Organe bringen sollten. An die Stelle der direkten Zuweisung von Inputfaktoren und Staatshaushaltsmitteln traten weitgehend eigene finanzielle Mittel der Betriebe sowie Kredite.[24] Betont wurde in diesem Zusammenhang die Stärkung des jahrzehntelang vernachlässigten Prinzips der wirtschaftlichen Rechnungsführung, von dem man sich wesentliche Impulse für eine Verbesserung der Leistungsbereitschaft versprach.

Im einzelnen differierten die Reformmaßnahmen zwischen den sozialistischen Planwirtschaften erheblich. Grundsätzlich blieb die Konzeption der zentralen Planung und Leitung jedoch unangetastet, wenn von den einschneidenden Veränderungen in den Wirtschaftssystemen Ungarns und der CSSR (1964–1966) abgesehen wird. Auch wurde in der Folgezeit ein Teil der Maßnahmen wieder rückgängig gemacht oder

---

[23] Vgl. EGERLAND (1957); LODENSACK (1962); PORJASOV (1966); TANNERT (1969).
[24] Vgl. zu den Wirtschaftsreformen BRESS, HENSEL (1972); HÖHMANN, KASER, THALHEIM (1972).

stark verändert. Gleichwohl initiierten die Wirtschaftsreformen in der sozialistischen Ökonomie ein stärkeres Interesse an monetären Fragestellungen. Da hierunter auch die Steuerung der Wirtschaft mit Hilfe von Wertkategorien verstanden wird, konzentrierte sich die Diskussion zunächst primär auf die zieladäquate Gestaltung von Preisen, Zinsen und Löhnen, während geldtheoretische Aspekte nach wie vor weitgehend ausgespart blieben. Da sich mittlerweile zudem herausgestellt hatte, daß die Ermittlung der Bargeldumlaufgeschwindigkeit sich schwieriger gestaltete als ursprünglich angenommen, wurde auch diesem Problemkomplex weniger Beachtung geschenkt. Erst seit in den siebziger Jahren die Einsicht an Bedeutung gewonnen hat, daß wirtschaftliche Entwicklung und monetäre Phänomene, wie Geldangebot, Geldnachfrage und Geldwirkungen, untrennbar miteinander verbunden sind, ist eine zunehmende Beschäftigung mit geldwirtschaftlichen Zusammenhängen festzustellen.

Bevorzugter Analysegegenstand der gegenwärtigen sozialistischen Geldtheorie sind nach wie vor die Geldbestände der Privaten, d.h. der Umfang der privaten Geldhaltung und ihr Einfluß auf die wirtschaftlichen Aktivitäten. Wie in den fünfziger und sechziger Jahren gilt monetäre Überversorgung als zentrales Problem. Sie wird als Verursacher von Disproportionen zwischen «Kauf- und Warenfonds» angesehen, die ein erhebliches Störpotential in sich bergen, weil sie ungeplante und zentral nicht erwünschte Reaktionen der Privaten auslösen können.[25] Zu den Effekten einer monetären Überversorgung des privaten Sektors zählen dabei neben dem Entstehen von Schwarzmärkten, Preissteigerungen auf den außerstaatlichen Märkten sowie Störungen der zentral geplanten Allokation und Distribution in neuerer Zeit insbesondere ihre demotivierenden Einflüsse auf das Arbeitsangebot.[26]

Im Zusammenhang mit monetärer Überversorgung wird dabei seit einiger Zeit die Frage aufgeworfen, ob Währungsstabilität tatsächlich – wie allgemein behauptet – eine dem Sozialismus immanente Erscheinung ist. Zwar zeichne sich – mit Ausnahme Polens und trotz verschiedentlicher Preiserhöhungen auch in den anderen Ländern – die wirtschaftliche Entwicklung der sozialistischen Planwirtschaften im Ostblock noch immer weitgehend durch Preisniveaustabilität aus; dies bedeute jedoch nur, daß sich der Wert des pro Geldeinheit verfügbaren Güterbündels nicht verändere, nicht aber, daß entsprechende Güter überhaupt zur Verfügung stünden. Sobald aber die Wirtschaftseinheiten bei gegebenen Preisen aufgrund mangelnder Güterversorgung zur «Geldakkumulation» gezwungen würden, sei ein Teil der von der Geldmenge «vertretenen Werte» nicht realisierbar, womit selbst bei konstanten Preisen das Geld an Wert verliere.

Dieses bereits implizit von Lenin und Ende der fünfziger Jahre konkret von Kronrod vorgetragene Argument findet in der sozialistischen Ökonomie zunehmend Anhänger, so daß mittlerweile eine Abnahme des Geldwertes auch dann unterstellt wird, wenn «... über das objektiv begründete Geldvolumen hinaus Geld emittiert würde, das nicht gegen Waren und Dienstleistungen realisierbar wäre.»[27] Währungs-

---

[25] Als Kauffonds bezeichnet wird die Summe der Nettoeinkommen der Bevölkerung, vermehrt um erwartete Auflösungen von Sparbeträgen und Leistungen von Versicherungsträgern und vermindert um Beiträge an Versicherungen und die erwartete freiwillige Ausdehnung des Spareinlagenbestandes; als Warenfonds die Preissumme der auf den Konsumgütermärkten angebotenen Güter.
[26] Vgl. FIGURNOVA (1979), S. 230; Überblick bei BÖHM (1981), S. 225; SEIDENSTECHER (1982).
[27] Vgl. HUNSTOCK (1979), S. 48. Ebenso KRONROD (1963), S. 239 sowie LENIN (1921), S. 225: «Die

stabilität im Sozialismus – so die Folgerung – umfasse daher zwei verschiedene Komponenten: Geldwertstabilität als Stabilität der Preise und Geldumlaufstabilität als Verhältnis zwischen monetärer und güterwirtschaftlicher Entwicklung. Aus diesem Grunde habe auch der in den offiziellen Statistiken verfügbare Preisindex als Indikator für Währungsstabilität nur begrenzte Aussagefähigkeit und müsse im Grunde genommen durch die Differenz zwischen der tatsächlichen und der allerdings schwer meßbaren gewünschten Umlaufgeschwindigkeit ergänzt werden.[28]

Im Gegensatz zu früheren Perioden werden mittlerweile private Bankdepositen generell und die Depositen der staatlichen Betriebe und Organisationen zunehmend zur relevanten Geldmenge gerechnet. Verantwortlich dafür ist einmal die zunehmende Verbreitung des bargeldlosen Zahlungsverkehrs bei den Transaktionen der Privaten. Ferner ist erkannt worden, daß zumindest die Depositen der Bevölkerung jederzeit in Bargeld transferiert werden können und umgekehrt. Schließlich hat die Einsicht zugenommen, daß Geld in einer Tauschwirtschaft allgemein Ansprüche auf produzierte Güter repräsentiert, und zwar sowohl auf Konsumgüter als auch auf Produktionsgüter. So gilt Geld verschiedentlich neben seiner Verrechnungsfunktion als alleiniger Vermittler von Produktionsgüterströmen, was damit begründet wird, daß auch staatliche Betriebe Güter nur gegen Geld erhalten und bei Stockungen im Produktionsablauf oder bei Absatzschwierigkeiten Geld benötigen und keine Verrechnungseinheiten.[29] Daher müßten Analysen, die sich mit Fragen der Geldemission im Sozialismus beschäftigen, von einer alle Geldbestände der Volkswirtschaft einschließenden Gelddefinition ausgehen: «Es (das Geldvolumen, K.-H. H.) umschließt damit unter anderem den Bargeldumlauf, die Guthaben der Bevölkerung bei Banken und Sparkassen, die Guthaben der sozialistischen Wirtschaft, des Staatshaushalts, des Versicherungswesens usw. Es umfaßt unmittelbar zirkulierendes Geld ebenso wie Geldbestände, die akkumuliert werden ...»[30] Gleichbedeutend damit ist die Erweiterung des Marxschen Geldumlaufgesetzes, das in seiner gegenwärtigen modifizierten Fassung Geld nicht nur in seiner Eigenschaft als unmittelbar beim Warenaustausch eingesetztes Zirkulationsmittel berücksichtigt, sondern auch in seiner Funktion als anerkanntes Zahlungs- und Akkumulationsmittel.

Die Integration der Depositen von staatlichen Betrieben und Organisationen deutet darauf hin, daß neben den Geldbeständen der Privaten auch dem Geld im sog. staatlichen oder vergesellschafteten Sektor zumindest partiell ökonomischer Einfluß zugestanden wird. Das zeigt sich nicht nur an den häufigen Verweisen auf die Bedeutung jener Geldbestände, über welche die Betriebe, und sei dies auch nur sehr kurzfristig, eigenverantwortlich verfügen können, weil damit knappe Ressourcen gehortet, ungeplante Lohnerhöhungen finanziert und die Preisdisziplin vernachlässigt würden.[31] Verschiedentlich wird sogar das traditionelle Prinzip in Frage gestellt, wonach die naturalen Prozesse die monetären Ströme und Bestände determinieren, und gefordert,

---

Frage des Geldes ist ... sehr wichtig, weil die Geldzirkulation ein Ding ist, durch das vorzüglich kontrolliert wird, ob der Warenumsatz des Landes befriedigt ist, und wenn dieser Umsatz nicht richtig funktioniert, verwandelt sich das Geld in wertloses Papier.» Zum Überblick über die aktuelle Diskussion vgl. PLÖNTZKE (1980), S. 1130 ff.

[28] Vgl. THÜMMLER (1974), S. 202 ff.
[29] Vgl. LEVCHUK (1979), S. 77; FUCHS, LOTZE, SCHELLBACH (1981), S. 551 f.
[30] EHLERT, HUNSTOCK, TANNERT (1976), S. 89. Ebenso KOLLOCH, THÜMMLER (1977), S. 226; LEVCHUK (1979), S. 76.
[31] Vgl. RUMJANZEW u.a. (1973), S. 332; TANNERT (1977), S. 203.

daß zur Sicherung der Stabilität gegebenenfalls die Verwendungsstruktur des Nationaleinkommens an die Struktur der gesamtwirtschaftlichen Geldhaltung angepaßt werden müsse.[32] Ihre Extremform findet die Annahme, Geld im Sozialismus sei «aktiv», in dem Argument, daß eine Expansion der Geldmenge zwar inflationäre Prozesse, über zunehmende wirtschaftliche Aktivitäten aber immer auch positive Realeffekte induziere. Daher wird von den Vertretern dieser Auffassung eine Politik des leichten Geldes selbst unter Inkaufnahme steigender Preise empfohlen, zumindest aber gegen restriktive Geldpolitik votiert, weil sie das Wirtschaftswachstum hemme.[33]

Die bisherigen Ausführungen dürfen nicht über den geringen Stellenwert hinwegtäuschen, den geldtheoretische Untersuchungen innerhalb der sozialistischen Ökonomie noch immer einnehmen. Im wesentlichen durch die traditionelle Auffassung begründet, Geld in der sozialistischen Planwirtschaft sei weitgehend passiv, hat dies seine Ursache vor allem in der unkritischen Übernahme der marxistisch-leninistischen Ökonomie. Sie hat als Dogma die theoretische Entwicklung bestimmt, obwohl die Marxsche Ökonomie allein die Analyse der kapitalistischen Wirtschaft zum Inhalt hatte. Auch die sozialistische Geldtheorie ist daher in weiten Bereichen durch die bloße Rezeption des Marxismus-Leninismus sowie das Bestreben gekennzeichnet, die jeweiligen Untersuchungen mit den herrschenden Dogmen in Einklang zu bringen. Systematische Analysen zu Geldangebot und Geldnachfrage oder dem Wirkungszusammenhang zwischen Geldmenge, Output und Preisen liegen demgegenüber kaum vor. Das gilt weitgehend auch für die hier referierten Positionen, die vielfach auf Einzelbeobachtungen, sehr allgemein gehaltenen Vermutungen sowie der obligatorischen Marxexegese beruhen.[34]

Wie gegen Ende der vierziger und Mitte der fünfziger Jahre, als in der Sowjetunion das eklatante Theoriendefizit der damaligen sozialistischen Ökonomie mit dem Vorwurf beklagt wurde, sie beschränke sich entweder auf die bloße Wiedergabe Marxscher Ideen oder bestehe vorwiegend aus deskriptiven Elementen[35], wird seit einiger Zeit auch in der geldtheoretischen Diskussion verschiedentlich gefordert, sich von tradierten Vorstellungen zu lösen und stärker den konkreten geldwirtschaftlichen Problemen zu widmen: «Gerade diesem Problem, d.h. der Spezifik des Geldes im Sozialismus, ist m.E. in der wirtschaftswissenschaftlichen Literatur zu wenig Aufmerksamkeit geschenkt worden ... Die Nichtbeachtung oder nur oberflächliche Betrachtung dieses Sachverhalts drückt sich aus in der unkritischen Anwendung der von Marx für den Umlauf der Geldwaren formulierten Gesetze ... Die gegenwärtige geldtheoretische Literatur in der DDR bleibt beim Prinzip der Marxschen Gesetze des Goldumlaufs stehen.»[36]

---

[32] Vgl. LANGNER (1979), S. 49f.
[33] Vertreter dieser Auffassung finden sich vor allem in Polen, aber auch in der UdSSR. Vgl. dazu MUJŻEL (1975), S. 421 ff.; SIGG (1981), S. 145.
[34] Ausnahmen – allerdings nicht in bezug auf die Marxexegese – bilden KRONROD (1960); THÜMMLER (1974) und LEVCHUK (1979).
[35] Vgl. ZAUBERMAN (1948/49), S. 1f.; NOVE (1980), S. 410.
[36] THÜMMLER (1974), S. 3f. Ebenso WILCZYNSKI (1978), S. 8.

2. Geld in der sozialistischen Planwirtschaft als Gegenstand der nicht-sozialistischen Ökonomie

Aufgaben und ökonomische Bedeutung des Geldes in sozialistischen Planwirtschaften wurden von der sozialistischen und nicht-sozialistischen ökonomischen Theorie trotz divergierender theoretischer Positionen ähnlich beurteilt. So betrachteten auch nicht-sozialistische Ökonomen Geld in diesen Systemen zunächst lediglich als Verrechnungs- und Kontrollinstrument. Die Begründung lieferte die Theorie der Zentralverwaltungswirtschaft, das wohl am konsequentesten durchdachte analytische Konzept der zentralen Planung und Lenkung.[37] Danach bedarf es zur optimalen Allokation und Distribution keines Geldes, weil es mit Hilfe naturaler Planbilanzen möglich ist, ein Plangleichgewicht herzustellen, bei dem die Grenznutzen der wirtschaftlichen Güter in ihren Verwendungsrichtungen übereinstimmen. Schwierigkeiten werden allerdings bei der Verwirklichung der naturalen Plangrößen gesehen, womit die Theorie der Zentralverwaltungswirtschaft die Einführung von Geld begründet. Im Gegensatz zur Planung – so die Argumentation – sind an der Planverwirklichung alle Wirtschaftseinheiten beteiligt, was dazu führt, daß einzelwirtschaftliche Interessen zur Geltung kommen, die den Interessen der zentralen Planer widersprechen können. Daher müsse ein System von Leistungsanreizen und -kontrollen geschaffen werden, das die Identität von individuellen Interessen und den durch die zentralen Organe repräsentierten Gesamtinteressen sichert, wozu es wiederum einer genauen Messung der individuellen Leistungsbeiträge bedürfe. Grundsätzlich könne dies zwar mit Hilfe der Naturalrechnung erfolgen, indem z. B. der Lohnbemessung eine Skala zugrunde gelegt wird, die für jede einzelne Leistung und Leistungsdimension ein spezielles Konsumgüterbündel fixiert. Dieses aufwendige Verfahren ließe sich jedoch durch Einführung einer allgemeinen Recheneinheit erheblich rationalisieren: «Die Leistungsbemessung und Leistungsbewertung, die Verteilung der Konsumgüter an die an der Planverwirklichung beteiligten Personen, die Kontrolle der Betriebe von innen und außen sind bei Naturalrechnung nicht prinzipiell undurchführbar. Die Durchführung aller dieser Maßnahmen wird aber derart schwierig, daß die Einführung einer allgemeinen Recheneinheit aus praktischen Gründen im höchsten Maße geboten erscheint.»[38] Diese Recheneinheit ist Geld, das zugleich die Funktion hat, als Tauschmedium die zentral geplanten Prozesse zu vermitteln.[39]

Damit das naturale Plangleichgewicht nicht durch die Geldrechnung gestört wird, müssen die Preise die naturalen Knappheitsrelationen entsprechend den Salden der naturalen Planbilanzen widerspiegeln. Erst wenn exakte Knappheitspreise ermittelt worden sind, läßt sich aus dem naturalen ein gleichgewichtiges geldwirtschaftliches Plansystem entwickeln. Als monetäre Darstellung aller dem naturalen Plansystem entsprechenden Transaktionen regelt es die Geldversorgung der Wirtschaft, wobei analog zur naturalen Planung die monetären Ströme und Bestände in Planbilanzen erfaßt werden.[40]

In der Folgezeit diente das Modell der Zentralverwaltungswirtschaft als Grundlage für die Analyse sozialistischer Planwirtschaften. Dabei bestand die methodische Vor-

---

[37] Vgl. zum folgenden HENSEL (1954).
[38] Ebenda, S. 186.
[39] Vgl. ebenda, sowie GUTMANN (1965), S. 6.
[40] Vgl. HENSEL (1954), S. 192 ff.

gehensweise darin, durch Vergleich von Modell und Realität Funktionsprobleme dieser Wirtschaftssysteme aufzudecken und zu begründen. Gegenstand der monetären Analyse war es demzufolge weniger, Existenz, Eigenschaften oder ökonomische Bedeutung des Geldes zu untersuchen als vielmehr seine Effizienz im Rahmen der Leistungsstimulierung und -kontrolle. Da sich nämlich zeigte, daß in den sozialistischen Planwirtschaften eine vollständige Planung der Wirtschaftsprozesse nicht gegeben war, sondern zentrale Planbilanzen nur für Güterbündel aufgestellt wurden, konnten nicht die Knappheitsrelationen aller Güter sichtbar gemacht werden. Damit entfiel aber offensichtlich die Möglichkeit zur Entfaltung eines gleichgewichtigen Systems naturaler Pläne, ohne das ein geldwirtschaftliches Plangleichgewicht nicht konstruiert werden kann. Letzteres wiederum ist nach Ansicht der Theorie der Zentralverwaltungswirtschaft jedoch Bedingung für die Effizienz monetärer Leistungsanreize und -kontrollen, so daß Geld in den sozialistischen Planwirtschaften offensichtlich nicht in der Lage war, seine Funktionen in angemessener Weise zu erfüllen.[41]

Die Unvollkommenheiten des Systems der zentralen Planung und Leitung zeigten sich in den fünfziger und beginnenden sechziger Jahren vor allem im privaten Sektor der sozialistischen Planwirtschaften: Anstelle der direkten Zuweisung von Konsumgütern bestand freie Konsumwahl, die privaten Haushalte konnten über die Verwendung ihrer Einkommen und – in begrenztem Umfang – über den Einsatz ihrer Faktorleistungen selbst disponieren, es existierten freie Nahrungsmittelmärkte und in beschränktem Umfang auch private Betriebe. Wie für die sozialistische Ökonomie war daher auch nach Auffassung der nicht-sozialistischen Ökonomie Geld im privaten Sektor aktiv. Da es die ökonomischen Dispositionen der privaten Wirtschaftseinheiten beeinflußte, schrieb man ihm einen «high degree of moneyness» zu.[42]

Eine genauere Analyse der damaligen Literatur macht allerdings deutlich, daß die nicht-sozialistische Ökonomie den Einfluß des Geldes mehr unter formalen Gesichtspunkten interpretierte. Denn eine gesamtwirtschaftliche Bedeutung privater Geldbestände in dem Sinne, daß sie über einzelwirtschaftliche Entscheidungen ökonomische Aggregate beeinflussen, wurde nicht abgeleitet. Wohl postulierte man Preiserhöhungen auf den Kolchosmärkten sowie eine begrenzte Umlenkung knapper Ressourcen aus der staatlichen in die private Verwendung als Reaktionen auf Liquiditätsüberschüsse im privaten Sektor. Da jedoch die Überzeugung bestand, daß die Produktions- und Distributionsentscheidungen letztlich auf zentraler Ebene erfolgten, waren weitere Einflußmöglichkeiten des Geldes nicht plausibel. Als Beweis dafür wurde auf die Entwicklung der privaten Spareinlagen hingewiesen. Ihre starke Expansion sowie die häufig zu beobachtenden Käuferschlangen schienen zu bestätigen, daß eine von den Wirtschaftssubjekten ungewünschte monetäre Expansion nicht zur entsprechenden Reaktion von Output und Preisniveau führte, sondern lediglich zur passiven Absorption von Liquiditätsüberschüssen in Form ungewünschter Bargeldhaltung und Spareinlagen.[43]

Geld im staatlichen Sektor wurde von vornherein als passiv betrachtet, weil hier das System der zentralen Planung und Koordination grundsätzlich verwirklicht schien. Es diente annahmegemäß allein der zwischenbetrieblichen Leistungsverrechnung und der Kontrolle: «The reasons are rooted in the system of the ‹command economy›

---

[41] Vgl. zum analytischen Nachweis GUTMANN (1965), S. 149 ff.
[42] Vgl. GROSSMAN (1968), S. 4.
[43] Vgl. u.a. BRONSON, SEVERIN (1966), S. 513 ff.

with its centralization of all important economic decisions, physical planning and physical disposition of producer goods ... in this setting, money and finance have often done little but passively reflect economic decisions taken with reference to physical quantities or to cryptophysical magnitudes, that is, aggregates in an ostensibly monetary dimension where the monetary unit serves little purpose except to permit aggregation of physical quantities.»[44] Lediglich bei der Verfügung über Bargeld wurde die Möglichkeit gesehen, daß die Betriebe zentrale Planauflagen unterlaufen; denn Bargeld fungierte als Tauschmittel der Privaten und konnte daher zur illegalen Beschaffung knapper Ressourcen sowie außerplanmäßigen Lohnerhöhungen eingesetzt werden.[45] Mit der Verpflichtung der Betriebe, Zahlungen über das Bankensystem abzuwickeln und ihre Konten bei den Filialen der Staatsbank zu führen, schienen diese Gefahren jedoch faktisch nicht gegeben. Insoweit galt die Neutralität des Geldes im staatlichen Sektor als gesichert.

Die Auffassung, Geld im allgemeinen oder zumindest Geld im staatlichen Sektor sozialistischer Planwirtschaften sei neutral, wurde nur von einzelnen Autoren bestritten. Aufgrund ihrer überwiegend prozeßtheoretisch orientierten Analysen der Gegebenheiten in der Sowjetunion postulierten sie bereits in den fünfziger Jahren einen Wirkungszusammenhang zwischen Geld und gesamtwirtschaftlichen Aktivitäten.[46] Danach führt ein Geldangebotsüberschuß neben steigenden Kolchosmarktpreisen und den bekannten Umverteilungseffekten zwischen Staat und Privaten zu einem Rückgang des gesamtwirtschaftlichen Outputs: Monetäre Überversorgung im privaten Sektor, die sich infolge mangelnder Anpassungsmöglichkeiten in ungewünschter Geldakkumulation niederschlägt, verringert die Leistungsmotivation mit dem Resultat, daß über eine Reduktion des mengen- oder intensitätsmäßigen Arbeitseinsatzes der Output sinkt. Bei den staatlichen Betrieben bewirkt zwar ein Liquiditätsüberschuß aufgrund strenger zentraler Kontrollen keine Preiseffekte. Weil die zentrale Verteilung der Produktionsgüter jedoch häufig unterlaufen wird, entstehen durch die Verschwendung knapper Ressourcen zentral nicht erwünschte Allokations- und Outputeffekte. Zudem beeinträchtigt überschüssige Kassenhaltung bei den Managern der Staatsbetriebe die Neigung zu effizienter Betriebsführung: «Thus, regardless of whether surplus funds are used for inventory hoarding or just lie idle, serving to lessen managerial incentives, the result is reduction of the national product.»[47]

Die Wirtschaftsreformen der sechziger Jahre initiierten auch in der traditionellen nicht-sozialistischen Ökonomie eine intensivere Auseinandersetzung mit Fragen der monetären Organisation sozialistischer Planwirtschaften sowie möglicher Wirkungszusammenhänge zwischen monetären und güterwirtschaftlichen Variablen. Primär galt das Interesse – und daran hat sich bis heute wenig geändert – vor allem den vielfältigen neuen Regelungen und ihrer Systemkonformität, d.h. ihrer Vereinbarkeit mit den Organisationsprinzipien zentraler Planung und Lenkung sowie ihrer Fähigkeit, das System der Leistungsanreize und -kontrollen zu verbessern.[48] Die damit verbundene Diskussion, ob und wieweit durch die Wirtschaftsreformen die Dispositionsspielräume der staatlichen Betriebe faktisch erweitert worden waren, regte jedoch

---

[44] GROSSMAN (1968), S. 5; ebenso (1966), S. 216f.
[45] Vgl. HENSEL (1954), S. 202; GUTMANN (1965), S. 126.
[46] Vgl. zum folgenden HOLZMAN (1955), S. 18ff. Ähnlich POWELL (1951).
[47] HOLZMAN (1955), S. 20.
[48] Vgl. u.a. GARVY (1966); BRESS, HENSEL (1972); KUNZE (1972); KUSCHPÈTA (1978); SIGG (1981).

auch eine über die bloße Beschreibung institutioneller Rahmenbedingungen und die Effizienzanalyse von Wertkategorien hinausgehende Beschäftigung mit monetären Fragen an. Denn die traditionelle Auffassung, wonach die Neutralität des Geldes positiv mit dem Grad der Plandominanz korreliert, erforderte eine veränderte Sichtweise bezüglich seiner analytischen Bedeutung im staatlichen Sektor, sofern die Existenz betrieblicher Dispositionsspielräume nachgewiesen werden konnte. Die bereits seit längerem für marktwirtschaftliche Systeme aufgeworfene Frage «does money matter?» wurde daher in abgewandelter Form auch für sozialistische Planwirtschaften formuliert: «Does money matter as long as the economy is managed essentially through material balances?»[49]

Im wesentlichen umfaßt die Diskussion bis in die Gegenwart zwei Ebenen: die erste betrifft das Vorhandensein von Dispositionsspielräumen, die zweite deren faktische Ausnutzung. Hinsichtlich der ersten besteht mittlerweile Übereinkunft, weil eine umfassende zentrale Planung und Koordination in den sozialistischen Planwirtschaften entweder als prinzipiell unmöglich oder zumindest als bislang nicht erreichbar angesehen wird: «Die Schwierigkeit liegt darin, daß es für das millionenfältige Produktionsprogramm einer Volkswirtschaft, dessen Dimensionen mit der industriellen Entwicklung noch ständig wachsen, weder möglich ist, die notwendigen Informationen über Bedarf und Produktionsmöglichkeit zu kompilieren und anzuwenden, noch eine Planungstechnik gefunden worden ist, die eine vollständige Durchplanung gestatten würde.»[50] Daher, so wird gefolgert, sind die zentralen Organe gezwungen, Teile ihrer Macht an die Betriebe bzw. deren Leitungsorgane, den Direktor und das Management, zu delegieren, so daß neben den privaten Haushalten und privaten Betrieben auch die staatlichen Betriebe – wenngleich in geringerem Ausmaß – über Dispositionsspielräume verfügen.

Bezüglich der zweiten Ebene divergieren die Ansichten erheblich. Die größere Gruppe von Autoren scheint sich, zumindest was die finanziellen Transaktionen der Betriebe betrifft, nach wie vor an einem modifizierten Modell der Zentralverwaltungswirtschaft mit begrenzter Autonomie des privaten Sektors zu orientieren. Sie geht davon aus, daß weder mehr produziert wird, wenn die Betriebe über genügend Geldmittel verfügen, noch weniger, wenn zu wenig Liquidität vorhanden ist. Sozialistische Geldpolitik könne sich daher voll auf das Geldangebot im privaten Sektor konzentrieren: «Enterprise money is relatively neutral, for as such it is not creative. This is not the case with consumer money however.»[51] In weitaus geringerem Maße wird demgegenüber auch den Geldbeständen staatlicher Betriebe ökonomischer Einfluß zugestanden. Bislang ist diese Position kaum systematisch ausformuliert und im wesentlichen auf einzelne Elemente möglicher Transmissionsbeziehungen beschränkt, so daß die vorliegenden Äußerungen nur grobe Vorstellungen über den Wirkungs-

---

[49] GARVY (1968), S. 163.
[50] HAFFNER (1978), S. 137.
[51] ZWASS (1979), S. 11. Eine ähnliche Position bezog unmittelbar im Anschluß an die Wirtschaftsreformen GROSSMAN: «Under present Soviet conditions the increasing monetization of the economy is a significant but not fundamentally revolutionary development, insofar as it merely expands the scope of operation of *passive* money ... Passive money may be thought of as a means of controllership ... The greater the monetization of the economy, the more effective the controllership, but not necessarily the wider the range of effective choice on the part of the economic agent.» (1966, S. 11, Hervorhebung im Original). Ebenso FOX (1967), S. 38; FLORSCHÜTZ (1970), S. 21; GARVY (1977), S. 185.

zusammenhang zwischen betrieblicher Geldhaltung und gesamtwirtschaftlichen Variablen vermitteln: Danach bewirkt ein Geldangebotsüberschuß bei den staatlichen Betrieben einmal Preiseffekte im informellen zwischenbetrieblichen Produktionsgüterhandel sowie bei neuen Produkten und auf dem Arbeitsmarkt. Zudem entstehen Realeffekte, weil die Betriebe ihre überschüssigen Geldmittel zum Erwerb überteuerter, nicht zur Aufrechterhaltung des Produktionsprozesses benötigter Güter und Leistungen verwenden. Der zentrale Koordinationsmechanismus wird gestört, die bestehenden Engpässe in der Produktionsgüterversorgung verstärken sich und via Lohnerhöhungen nehmen die Geldbestände der privaten Haushalte zu, die ihrerseits Anpassungsreaktionen vornehmen.[52]

Die untergeordnete Bedeutung, die monetären Phänomenen im allgemeinen und im staatlichen Sektor im besonderen von der nicht-sozialistischen Ökonomie bislang beigemessen wurde, zeigt sich deutlich am Inflationsproblem. Bereits seit Beginn der sechziger Jahre wird zwar versucht, Inflation in sozialistischen Planwirtschaften zu diagnostizieren und zu erklären. Die vorliegenden Analysen beziehen sich jedoch fast ausnahmslos auf den privaten Sektor, was für empirisch orientierte Studien aufgrund des zur Verfügung stehenden Datenmaterials begründet sein mag, nicht aber aus theoretischer Sicht. Zudem wird Inflation vielfach als rein reale Erscheinung interpretiert. Bei der Inflationsdiagnose steht die Ermittlung von versteckter und zurückgestauter Inflation im Mittelpunkt, weil offizielle Preiserhöhungen zumindest bis in die jüngere Vergangenheit hinein in den amtlichen Statistiken kaum ausgewiesen wurden. Versteckte Inflation ist demgegenüber leicht durch Einzelbeobachtungen zu belegen, läßt sich allerdings kaum quantifizieren, weshalb alle bisherigen Versuche, ihr Ausmaß zu schätzen, sehr umstritten sind.[53] Unter zurückgestauter Inflation wird im allgemeinen eine Situation verstanden, in der die kaufkräftige Nachfrage bei staatlich fixierten Preisen das Angebot übersteigt, womit diese Definition logisch von den beiden anderen Inflationsdefinitionen abweicht. Denn während offene und versteckte Inflation – analog zur herrschenden Inflationstheorie – prozessual im Sinne eines dauerhaften Preisniveauanstiegs begriffen werden, ist zurückgestaute Inflation statisch definiert. Sie liegt annahmegemäß bereits vor, wenn einmalig eine Güterlücke besteht. Neuere Studien versuchen allerdings, diese Inkonsistenzen zu bereinigen und zugleich Indikatorkonzepte vorzulegen, die alle Erscheinungsformen von Inflation – offene, versteckte und zurückgestaute – vereinigen und so das Nebeneinander verschiedenster Einzelindikatoren vermeiden.[54]

Bei der überwiegend realwirtschaftlichen Inflationserklärung gelten als Ursachen für zurückgestaute Inflation: Fehlplanung und mangelnde Planerfüllung; Engpässe im Versorgungssystem; die jahrzehntelange Bevorzugung der Produktionsgüterindustrie, die Realkapital und Arbeitskräfte zu Lasten der Konsumgüterproduktion bindet und Lohneinkommen entstehen läßt, die nicht durch Konsumgüter gedeckt sind; ungeplante Lohnzahlungen; der mangelnde Anreiz zu bedarfsgerechter Produktion, der gleichzeitig unverkäufliche Lager in einem Bereich und Kaufkraftüberschüsse in einem anderen hervorruft. Als Ursachen von Preisinflation gelten insbesondere die faktischen, wenngleich begrenzten Einflußmöglichkeiten der Betriebe auf die Preis-

---

[52] Vgl. dazu bereits BRZESKI (1964), S. 114 ff. Ebenso MARCZEWSKI (1974), S. 198 f.; PICKERSGILL (1976), S. 141 f.; HAFFNER (1977, 1), S. 508 f.; BIRMAN (1980), S. 94.
[53] Vgl. HOWARD (1976) und (1979); SCHROEDER, SEVERIN (1976); ROSFIELDE (1980).
[54] Vgl. CASSEL, THIEME (1976), S. 101 ff.; CULBERTSON, AMACHER (1978); HARTWIG, THIEME (1979), S. 108 ff.; THIEME (1980), S. 60 ff.

gestaltung – verbunden mit der Ineffizienz zentraler Preiskontrollen – sowie Preissteigerungen für Importgüter.[55] Die monetäre Alimentierung von Inflation, gleichgültig, ob sie sich in Preiserhöhungen oder in zusätzlicher Kassenhaltung niederschlägt, wurde in der Vergangenheit kaum berücksichtigt bzw. als nicht problematisierbare Gegebenheit vorausgesetzt und daher auch eine monetäre Verursachung nicht angenommen. Dies hat sich in neuerer Zeit durch monetäre Erklärungsversuche etwas geändert.[56] Gleichwohl überwiegen auch gegenwärtig realwirtschaftliche Ansätze und finden sich sogar Versuche, das monetäre Phänomen Inflation vollständig ohne den Rückgriff auf Geld zu erklären.[57]

Jener Bereich, der bereits seit längerem einer systematischen geldtheoretischen Analyse unterzogen wird, ist die Geldnachfrage der Privaten. Ausgehend von einer ökonomischen Studie über die Geldnachfrage in der UdSSR in der Phase der Hyperinflation von 1921 bis 1924, sind mittlerweile umfangreiche theoretische und empirische Studien zur privaten Geldhaltung entstanden, die durch den Versuch gekennzeichnet sind, vorhandene Ansätze der Geldnachfragetheorie auf den privaten Sektor sozialistischer Planwirtschaften anzuwenden.[58]

Dies darf allerdings nicht darüber hinwegtäuschen, daß auch die nicht-sozialistische ökonomische Theorie geldwirtschaftliche Phänomene in sozialistischen Planwirtschaften noch weitgehend als Ausnahmeerscheinung behandelt. Sowohl zum Wirkungszusammenhang zwischen monetären und realen Variablen als auch zur Geldangebotskontrolle liegen, wenn von rein plantechnischen Aspekten abgesehen wird, bislang systematische Analysen erst in einzelnen Ansätzen vor. Verantwortlich dafür scheint – analog zur sozialistischen Ökonomie – vor allem das Festhalten an Vorstellungen, die vielfach nicht mit der Realität korrespondieren. So wird häufig das Modell der Zentralverwaltungswirtschaft zur Analyse konkreter Wirtschaftssysteme verwendet, obwohl es im wesentlichen dazu entwickelt wurde, die Möglichkeit optimaler Allokation bei zentraler Planung nachzuweisen und als Bestandteil eines Referenzsystems zu dienen, mit dessen Hilfe sich Wirtschaftssysteme klassifizieren und einordnen lassen.

3. Die analytische Bedeutung des Geldes als Reflex der Organisationsbedingungen sozialistischer Planwirtschaften

Wie der kurze dogmen- und wirtschaftshistorische Überblick zeigt, ist Geld erstens integraler Bestandteil sozialistischer Planwirtschaften und wird zweitens seine analytische Bedeutung zumindest dahingehend anerkannt, daß Geld die Konsum- und Produktionsentscheidungen der privaten Wirtschaftseinheiten beeinflußt. Diese Er-

---

[55] Vgl. u.a. DODGE (1975), S. 223 ff.; HAFFNER (1977, 2); v. DELHAES (1978); KRUBER (1979), S. 138 ff.; ADAM (1980), S. 3 ff.; JANSEN (1982).
[56] Vgl. u.a. THIEME (1977/78) und (1979), S. 294 ff.; GROSSMAN (1983); PINDÁK (1983). Eine frühe Untersuchung monetärer Verursachungsfaktoren stammt von BRZESKI (1964).
[57] Vgl. hierzu etwa LASKI (1980).
[58] Vgl. CAGAN (1956), S. 37 ff.; BRZESKI (1964), S. 148 ff.; PICKERSGILL (1968) und (1970); PORTES, WINTER (1978), S. 11 ff.; GREEN (1978).

gebnisse sind einmal Reflex faktischer Gegebenheiten; gleichzeitig sind sie Ausfluß theoretischer Überlegungen:
- Die Existenz von Geld wird mit dem Nebeneinander unterschiedlicher Eigentumsformen sowie damit begründet, daß es den zentralen Planungs- und Leitungsorganen die Arbeit erleichtert, indem es die Leistungsbewertung und -kontrolle sowie die Güterverteilung erheblich vereinfacht.
- Die analytische Bedeutung von Geld wird aus der Ausnahmestellung des privaten Sektors innerhalb des zentralen Planungs- und Lenkungsmechanismus abgeleitet.

Diese Argumentation scheint jedoch insofern zu eng, als lediglich einzelne Bereiche aus dem Gesamtspektrum konkreter Wirtschaftssysteme herausgegriffen, mit idealtypischen Konstrukten oder Kommunismusvisionen verglichen und dann auf der Basis diagnostizierter Abweichungen Funktionsmechanismen und -probleme «realtypischer» sozialistischer Planwirtschaften erklärt werden. So werden konkrete ökonomische Probleme vielfach auf Abweichungen der faktischen Planungs- und Lenkungssysteme vom Modell der vollkommenen Planung und Lenkung zurückgeführt oder es wird bei der Diskussion darüber, ob einzelwirtschaftliche Dispositionsspielräume de facto bestehen und welchen Einfluß sie ausüben, das Modell der vollkommenen zentralen Planung lediglich in einzelnen Bereichen geringfügig modifiziert, dann aber in seiner Gesamtheit auf konkrete Systeme übertragen. Die bloße Vergröberung des Idealtypus, d.h. das Reflektieren auf einzelne Ausnahmebereiche und deren Abweichung vom idealtypischen Konstrukt, führt jedoch zu einer Verengung von Realität, die in vielen Fällen den Zugang zur systematischen Erfassung realer Funktionsmuster erschwert, wenn nicht sogar versperrt. Besteht das analytische Ziel darin – und davon wird hier ausgegangen –, Funktionsmuster in konkreten Systemen aufzudecken, um reale ökonomische Phänomene zu erklären und zu prognostizieren, müssen faktische Gegebenheiten den Bezugsrahmen bilden und nicht Vollkommenheitsideale. Das Modell der Zentralverwaltungswirtschaft kann nicht dadurch, daß man es nur geringfügig modifiziert, zur Analysegrundlage sozialistischer Planwirtschaften werden.[59] Es erfüllt vielmehr die Funktion eines Orientierungsrahmens, der die gedankliche Durchdringung einer Extremform der Planung und Koordination ökonomischer Prozesse ermöglicht; zur Erklärung und Prognose realer Erscheinungen ist es wenig geeignet.

Werden unter diesem Blickwinkel die Existenz von Geld und seine analytische Bedeutung in sozialistischen Planwirtschaften betrachtet, zeigt sich, daß die «idealtypische Vorgehensweise» wesentliche Aspekte vernachlässigt. Zudem bietet die stärkere Orientierung an faktischen Gegebenheiten die Möglichkeit, prozeßtheoretische Ansätze, wie sie etwa für marktwirtschaftliche Systeme entwickelt wurden, auf andere Wirtschaftssysteme zu übertragen und damit sowohl invariante, wenngleich den Rahmenbedingungen angepaßte Funktionsmuster aufzudecken als auch den Geltungsbereich von Theorien zu überprüfen.

a. Organisationsbedingungen sozialistischer Planwirtschaften

Wesentliche institutionelle Rahmenbedingungen sozialistischer Planwirtschaften sind überwiegendes Staatseigentum an den Produktionsmitteln, zentrale Planung und

---

[59] Vgl. auch HAFFNER (1980), S.15f.

Koordination von Wirtschaftsprozessen, die Existenz von Geld sowie eine enge Verzahnung von politischem und ökonomischem System. Das Wirtschaftssystem ist vertikal hierarchisch organisiert mit dem Politbüro als oberste und den staatlichen Betrieben als unterste Leitungsinstanzen. Verantwortlich für die gesamtwirtschaftliche Planung und Koordination ist die zentrale Plankommission. Sie erarbeitet auf der Basis vorgegebener Ziele und ausgehend von Erfahrungswerten den ersten Entwurf des volkswirtschaftlichen Jahresplanes – längerfristige Pläne werden hier vernachlässigt –, der über die mittleren Leitungsinstanzen bis hin zu den Betrieben aufgeschlüsselt wird. Diese erhalten erste Planaufgaben, die als Daten für die von ihnen auszuarbeitenden Planentwürfe dienen. Die betrieblichen Planentwürfe werden nach erfolgreicher Verteidigung gegenüber den jeweils übergeordneten Leitungsinstanzen aggregiert und schließlich von der zentralen Plankommission koordiniert. Sie legt den Volkswirtschaftsplan dann den politischen Gremien zur Verabschiedung vor. Nachdem der Volkswirtschaftsplan zum Gesetz geworden ist, erfolgt ein neuer Prozeß der Aufschlüsselung bis hin zu den Betrieben, die endgültige rechtsverbindliche Planauflagen in Form von Kennziffern erhalten.[60]

Hauptinstrument zentraler Planung ist die Bilanzierung. Mit Hilfe von Bedarfs- und Produktionsbilanzen werden Aufkommen und Verwendung von Gütern bilanziert und an den Bilanzsalden die jeweiligen Fehlmengen sowie deren Einfluß auf die Bereitstellung anderer Güter abgelesen: «Zu den Hauptmethoden der Planung der gesellschaftlichen Produktion gehört die Bilanzmethode. Sie wird in allen Stadien der Planerarbeitung und auf allen Planungsebenen, angefangen von der gesamten Volkswirtschaft bis zum Betrieb, angewandt. Das Wesen der Bilanzmethode besteht darin, daß sie Aufkommen und Bedarf bilanziert und so die Möglichkeit bietet, die Pläne der Zweige miteinander zu koordinieren, die Teile des Volkswirtschaftsplanes zu bilanzieren und schließlich die Proportionalität der gesellschaftlichen Produktion zu sichern.»[61] Weil eine detaillierte Erfassung und Verarbeitung der Informationen aller ökonomischen Größen und Transaktionen die Kapazität des zentralen Planungsapparates übersteigt, werden auf zentraler Ebene nur aggregierte Globalbilanzen erarbeitet. Ihre Aufschlüsselung liegt bei den nachgeordneten Leitungsinstanzen. Von diesen werden ebenfalls nur bestimmte Positionen bilanzmäßig erfaßt, so daß das Bilanzsystem aus einer begrenzten Anzahl von Einzelbilanzen besteht, die von den jeweils übergeordneten Organen zu bestätigen sind. Der hohe Aggregationsgrad und begrenzte Umfang der Bilanzierung erlaubt es nicht, detaillierte Planaufgaben vorzugeben.[62]

Die privaten Wirtschaftseinheiten erhalten Plankennziffern im Rahmen ihrer Tätigkeit in den staatlichen Betrieben und Organisationen oder in Form von Abführungsverpflichtungen. Letztere werden in gewissen Grenzen den privaten Bauern und in besonderen Situationen, wie in Kriegs- und Nachkriegszeiten oder bei Ernteeinsätzen,

---

[60] Vgl. zum Planungsprozeß u. a. NOVE (1980), S. 34 ff.; THIEME (1980), S. 31 ff.; LEIPOLD (1981), S. 199 ff.
[61] Autorenkollektiv (1972), S. 464. Zur theoretischen Fundierung vgl. HENSEL (1955), S. 121 ff.
[62] In der DDR z.B. umfaßt das Bilanzsystem ca. 5000 Bilanzen: 300 Bilanzen des Ministerrats (für volkswirtschaftlich entscheidende Güter), 500 Bilanzen der staatlichen Plankommission, 1000 Bilanzen der Ministerien und anderer gleichgestellter Staatsorgane sowie 3000 Bilanzen der Volkseigenen Betriebe und der ihnen übergeordneten Vereinigungen. Vgl. KNAUFF (1979), S. 124 f.

auch der arbeitsfähigen Bevölkerung bezüglich ihres Faktoreinsatzes vorgegeben. Ansonsten planen und entscheiden die privaten Wirtschaftseinheiten ihre Einkommensverwendung und ihr Faktorangebot selbständig: Die Distribution des Konsumgüter- und Arbeitsangebots erfolgt vorwiegend über staatliche Märkte mit festen Preisen, d.h. Konsumgüter werden den privaten Haushalten nicht zugewiesen, und zur Arbeitskräftelenkung werden materielle und immaterielle Leistungsanreize eingesetzt.[63] Daneben existieren außerstaatliche Märkte mit weitgehend freier Preisbildung, die nach ihrem Legalitätsgrad unterschieden werden können in:[64]
- Legale Märkte: Hierzu gehören die staatlich kontrollierten second hand-Märkte für Konsumgüter, Gebrauchtwagen oder Ersatzteile sowie die Kolchosmärkte. Ihnen ist gemeinsam, daß die Preise nach oben reglementiert sind.
- Halblegale Märkte: Offiziell nicht zulässig, werden sie inoffiziell geduldet, weil sie oft zur Überwindung bestehender Engpässe beitragen. Deshalb umfaßt ihr Spektrum neben den Märkten für Dienstleistungen, Modeartikel oder private Immobilien auch den zwischenbetrieblichen Parallelmarkt für Produktionsgüter.
- Illegale Märkte: Sie dienen dem Kauf und Verkauf geschmuggelter und insbesondere aus staatlichen Betrieben entwendeter Güter, Güter, deren Besitz oder Handel verboten ist, sowie Güter, die legal gehandelt werden dürfen, aber die limitierten Preise überschreiten.

Die Annahme, daß mit der Beseitigung des Privateigentums an den Produktionsmitteln automatisch ein sozialistisches Bewußtsein entsteht, das die Identität von Einzel- und Gesamtinteressen sichert, erwies sich sehr bald als Fiktion. Menschliche Entscheidungen und Handlungen unterliegen individuellen Erfolgsinteressen mit der Tendenz, sich in Konfliktsituationen zu Lasten anderer durchzusetzen. Somit ist weder die Bereitstellung zutreffender Informationen seitens der Betriebe gesichert noch die Planrealisierung vermittels eines gesellschaftlichen Bewußtseins. Aus diesem Grund werden in den sozialistischen Planwirtschaften umfangreiche Leistungsanreize und -kontrollen eingesetzt mit dem Ziel, die Betriebe und deren Beschäftigten, aber auch die verschiedenen Lenkungsinstanzen zu leistungswilligem und plankonformem Verhalten zu veranlassen. Neben umfangreichen direkten und indirekten Kontrollen dient diesem Ziel vor allem das Planerfüllungsprinzip in Kombination mit Prämien. Danach erhalten die Betriebe je nach dem Grad der Erfüllung vorgegebener Plankennziffern Prämien zur leistungsbezogenen Aufstockung der individuellen Einkommen.[65]

Vermittelt werden ökonomische Transaktionen – mit Ausnahme der vergleichsweise geringen Naturaltauschbeziehungen auf den außerstaatlichen Märkten für

---

[63] Vgl. u.a. KLEER (1984), S.300f.
[64] Vgl. zur Unterscheidung KATSENELINBOIGEN (1977). In den letzten Jahren hat sich dieser als «second-economy» bezeichnete Bereich sozialistischer Planwirtschaften zu einem zentralen Analysegegenstand entwickelt. Vgl. dazu u.a. GROSSMAN (1979) und (1982); OFER, PICKERSGILL (1980), nach deren Angaben ca. 40 v.H. aller privaten Haushalte in der UdSSR Einkommen aus der second economy beziehen und der Anteil dieser Einnahmen an den Haushaltseinkünften ca. 12–15 v.H. beträgt (S. 125), sowie den von HEDTKAMP (1983) herausgegebenen Band.
[65] Vgl. zum Prämiensystem im einzelnen III 2 b. Neben dem Prämienfonds existieren länderspezifisch weitere «Stimulierungsfonds»: z.B. in der DDR der «Leistungsfonds» zur Verbesserung der Arbeitsbedingungen und für innerbetriebliche Rationalisierungsinvestitionen oder in der UdSSR der «Produktionsentwicklungsfonds» für betriebseigene Investitionen sowie der «Fonds für soziale und kulturelle Maßnahmen und den Wohnungsbau». Vgl. RUMJANZEW u.a. (1973), S.361f; Autorenkollektiv (1978), S. 140ff.

Konsumgüter und Dienstleistungen sowie auf den informellen Märkten für Produktionsgüter – in Geldform. Geld wird fast ausnahmslos für Zahlungen verwendet; ebenso halten die Wirtschaftseinheiten Teile ihres Vermögens in Form von Geld. Geld ist somit Bestandteil des Wirtschaftssystems; die analytische Begründung für seine Existenz steht allerdings noch aus. Denn die bislang vorgebrachten Argumente sind nur begrenzt erklärungsfähig, da weder aus dem Tausch allein die Herausbildung des Geldes abgeleitet werden kann, wie es die sozialistische Ökonomie versucht, noch allein aus der Notwendigkeit, Leistungen bewerten und kontrollieren zu müssen.

b. Funktionen des Geldes

Wie in Marktwirtschaften dient Geld auch in sozialistischen Planwirtschaften als Rechen-, Tausch- und Wertaufbewahrungsmittel. Als Rechenmittel ermöglicht es den Vergleich der Werte von Gütern und Dienstleistungen für alle Plansubjekte, also sowohl für die zentralen Planinstanzen als auch für die staatlichen Betriebe, staatlichen Organisationen und die privaten Wirtschaftseinheiten. Sein Einsatz reduziert Kosten, die beim Tausch anfallen, indem Ressourcen freigesetzt werden, die für die Beschaffung von Informationen aufzuwenden sind, und führt somit zu einzelwirtschaftlichem Nutzenzuwachs und gesamtwirtschaftlichem Wohlfahrtsgewinn.[66] Unterstellt, daß die einzelnen Wirtschaftssubjekte nach maximalem Nutzen streben, würde sich daher selbst dann, wenn die wirtschaftsleitenden Organe Naturalrechnung zu verwirklichen versuchen, auf den unteren Leitungsebenen und im privaten Sektor eine allgemeine, wenngleich informelle Recheneinheit herausbilden.

Wohlfahrtsgewinne entstehen auch bei Einführung eines allgemeinen Tauschmittels. Wie beschrieben, erhalten die staatlichen Betriebe zwar Planauflagen, aber häufig keine Mengenzuweisungen bei ihren Inputfaktoren. Sie treten vielmehr auf der Basis zentraler Planvorgaben mit ihren Zulieferbetrieben und den Arbeitsanbietern in Verhandlungen über die bei zentral weitgehend vorgegebenen Preisen benötigten Mengen, so daß das «Tauschprinzip» nicht nur innerhalb des privaten Sektors und zwischen staatlichem und privatem Sektor gilt.[67] In einer Welt perfekter Informationen und kostenloser Tauschakte entstehen daraus keine Aufwendungen; in der Realität erfordern jedoch Anbahnung und Abwicklung des Tausches den Einsatz knapper Ressourcen. Dieser verringert sich, wenn die Wirtschaftseinheiten beim Tausch Güter zwischenschalten, für die sich leichter Tauschpartner finden lassen als für das eigene Erzeugnis und die diesem in bezug auf Teilbarkeit und Haltbarkeit überlegen sind. Solche Güter dienen im wesentlichen dem Weitertausch und nur begrenzt dem eigenen Verzehr. Jenes Gut, das beim Tausch die vergleichsweise geringsten Informations- und Anpassungskosten – im folgenden unter dem Begriff Transaktionskosten zusammengefaßt – verursacht und daher als allgemeines Tauschmittel fungiert, ist Geld.[68]

Schließlich zeigen sich die Vorteile der Geldverwendung, wenn eine vollständige Synchronisation von Käufen und Verkäufen nicht erreicht werden kann. Unter Ver-

---

[66] Vgl. BRUNNER, MELTZER (1974), S. 52f.
[67] Zwischenbetriebliche Verhandlungen fallen vor allem in jene Zeit, in der die Planentwürfe ausgearbeitet werden. Vgl. KNAUFF (1979), S. 112.
[68] Vgl. KATH (1980), S. 159. Im Ansatz ist diese Argumentation bereits bei ADAM SMITH zu finden (1776), S. 23.

nachlässigung von Kredittransaktionen entstehen dann z. B. bei Tauschpartnern, die ihre Güter nicht zum gleichen Zeitpunkt fertigstellen, Lagerhaltungskosten für jenes Gut, das mit geringerem Zeitaufwand produziert wird, oder Informationskosten bei der Suche nach einem Gut mit geringeren Lagerkosten, das zwischen den Tauschakt geschaltet werden kann. Geld reduziert auch hier Transaktionskosten und dient dann nicht nur als «Zwischentauschware», also als Tauschmittel, sondern auch als «temporäres Kaufkraftaufbewahrungsmittel.»[69] Voraussetzung für die Kaufkraftaufbewahrungsfunktion ist die temporär unbeschränkte Verwendungsfähigkeit, wodurch ein Gut, das diese Bedingung erfüllt, in der Lage ist, Vermögenswerte in zukünftige Perioden zu übertragen, also Werte aufzubewahren.

Im Gegensatz zur Tauschmittelfunktion kann die Funktion der Wertaufbewahrung auch von anderen dauerhaften Gütern wahrgenommen werden. Geld konkurriert in dieser Hinsicht mit anderen Aktiva, wobei es im allgemeinen den Nachteil der pekuniären Ertragslosigkeit sowie das Risiko der Realwertunsicherheit aufweist. In sozialistischen Planwirtschaften gilt der erste Aspekt nur für die Bargeldakkumulation und die Geldbestände der staatlichen Betriebe, weil die Sichtdepositen der Privaten Zinserträge abwerfen. Der zweite Aspekt ist mehrdimensional, weil er sowohl Preisinflation als auch zurückgestaute Inflation umfassen kann.

Daß Geld sich trotz pekuniärer Ertragslosigkeit und dem Risiko möglicher Realwertverluste zu einem Wertaufbewahrungsmittel herausbildet, liegt ökonomisch wiederum in Transaktionskostenvorteilen sowie in Risikovorteilen begründet. Im Gegensatz zu Geld verursachen Veränderungen von Finanz- und Sachaktivabeständen Informations- und Anpassungskosten; z. B. bei der Information über mögliche Erträge in Form von Gebühren oder Wartezeiten. Zudem besteht bei einigen Aktiva, wie etwa Westdevisen oder Gebrauchtwagen, das Risiko preisbedingter Kapitalwertverluste, wenngleich das Spektrum solcher Titel vergleichsweise gering ist und in der Vergangenheit Preisreduktionen kaum zu beobachten waren. Aufgrund seiner Tauschmitteleigenschaft kann Geld demgegenüber unmittelbar ohne Kosten und Risiken zum Gütererwerb eingesetzt werden. Es ist durch absolute Liquidität, im Sinne «vollkommener Geldhaftigkeit» gekennzeichnet, während andere Güter Geldqualität nur in geringerem und unterschiedlichem Maße besitzen.[70]

Diese Überlegungen gelten prinzipiell für sozialistische Planwirtschaften. Daran ändert auch der Tatbestand nichts, daß eine unmittelbare Umwandlung von Geld in Güter insbesondere bei den staatlichen Betrieben aufgrund vorgegebener Restriktionen vielfach nicht möglich ist oder Geld als Tauschmittel verschiedentlich durch Sachaktiva und Dienstleistungen ersetzt wird. Dies sind Probleme der Geldwirkung, d. h. der Einflußmöglichkeiten des Geldes auf die ökonomischen Aktivitäten und keine Aspekte der Geldverwendung im Sinne der Nutzenstiftung.

Der Nachweis, daß die Verwendung von Geld Transaktionskosten spart und Risiken mindert und sich daher in allen realtypischen arbeitsteiligen Wirtschaften herausgebildet hätte, selbst wenn dies von offizieller Seite nicht intendiert worden wäre, geht über die traditionellen Ansätze zur Erklärung von Geld in sozialistischen Planwirt-

---

[69] Vgl. FRIEDMAN, SCHWARTZ (1970), S. 106; CLAASSEN (1980), S. 41.
[70] Vgl. zu diesen Begriffen HICKS (1946), S. 163 ff. Auch bei KEYNES findet sich eine ähnliche Begriffsverwendung. Liquidität eines Aktivums bedeutet bei ihm «kurzfristige Realisierbarkeit», «größere Sicherheit» und «Verlustfreiheit». KEYNES (1930), S. 67. Der Liquiditätsgrad eines Aktivums bezeichnet dann seine Geldnähe, d. h. die Fähigkeit, ohne hohe Kosten schnell und reibungslos in Geld umgetauscht werden zu können. Vgl. CLAASSEN (1980), S. 47.

schaften hinaus. Zugleich verdeutlicht der Transaktionskostenansatz theoretische Inkonsistenzen und Mängel der bislang vorgebrachten Begründungen:
- Die Auffassung, wonach Geld allein aus der Absicht heraus entsteht, unvermeidbare Leistungsbewertungen und Kontrollen zu vereinfachen, übersieht die Zweidimensionalität des Geldes; als abstrakte Geldeinheit im Sinne des Rechenmittels und als konkrete Geldmenge im Sinne des Tausch- und Wertaufbewahrungsmittels.[71] Im Regelfalle verkörpert Geld beide Aspekte, so daß alle drei Funktionen zusammenfallen. Da die Rechenmittelfunktion jedoch abstrakter Art ist, kann sie auch ohne die faktische Existenz von Geld erfüllt werden. Tausch- und Rechenmittel fallen auseinander.[72] Das bedeutet aber, daß mit diesem traditionellen Ansatz die Herausbildung von konkretem Geld in Form von Bargeld und Depositen allein nicht begründet werden kann, sondern nur das Entstehen einer allgemeinen Recheneinheit. Von seinen Vertretern wird daher die Tauschmittelfunktion einfach als gegeben vorausgesetzt.[73]
- Die sozialistische Ökonomie, die Geld mit der Existenz von Tausch begründet, vernachlässigt demgegenüber das Transaktionskostenphänomen. Mit Tausch allein kann die Herausbildung eines allgemeinen Tauschmittels nicht erklärt werden, sondern nur damit, daß Tauschakte knappe Ressourcen beanspruchen; denn bei vollständiger Information und kostenloser Abwicklung des Tausches erhöht die Einführung von Geld weder den individuellen Nutzen noch die gesamtwirtschaftliche Wohlfahrt und wäre somit überflüssig.

c. Geld als ökonomischer Einflußfaktor

Vor dem Hintergrund der faktischen Gegebenheiten in sozialistischen Planwirtschaften ist auch der Wirkungszusammenhang zwischen geld- und güterwirtschaftlichem Bereich zu diskutieren. Dabei erweist sich die Argumentation, Geld sei generell neutral bzw. habe nur dort Einfluß auf die wirtschaftlichen Aktivitäten, wo unvollkommene Zentralplanung vorliege, bereits dann als problematisch, wenn Transaktionskosten berücksichtigt werden. Sofern nämlich die Verwendung von Geld den Einsatz knapper Ressourcen verringert, entstehen für eine Geldwirtschaft Produktionsvorteile gegenüber der Naturalwirtschaft, unabhängig vom Grad der Planunvollkommenheit. Die Geldhaltung erbringt produktive Dienste.[74] In einem monetär organisierten Wirtschaftssystem beeinflußt Geld somit selbst bei umfassender zentraler Planung zwar infolge zentraler Preisfestsetzung keine nominalen Größen, jedoch reale Aggregate, weil zu gleichen Preisen größere Mengen produziert werden.

---

[71] Vgl. zur begrifflichen Trennung CLAASSEN (1980), S. 35f.
[72] Vgl. u.a. DORNBUSCH, FISCHER (1978), S. 209. HIRSHLEIFER (1976), S. 217 ff. rechnet daher zu den Geldfunktionen nur die Tausch- und Wertaufbewahrungsmittelfunktion. Die Betonung der abstrakten Form des Geldes findet sich auch bei WALRAS, der von den n Gütern einer Tauschwirtschaft eines als «numéraire» herausnimmt. Dadurch reduzieren sich die n(n−1) Preisrelationen auf n−1. Das als numéraire dienende Gut fungiert jedoch nicht als Tauschmittel. Vgl. zur Interpretation HICKS (1967), S. 2f.
[73] Vgl. etwa HENSEL (1955), S. 186.
[74] Vgl. zur Produktivität der Geldhaltung u.a. STEIN (1970), S. 92.

Unter diesem Gesichtspunkt ist die Einführung von Geld als Rechen-, Tausch- und Wertaufbewahrungsmittel nie neutral. Allerdings ist die Diskussion über die Passivität des Geldes in sozialistischen Planwirtschaften primär auf einen anderen Aspekt gerichtet, und zwar auf die Frage, in welchen Bereichen es das Verhalten der Einzelwirtschaften beeinflußt. Unzureichend charakterisiert wird dabei die Realität durch die Annahme, daß einzelwirtschaftliche Dispositionsspielräume invers an den Grad der Vollkommenheit zentraler Planung gekoppelt sind und daher die Geldbestände der staatlichen Betriebe so gut wie keinen Einfluß ausüben. Sobald die Pläne auf einzelwirtschaftlicher Ebene in den Betrieben verwirklicht werden, Planung und Planverwirklichung also voneinander getrennt sind, entstehen selbst bei vollständiger zentraler Planung einzelwirtschaftliche Dispositionsspielräume. Gelingt es dann nicht, die Ausführenden zu plankonformem Verhalten zu veranlassen, werden bei Divergenzen zwischen einzelwirtschaftlichen Interessen und dem durch die Zentrale repräsentierten Gesamtinteresse diese Dispositionsspielräume genutzt. Der zentrale Wirtschaftsmechanismus wird bei der Planverwirklichung durchbrochen.[75] Da die Betriebe zu dem aufgrund des Informationsdefizits der zentralen Organe bereits an der Planung beteiligt sind, eröffnen sich ihnen darüber hinaus in der Planungsphase erhebliche Einflußmöglichkeiten.

Die Existenz von Entscheidungsspielräumen bei der Planung und Planverwirklichung ist nicht gleichbedeutend mit einzelwirtschaftlicher Planautonomie. Das würde einer Aufhebung des Systems der zentralen Planung und Leitung gleichkommen, die tatsächlich nicht gegeben ist. Die wesentliche Plankompetenz liegt auf zentraler Ebene. Sie bestimmt die gesamtwirtschaftlichen Entwicklungslinien und Grundproportionen ebenso wie die Produktion an Schwerpunktgütern und den Großteil der Güter- und Faktorpreise, wobei ihre Entscheidungen über einen hierarchisch strukturierten Planungs- und Verwaltungsapparat vermittelt und kontrolliert werden. Von zentraler Bedeutung ist, daß die Betriebe Planauflagen erhalten und ihre Aktivitäten der Legitimation durch übergeordnete Instanzen bedürfen. Gerade hier jedoch ergeben sich Möglichkeiten zu betrieblicher Einflußnahme in unterschiedlichem Ausmaß und Freiräume für einzelwirtschaftliche Aktivitäten. Insofern sind Entscheidungsmöglichkeiten für die Betriebe mehr oder weniger stark eingeschränkt und werden mehr oder weniger stark genutzt.

Unter den genannten Bedingungen ist die Behauptung, grundsätzlich werde weder mehr produziert, wenn die staatlichen Betriebe über ausreichende Geldmittel verfügen, noch weniger, wenn zu wenig Geld vorhanden ist, unzulässig und die Annahme, Geld im staatlichen Sektor sei neutral, nicht haltbar. Das bestätigen auch die Erfahrungen, wonach die Betriebe ihre Geldmittel zweckentfremdet verwenden und kurzfristige Liquiditätsüberschüsse außerplanmäßige Aktivitäten hervorrufen.[76] Ebenso beeinflussen die Geldmittel der Betriebe die betrieblichen Planentwürfe, so daß Entscheidungen der zentralen Organe – sollten die entsprechenden Planentwürfe Berücksichtigung in den zentralen Plänen finden – indirekt vom Umfang der betrieblichen Geldhaltung beeinflußt werden.[77] Auf der anderen Seite sind allerdings eine Vielzahl von betrieblichen Aktivitäten zentral determiniert und erfolgt die monetäre Alimen-

---

[75] Vgl. auch HAFFNER (1980), S. 14f.
[76] Vgl. dazu u. a. BRZESKI (1967), S. 187: «Less apparent I think, is that beside all the efforts to subdue it, money has never been completely ‹passive›, let alone only a ‹means of command›.» Vgl. ebenso ZIELINSKI (1973), S. 220ff.; BELOUSSOW (1974), S. 171; BIRMAN (1980), S. 94f.
[77] Vgl. auch MARCZEWSKI (1974), S. 199.

tierung güterwirtschaftlicher Transaktionen häufig erst im Anschluß an deren Planung und Durchführung, so daß Geld bzw. eine Variation der Geldbestände nicht als auslösendes Element fungiert.[78] Damit ist Geld im staatlichen Sektor weder grundsätzlich aktiv noch grundsätzlich passiv. Es weist unterschiedliche «Neutralitätsgrade» auf, die zwischen vollständiger Aktivität und Passivität variieren.

Aus geldtheoretischer Sicht bilden die Bereiche Geldverwendung, Geldangebot und Geldwirkungen den Kern der bisherigen Betrachtung. Nachdem der erste Komplex, der zugleich die Herausbildung von Geld in einer Tauschwirtschaft einschließt, analysiert wurde, bedürfen nun die beiden anderen einer genaueren theoretischen Durchdringung:
– der Komplex Geldangebot, der die Geldversorgung sozialer Planwirtschaften umfaßt und – im Gegensatz zu bisherigen Analysen – nicht nur Probleme der monetären Planung, sondern allgemein die Determinanten des Geldangebotes betrifft;
– der Komplex Geldwirkungen, der den Einfluß monetärer Größen auf die gesamtwirtschaftlichen Aktivitäten und damit die Analyse der Transmissionskanäle geldwirtschaftlicher Impulse zum Inhalt hat.

Da monetäre Prozesse unter konkreten geldwirtschaftlichen Ordnungsbedingungen ablaufen, ist zunächst der institutionelle Rahmen des Geldsystems zu bestimmen.

---

[78] Vgl. KORNAI (1980), S. 299 ff., der dies als «soft budget constraint» bezeichnet.

II. Monetäre Organisation und Planung

Neben den bereits beschriebenen Gestaltungselementen sozialistischer Planwirtschaften umfassen die für den monetären Bereich relevanten Rahmenbedingungen die Struktur des Bankensystems und die Organisation der Geldversorgung, die institutionell vorgegebenen Möglichkeiten, Geld zu halten, sowie die geldpolitischen Ziele und Strategien. Allgemein besteht die Aufgabe der Geldpolitik darin, die Wirtschaft planmäßig mit der erforderlichen Quantität an Tausch- und Wertaufbewahrungsmitteln zu versorgen.[1] Damit sollen Ungleichgewichte zwischen Geldangebot und -nachfrage vermieden werden, die von der sozialistischen ökonomischen Theorie neben Preisinflation und mangelnder Leistungsorientierung der Individualeinkommen als wesentlicher Störfaktor für die Sicherung von Währungsstabilität im Sozialismus betrachtet werden. Da Währungsstabilität als Voraussetzung für eine planmäßig proportionale Entwicklung der Volkswirtschaft gilt und diese wiederum als Garant für permanent steigenden Wohlstand bei freier und allseitiger Entwicklung der Gesellschaft, ist die Geldpolitik letztlich auf die Erfüllung des wirtschafts- und gesellschaftspolitischen Oberzieles gerichtet.

Von der sozialistischen Ökonomie wird den wirtschaftspolitischen Zielen in der Regel der formale Status ökonomischer Gesetze beigemessen mit dem Argument, die durch sie beschriebenen Erscheinungen seien dem Sozialismus immanent. Gleichzeitig ergeht jedoch an die verantwortlichen Instanzen die Aufforderung, die ökonomischen Gesetze konsequent auszunutzen, womit eine normative Interpretation erfolgt. So charakterisiert nach übereinstimmender Ansicht das ökonomische Grundgesetz des Sozialismus: «Sicherung der höchsten Wohlfahrt und der freien allseitigen Entwicklung aller Mitglieder der Gesellschaft auf dem Wege des ununterbrochenen Wachstums und der Vervollkommnung der gesellschaftlichen Produktion» grundsätzlich die Entwicklungstendenz einer sozialistischen Planwirtschaft. Gleichzeitig formuliere es jedoch auch die allgemeine Zielrichtung und die Bedingungen, unter denen es zur vollen Entfaltung kommen könne.[2]

Geldpolitische Zielgröße ist die Geldmenge. Sie dem gesamtwirtschaftlichen Geldbedarf in einer Periode anzupassen, ist Aufgabe der währungspolitischen Autoritäten. Die Verwirklichung gleichgewichtiger Geldmengensteuerung setzt voraus, daß
– der gesamtwirtschaftlich erforderliche Geldbedarf ex ante bestimmt und
– die Geldemission durch die verantwortlichen zentralen Organe kontrolliert werden kann.

Die formale Organisation der geldwirtschaftlichen Sphäre in den sozialistischen Planwirtschaften entspricht diesen Anforderungen: Prinzipiell unterliegen monetäre Ströme, Bestände und Bestandsveränderungen der zentralen Planung, Leitung und Kontrolle; Bankensystem und Geldemission sind zentralisiert. Ob damit auch faktisch die Voraussetzungen für eine gleichgewichtige Geldversorgung gegeben sind, soll die

---

[1] Vgl. u.a. THÜMMLER (1974), S. 124f.; EHLERT, HUNSTOCK, TANNERT (1976), S. 27; WILCZYNSKI (1978), S. 51f.
[2] Vgl. RUMJANZEW u.a. (1973), S. 109ff.; STEEGER u.a. (1980), S. 252f. Zum methodologischen Status dieser Gesetze vgl. HENSEL (1971), S. 5; JERMOLAJEW (1973), S. 44f.

weitere Analyse zeigen. Dazu werden, repräsentativ für alle sozialistischen Planwirtschaften, Erfahrungen aus der UdSSR, der DDR und Polen herangezogen, ohne daß der allgemeine Geltungsanspruch der grundsätzlichen Überlegungen verlorengeht.

1. Die Komponenten der gesamtwirtschaftlichen Geldmenge

Die Geldmenge in den sozialistischen Ländern besteht aus Bargeld und Bankdepositen und kann nach Sektoren untergliedert werden. Sie umfaßt
- Bargeldbestände und Depositen der privaten Haushalte und privaten Betriebe,
- Bargeldbestände und Bankguthaben der sozialistischen Wirtschaft, wozu neben staatlichen und genossenschaftlichen Betrieben auch Banken, Versicherungen und Gewerkschaften gehören,
- Bankguthaben des Staates, der hier repräsentiert ist durch den Staatshaushalt und die Haushalte der Gebietskörperschaften.[3]

Polnischen Angaben zufolge bestehen die Depositenbestände der Privaten aus Sichteinlagen, Termineinlagen unterschiedlicher Laufzeit und Spareinlagen unterschiedlicher Qualität. Dazu zählen jederzeit fällige Sparguthaben, über die per Scheck, Überweisung oder Barabhebung verfügt werden kann, Einlagen auf Konten, die periodisch an der Verlosung von Geld- und Sachprämien teilnehmen, und Einlagen auf Anwartschaftskonten, die Voraussetzung für den Erwerb bestimmter knapper Güter (Pkw, Eigentumswohnungen) sind.[4] Alle Bankguthaben werden verzinst; die Verzinsung richtet sich nach Laufzeit und Art der Einlagen.

Inwieweit die Struktur der privaten Geldhaltung repräsentativ für sozialistische Planwirtschaften ist, kann mangels alternativer Quellen nicht beurteilt werden. Den verfügbaren Angaben aus der DDR zufolge existieren dort neben verzinsten Sichtdepositen und Einlagen auf Buchsparkonten zumindest ebenfalls jederzeit fällige Sparguthaben, die als Spargiroeinlagen bezeichnet werden.[5]

Die Bankguthaben der sozialistischen Wirtschaft umfassen Sichtguthaben (Einlagen auf «laufende Konten»), Termineinlagen sowie die Einlagen der verschiedenen Fonds («Sonderbankguthaben»). Sie unterliegen der Zweckbindung und werden je nach ihrem Verwendungszweck unterschieden in Mittel des Investitions- und Reparaturfonds, des Entwicklungs- und Modernisierungsfonds, des Prämienfonds, des Fonds zur Finanzierung von Umlaufmittelerhöhungen und des Fonds für Außenwirtschaftsoperationen.[6] Zur Verzinsung der einzelnen Guthaben existieren keine

---

[3] Vgl. Narodowy Bank Polski, versch. Jahrgänge; EHLERT, HUNSTOCK, TANNERT (1976), S. 89; HARTWIG (1983), S. 170 ff.; BUCK (1985), S. 506.
[4] Vgl. Rocznik Statystyczny (1984), S. 98 ff.
[5] Vgl. Autorenkollektiv (1978), S. 395 f.
[6] Vgl. Narodowy Bank Polski (1980), S. 26; Autorenkollektiv, S. 244 f.; WERALSKI (1982), S. 45 f. Von der sozialistischen Ökonomie werden im allgemeinen alle materiellen und finanziellen Bestände als Fonds bezeichnet, so daß Geldbestände finanzielle Fonds repräsentieren. Vgl. Autorenkollektiv (1980), S. 199. Zur besseren begrifflichen Systematisierung wird hier weitgehend der Terminologie der Polnischen Notenbank gefolgt, die laufende (Verrechnungs-)Konten und Fondskonten unterscheidet. Vgl. Narodowy Bank Polski (1980), S. 26.

vollständigen Angaben. In der DDR beträgt sie gegenwärtig generell 1 v. H., in der UdSSR für nicht-zweckgebundene Guthaben 0,5 v. H. und in Polen scheinen sie je nach Einlageart zu variieren.[7]

Die Geldbestände des Staatshaushalts und der Haushalte der Gebietskörperschaften bestehen aus Sichtdepositen und aus zweckgebundenen Einlagen zur Finanzierung längerfristiger zentraler Vorhaben. Sie werden als Guthaben bei der Staatsbank gehalten.

a. Analytisch begründete Geldmengendefinitionen

Die Entscheidung darüber, welche der genannten Komponenten die ökonomisch relevante Geldmenge bilden, richtet sich zunächst nach dem Untersuchungszweck, denn Geld ist nicht etwas Vorgegebenes, sondern ein analytisches Konstrukt, das auf den spezifischen Eigenschaften eines Aktivums beruht, als Tauschmittel oder als Tausch- und Wertaufbewahrungsmittel zu fungieren.[8] Soll jene Geldmenge ermittelt werden, die über Ausgabenentscheidungen kurzfristig die wirtschaftlichen Aktivitäten beeinflußt, bietet sich eine enge Geldmengenbegrenzung an. Sie umfaßt neben den Bargeldbeständen die jederzeit verfügbaren Bankguthaben der privaten Wirtschaftseinheiten und der sozialistischen Wirtschaft. Geld wird hier in seiner Eigenschaft definiert, unmittelbar dem Gütererwerb dienen zu können. Demzufolge rechnen jene kurzfristigen Einlagen der sozialistischen Wirtschaft, die zweckgebunden im Rahmen zentraler Planauflagen Verwendung finden, nicht zur relevanten Geldmenge, im Gegensatz zu jenen Bestandteilen von Fondsguthaben, die von den Betrieben kurzfristig zweckentfremdet eingesetzt werden.

Das Kriterium der unmittelbaren Verfügbarkeit erfüllen auch die Sichtdepositen des Staates. Als Repräsentant der Interessen des zentralen Planungs- und Leitungsapparates ist sein Verhalten jedoch auf die Erfüllung des Staatshaushaltsplanes und die Vermeidung von Disproportionen gerichtet, weshalb seine Ausgabenentscheidungen nicht kurzfristig mit der Höhe seiner Bankguthaben variieren. Sie gehören daher ebensowenig zur Tauschgeldmenge wie die Depositen der Banken, die Transaktionen verrechnen und Kredite gewähren, aber keine Güter produzieren oder konsumieren.

Die Eingrenzung der Geldmenge auf das Volumen an unmittelbar verfügbaren Zahlungsmitteln ist unzweckmäßig, wenn auch längerfristige Einflüsse des Geldes berücksichtigt werden sollen. Unter der Annahme, daß längerfristig akkumulierte Geldmittel der staatlichen Betriebe deren Planentwürfe und damit die Entscheidungen zentraler Organe beeinflussen oder die von den Privaten mangels kurzfristiger Verwendungsmöglichkeiten zunächst auf Termin- oder Buchsparkonten gehaltenen Beträge längerfristig Anpassungsreaktionen hervorrufen, muß die Geldmenge temporäre und permanente Kaufkraftaufbewahrungsmittel enthalten.[9] Hierzu gehören

---

[7] Vgl. GARVY (1977), S. 59 und S. 103; BUCK (1979), S. 23; ZWASS (1979), S. 142.
[8] Vgl. auch FRIEDMAN, SCHWARTZ (1970), S. 137.
[9] Vgl. zur Terminologie CLAASSEN (1980), S. 42f. Danach sind solche Finanzaktiva, die als Kassenreserven dienen, temporäre und jene, die als Vermögensanlagen fungieren, permanente Kaufkraftaufbewahrungsmittel.

neben den Einlagen auf privaten Termin- und Buchsparkonten auch Teile der betrieblichen finanziellen Fonds. Die dadurch bedingte erweiterte Geldmengenabgrenzung ist nicht nur transmissionstheoretisch, sondern insbesondere geldangebotstheoretisch begründbar. Wenn in den sozialistischen Planwirtschaften das Ziel der Geldpolitik darin besteht, den Bedarf der Volkswirtschaft an Tauschmitteln und an temporären und dauerhaften Wertaufbewahrungsmitteln zu befriedigen, ist die Bezugsgröße von Analysen, die sich mit Problemen der Geldversorgung beschäftigen, eine Geldmenge, die auch längerfristige Bankguthaben einschließt.

Zuordnungsprobleme verursachen die Bankguthaben des Staates, denn es ist nicht sicher, ob von ihrem Umfang längerfristige, d.h. über den Einjahrplanzeitraum hinausgehende Ausgabenentscheidungen abhängen. Dafür spricht, daß ein großer Teil der Geldmittel des Staatshaushalts an die staatlichen Betriebe und privaten Haushalte fließt, wo sie ausgabenwirksam werden: Ein Anstieg der Staatshaushaltseinlagen signalisiert dann zunehmende wirtschaftliche Aktivitäten. Dies mag auch der Grund sein, weshalb sie von sozialistischen Ökonomen verschiedentlich in ihrer Gesamtheit der volkswirtschaftlichen Geldmenge zugerechnet werden. Auf der anderen Seite wird häufig argumentiert, daß die Verantwortlichen in den sozialistischen Planwirtschaften insbesondere den Staatshaushalt dazu einsetzen, um dem Wirtschaftskreislauf Liquidität zu entziehen, indem Staatshaushaltsüberschüsse gebildet und bei den Staatsbanken stillgelegt werden.[10] Trifft das zu, dann ist die Geldmenge um die kumulierten Budgetüberschüsse zu bereinigen.

Auch die Westwährungsbestände der Privaten üben in sozialistischen Planwirtschaften Geldfunktionen aus. Sie gelangen weitgehend durch Schwarzmarktoperationen mit Touristen oder – wie insbesondere in der DDR – durch Geschenke in privaten Besitz, während die Möglichkeit, Devisen zum offiziellen Wechselkurs bei der Staatsbank zu kaufen, nur in Ausnahmefällen besteht. Da mit Westgeld auf legalem Wege die besonders begehrten Westgüter in speziellen Läden erworben werden können, wird es innerhalb des privaten Sektors auch für besonders knappe, im Inland produzierte Güter als Tauschmittel akzeptiert.[11] Die Inlandsgüter dienen hier in letzter Konsequenz als Medium zum Erwerb von Westgütern. In zahlreichen Verwendungen existieren daher zwei Währungen nebeneinander, wobei Westdevisen Transaktionskostenvorteile gegenüber heimischer Währung insofern aufweisen, als ihr Einsatz Wartezeiten oder Bestechungsaufwendungen reduziert. Als bislang kaufkraftsicheres Aktivum dient Westgeld zudem als Wertaufbewahrungsmittel und bei erwarteten Versorgungsengpässen als Spekulationsobjekt.[12]

b. Empirisch bedingte Geldmengenabgrenzung

Die empirische Umsetzung analytischer Geldmengenkonzepte scheitert vielfach am verfügbaren Datenmaterial. So läßt sich nur für Polen die gesamtwirtschaftliche Geldmenge ermitteln. Die Statistiken der anderen sozialistischen Planwirtschaften beschränken sich demgegenüber auf den Ausweis der privaten Geldhaltung; für die

---

[10] Vgl. BRZESKI (1967), S. 180ff.; MONTIAS (1968), S. 38ff.; LEEMAN (1978), S. 75.
[11] Vgl. SELL, THIEME (1980), S. 131.
[12] In Polen blieb z.B. der US-Dollar ungeachtet mehrerer Abwertungen und seiner durch die Wechselkursfreigabe 1973 bedingten Kursverluste wichtigste Nebenwährung. Vgl. BRUS (1978),

UdSSR sind entsprechende Angaben nur für die privaten Sicht- und Sparguthaben vorhanden, während für die Bargeldhaltung nur westliche Schätzungen vorliegen.[13]

Der hohe Aggregationsgrad der monetären Daten bedingt eine relativ weite Abgrenzung sowohl der gesamtwirtschaftlichen Geldmenge Polens als auch der privaten Geldhaltung der anderen Länder. Für die private Geldhaltung werden im allgemeinen lediglich die Bargeldbestände und aggregierten Bankguthaben ausgewiesen, so daß sich als Strukturkoeffizienten exakt nur die jeweiligen Bargeldquoten ermitteln lassen. Ein Vergleich zeigt, daß sich der Anteil der Bargeldhaltung am Umfang der privaten Geldbestände am kontinuierlichsten in der DDR entwickelt hat, aber auch in der UdSSR und in der CSSR im Trend die gleiche Richtung aufweist. Den verfügbaren Angaben zufolge sank die Bargeldquote in der DDR von 1950 bis 1983 stetig von 0,72 auf 0,10, in der CSSR von 1953 bis 1975 von 53,5 auf 17,0, nur unterbrochen durch einen kurzfristigen Anstieg nach Beendigung des Reformkurses, und in der UdSSR nach sehr hektischen Schwankungen in den fünfziger und sechziger Jahren von 1970 bis 1978 von 48,3 auf 32,3. Demgegenüber fand diese Entwicklung in Polen 1972 ein Ende und nimmt die Bargeldquote seit 1975 wieder zu. Gleichzeitig übertrifft die Bargeldquote in Polen diejenige in den anderen Ländern, insbesondere aber diejenige der DDR im gesamten Beobachtungszeitraum.[14]

Verantwortlich für den Rückgang der Bargeldquoten gegenüber den fünfziger und sechziger Jahren ist die wachsende Bedeutung des bargeldlosen Zahlungsverkehrs. Ein Großteil der Lohnzahlungen erfolgt mittlerweile unbar, und die Privaten machen zunehmend vom Angebot der Banken Gebrauch, Zahlungen für öffentliche Dienstleistungen, Mieten und Güterkäufe größeren Umfangs bargeldlos vorzunehmen. Die unterschiedlichen Anteile der Bargeldhaltung in den einzelnen Ländern haben insbesondere drei Ursachen:
- Der Unterschied in Entwicklung und Organisationsgrad des Verrechnungsverkehrs, die in der DDR und der CSSR ein höheres Niveau erreicht haben.
- Die traditionell ausgeprägte Bargeldvorliebe der landwirtschaftlichen Bevölkerung, deren Anteil, gemessen an der Gesamtbevölkerung, in Polen und in der UdSSR bedeutend höher ist.[15]
- Versorgungsengpässe und das Ausmaß der Schattenwirtschaft, d. h. der Transaktionen außerhalb des offiziellen Versorgungssystems, die nach allen bisherigen Erfahrungen in Polen und in der UdSSR ausgeprägter sein dürften. Versorgungsengpässe und Schattenwirtschaft erfordern einen relativ hohen Bargeldbedarf: Versorgungsengpässe, weil Engpaßgüter häufig überraschend und in sehr begrenztem Umfang zur Verfügung stehen, so daß Vorratskäufe lohnen; Aktivitäten in der Schattenwirtschaft, weil die Verwendung von Buchgeld leichter kontrolliert werden kann.

Zunehmende Versorgungsengpässe können – mit aller Vorsicht – auch als Ursache für den leichten Wiederanstieg der Bargeldquote in Polen in der zweiten Hälfte der

---

S. 27. Seit einiger Zeit werden Westdevisen zudem im staatlichen Handel als Zahlungsmittel akzeptiert. Aufgrund der herrschenden Devisenknappheit kann die Bevölkerung z. B. einheimische Pkw mit Westgeld bezahlen, wodurch die sonst üblichen Wartezeiten sich verringern. Vgl. BACZYNSKI (1985), A. 282; WYCZANSKI (1985), A. 275ff.

[13] Vgl. u. a. BIRMAN (1981).
[14] Vgl. zu den Angaben Anhang Tab. II, RUDCENKO (1979), WILES (1983).
[15] Vgl. auch SZEPLAKI, TAYLOR (1972), S. 572ff.

siebziger Jahre sowie für die sprunghafte Zunahme in den achtziger Jahren angeführt werden. Denn nach 1974 kam der von GIEREK eingeleitete Aufschwung ins Stocken mit der Konsequenz, daß der Rückgang in der landwirtschaftlichen Produktion mit der Drosselung der Konsumgüterimporte bei weiterhin relativ stark expandierenden Nominallöhnen und Sozialeinkommen zusammentraf, eine Entwicklung, die sich seit Beginn der achtziger Jahre noch verschärft hat.[16]

Für Polen läßt sich die aktuelle Struktur der privaten Geldvermögen bestimmen, die entweder bei der Nationalbank oder als Einlagen der Landbevölkerung und der nichtsozialistischen Wirtschaft bei der Bank für Nahrungsmittelwirtschaft und den Genossenschaftsbanken gehalten werden.

Tab. II.1: Struktur der privaten Bankguthaben in Polen 1983 (Stand am Jahresende in Mrd. Zloty und in v. H.)

Verzinste Sicht- und Spargiroeinlagen	433 760	(41,0)
Termineinlagen	187 070	(17,6)
Ansparguthaben für Pkw	157 146	(14,8)
Bausparguthaben	89 354	(8,4)
Sachprämienguthaben	69 989	(6,6)
sonstige Guthaben	120 884	(11,6)
	1 058 203	(100)

Quelle: Rocznik Statystyczny (1984), S. 98 f.

Da kontinuierliche Angaben nur über die Zusammensetzung der privaten Bankguthaben bei der Nationalbank vorliegen, läßt sich die Entwicklung der einzelnen Komponenten nur für diesen allerdings 80 v. H. umfassenden Teil der privaten Depositenbestände verfolgen. Danach sank der Anteil der täglich fälligen, verzinsten Einlagen auf Sicht- und Sparkonten von 1960 bis 1973 kontinuierlich von 72,3 auf 37 v. H., stieg dann wieder auf seinen Höchststand von 50 v. H. im Jahre 1978 und ist seitdem rückläufig. Die Termineinlagenquote expandierte zwischen 1960 und 1973 von 3,1 auf 29,7 v. H. und nimmt seitdem ab (1983: 16 v. H.). Der Anteil des Prämiensparens hat sich demgegenüber kaum verändert, während der Anteil des Bausparens seit 1960 stetig und derjenige des Pkw-Ansparens von 1,3 v. H. im Jahre 1978 auf mittlerweile 17,3 v. H. expandierte.[17]

Eine systematische Analyse der Strukturverschiebungen soll hier nicht erfolgen, u. a. deswegen, weil die dafür notwendigen Angaben über institutionelle Änderungen nicht zur Verfügung stehen. Gleichwohl können einige Plausibilitätsüberlegungen angestellt werden: Für den steigenden Anteil des Wohnbausparens dürfte die noch immer bestehende Wohnraumknappheit verantwortlich sein, verbunden mit der Regelung, daß Antragsteller während der Wartezeit kontinuierlich Einlagen zu bilden haben.[18] Ähnliche Überlegungen gelten für den starken Anstieg der Einlagen auf Pkw-Ansparkonten. Finanziert wurden diese Strukturverschiebungen durch den

---

[16] Vgl. zur wirtschaftlichen Situation Polens in den siebziger und beginnenden achtziger Jahren BRUS (1978); GABRISCH (1981, 2); Narodowy Bank Polski (1983), S. 12 ff.; PETERHOFF (1984), S. 302 ff.
[17] Vgl. Rocznik Statystyczny Finansow, versch. Jahrgänge; Rocznik Statystyczny (1984), S. 98.
[18] 1979 betrug die Wartezeit für eine Wohnung 8 bis 10 Jahre. Vgl. GABRISCH (1981, 1), S. 118.

Rückgang des Anteils an kurzfristigen Einlagen und an Termineinlagen, womit sich die bereits 1973 einsetzende und wahrscheinlich durch zunehmende Preissteigerungen verursachte Verringerung der Termineinlagenquote noch verstärkte. Zunächst hatten diese inflationsbedingten Vermögensumschichtungen die kurzfristigen Einlagen begünstigt, was sich damit begründen läßt, daß die Wirtschaftssubjekte in inflationären Phasen eine größere Transaktionskasse benötigen.[19] Zunehmende Versorgungsengpässe scheinen jedoch die privaten Haushalte dazu bewogen zu haben, sowohl ihre Guthaben auf jenen Konten überproportional aufzustocken, die direkt mit einem Anspruch auf Sachgüter versehen sind, als auch ihre Bargeldhaltung.

Das Fehlen von Angaben über die Struktur der privaten Guthaben bei der Bank für Nahrungsmittelwirtschaft und den genossenschaftlich organisierten Banken vor 1970 ermöglicht eine empirische Unterscheidung in eine enge, Bargeld und Sichteinlagen umfassende Geldmenge und ein weites, auch die Wertaufbewahrungsfunktion des Geldes einschließendes Aggregat erst für den Zeitraum danach. Für die gesamte Untersuchungsperiode steht nur eine weite Geldmengenabgrenzung zur Verfügung:

(II.1) $\quad M^p = B^p + D^p$,

mit

(II.2) $\quad D^p = SD^p + R^p$,

wobei M^p = Geldbestände
$\quad\quad\quad B^p$ = Bargeld
$\quad\quad\quad SD^p$ = Sichteinlagen und Spargirobestände
$\quad\quad\quad R^p$ = sonstige Einlagen

p bezeichnet private Haushalte und private Betriebe.

Ebenso wie für den privaten Sektor lassen sich aus den verfügbaren polnischen monetären Daten für die sozialistische Wirtschaft und den Staat Aufschlüsse über Struktur und Entwicklung der Geldhaltung gewinnen. Die Statistiken unterscheiden dabei die Geldhaltung der sozialistischen Wirtschaft in Bargeldbestände, Einlagen auf laufende Konten, Einlagen auf sog. Fondskonten für Investitionen, Reparaturen und spezielle Aufgaben, Einlagen auf Außenwirtschaftskonten – bis 1976 als sonstige Konten bezeichnet – sowie durchlaufende Mittel.[20] Bei letzteren handelt es sich um Posten, die bereits vom Schuldnerkonto abgebucht, dem Empfänger aber noch nicht gutgeschrieben worden sind und daher als Forderungen der sozialistischen Wirtschaft gegen das Bankensystem in dessen konsolidierter Bilanz erscheinen. Diese Mittel vollständig den Geldbeständen der sozialistischen Wirtschaft anzurechnen, ist empirisch nicht vermeidbar, analytisch jedoch problematisch, denn sie enthalten auch Überweisungen der sozialistischen Wirtschaft an den Staatshaushalt. Dessen Geldhaltung wird in aggregierter Form zusammen mit den Geldbeständen der Gebietskörperschaften als «Einlagen im Bankensystem» ausgewiesen.

Der Anteil der Sichteinlagen – hier definiert als Guthaben auf laufenden Konten und transitorische Mittel – am Volumen der Geldbestände sozialistischer Wirtschafts-

---

[19] Vgl. zu diesem Argument der Geldnachfragetheorie, wonach die nominale Geldnachfrage proportional mit dem Preisniveau variiert, LAIDLER (1979), S. 55 ff.
[20] Vgl. Rocznik Statystyczny Finansow, versch. Jahrgänge; Narodowy Bank Polski (1976), S. 28 und (1983), S. 26; Rocznik Statystyczny (1984), S. 96.

einheiten hat sich von ca. 80 v. H. Mitte der fünfziger Jahre auf 20,5 v. H. im Jahre 1983 verringert.[21] Eine Ursache dafür ist der kräftige Anstieg an sog. Fondsmitteln, die den Betrieben im Rahmen des Prinzips der Eigenfinanzierung von Investitionen zugestanden wurden. Die Expansion hielt bis Mitte der siebziger Jahre an, als die zentralen Instanzen den Investitionsboom der Vorjahre und die daraus resultierenden Disproportionen durch Investitionslimitierung zu brechen versuchten. Dementsprechend ist der Anteil an Mitteln des Investitions- und Reparaturfonds seit 1973 wieder rückläufig. Während er seinen höchsten Stand mit ca. 40 v. H. im Anschluß an die Wirtschaftsreformen Ende der sechziger Jahre erreichte und sich dann bei ca. 30 v. H. einpendelte, betrug er im Jahre 1983 nur noch 4,7 v. H.[22]

Hohe Zuwachsraten können seit Beginn der siebziger Jahre für die sonstigen Einlagen bzw. Einlagen auf Außenwirtschaftskonten festgestellt werden. Ihr Anteil stieg zwischen 1970 und 1983 von 4,1 auf 60,6 v. H. Die polnische Nationalbank begründet diese Expansion mit der enormen Ausdehnung des Außenhandels, der im Anschluß an die Autarkiephase der sechziger Jahre erfolgte.[23]

Nach formalen Kriterien lassen sich auch für die staatlichen Betriebe monetäre Aggregate entsprechend ihrer Liquiditätsnähe unterscheiden. Im Gegensatz zu den Geldmengenabgrenzungen für den Sektor der privaten Haushalte und nicht-sozialistischen Wirtschaft ist jedoch ein formal hoher Liquiditätsgrad bei den Geldbeständen der staatlichen Betriebe nicht gleichbedeutend mit kurzfristiger ökonomischer Verfügbarkeit. Sie bezieht sich auf die kurzfristige einzelwirtschaftliche Dispositionsmöglichkeit über vorhandene Geldmittel, die aufgrund zentral vorgegebener Zweckbindungen vielfach nicht gegeben ist und sich empirisch nicht bestimmen läßt.[24]

Erhebliche Probleme verursacht auch die empirische Abgrenzung der monetären Aktiva des Staates und seiner Gebietskörperschaften. Zwar werden die Einlagen der öffentlichen Haushalte im Bankensystem kontinuierlich ausgewiesen. Unklar bleiben aber Umfang und Verwendung der Budgetüberschüsse zumindest für den Zeitraum nach 1975 selbst dann, wenn die statistischen Angaben und damit die Existenz solcher Überschüsse nicht im Zweifel gezogen werden, wie dies zumindest für die UdSSR in letzter Zeit häufig geschieht.[25]

Unklarheiten über den genauen Umfang der Budgetüberschüsse sind darin begründet, daß die Angaben der amtlichen Statistik und der polnischen Notenbank zwischen 1975 und 1979 erheblich differieren. Während z. B. die Notenbank für diesen Zeitraum kumulierte Überschüsse in Höhe von 33,5 Mrd. Zloty ausweist, beträgt deren Umfang der amtlichen Statistik zufolge 356,8 Mrd. Zloty.[26] Diese Diskrepanz könnte darauf beruhen, daß die amtliche Statistik jene Beträge, die von den öffentlichen Haushalten zum Zwecke der Kreditierung von staatlichen Betrieben an das Bankensystem überwiesen werden, als Einnahmeüberschüsse verbucht, die Notenbank sie jedoch als

---

[21] Die folgenden statistischen Angaben beruhen auf der konsolidierten Bilanz des polnischen Kreditsystems. Vgl. ebenda.
[22] Vgl. zum Kurswechsel in der Investitionspolitik GABRISCH (1981, 1), S. 63 ff.
[23] Vgl. etwa Narodowy Bank Polski (1978), S. 29 und (1982), S. 26.
[24] Vgl. auch II 1 a.
[25] Vgl. BIRMAN (1981), S. 131 ff. und S. 289 ff. Ähnlich WILES (1983), S. 138 ff. sowie deutlich abgeschwächt HUTCHINGS (1983), S. 184.
[26] Vgl. zu den Angaben: Narodowy Bank Polski (1976–1980), Rocznik Statystyczny (1980), S. XXXVII.

zweckgebundene Ausgaben klassifiziert.[27] Sollte das zutreffen, dann sind diese Mittel in der Geldmenge zu belassen, weil sie keinen gesamtwirtschaftlichen Liquiditätsentzug bewirken, sondern lediglich eine Umschichtung vorhandener Geldbestände.

Unklarheiten bestehen auch hinsichtlich der Verwendung der ausgewiesenen Budgetüberschüsse. Eine bloße Stillegung bei der Nationalbank würde bedeuten, daß die Mittel bei Bedarf reaktiviert, d. h. zur Finanzierung von Defiziten eingesetzt werden. Dem kontraktiven Geldmengeneffekt bei Haushaltsüberschüssen stünde dann ein expansiver Effekt bei Defiziten gegenüber. Das scheint aber in Polen nicht zu geschehen, denn die Haushaltsdefizite, die seit 1980 existieren, wurden offensichtlich durch Verschuldung finanziert; obwohl rein rechnerisch in der Vergangenheit genügend Budgetüberschüsse entstanden, um in ihrer Summe die Haushaltsdefizite zumindest zu Beginn der achtziger Jahre zu decken. Das bedeutet, daß Budgetüberschüsse nicht stillgelegt, sondern dem Kreislauf für immer entzogen, also vollständig vernichtet wurden. Die Finanzierung der Defizite erfolgt nicht allein durch die Nationalbank. Das deuten zumindest die Angaben der amtlichen Statistik an, die jeweils unterschiedliche Beiträge für die Haushaltsdefizite und die jährliche Zunahme der öffentlichen Verschuldung bei der Notenbank enthalten.[28]

Treffen die hier angestellten Vermutungen zu, dann sind nur die kumulierten Budgetüberschüsse bei der Berechnung der Geldmenge zu berücksichtigen – sie wirken kontraktiv. Unter der Annahme, daß diese Mittel vollständig vernichtet werden, bewirken demgegenüber Budgetdefizite nur Geldmengeneffekte, wenn der Staat sich bei der Nationalbank verschuldet. Der damit verbundene monetäre Impuls findet seinen Niederschlag aufgrund der Ausgabewirksamkeit von Defiziten in einem Anstieg der Geldbestände der staatlichen Betriebe oder des privaten Sektors und bedarf insofern keiner gesonderten Berücksichtigung. Bei den folgenden Berechnungen wird diese Konstruktion zugrunde gelegt. Aufgrund des hohen Unsicherheitsgrades der Annahmen erfolgt jedoch im Anhang eine Alternativrechnung zur Ergänzung.

Dem Aggregationsniveau der verfügbaren Daten entsprechend umfaßt die gesamtwirtschaftliche Geldmenge Polens (M) die Geldbestände des privaten Sektors (M^p), der sozialistischen Wirtschaft (M^{sw}) und des Staates (M^g) in ihrer Eigenschaft als Zahlungs- und Wertaufbewahrungsmittel. Insofern informiert sie über die Struktur der Geldverwendung und ist in etwa der M_3-Abgrenzung vergleichbar, wie sie für die Bundesrepublik Deutschland verwendet wird:

(II.3) $\quad M = M^p + M^{sw} + M^g$,

wobei

(II.4)
$$M^p = B^p + D^p$$
$$M^{sw} = B^{sw} + D^{sw}$$
$$D^{sw} = SD^{sw} + R^{sw} + F^{sw}$$
$$M^g = D^g - \sum_{t=1}^{n}(E^g - A^g), \text{ bei } E^g > A^g,$$

---

[27] So entspricht der von der Nationalbank ermittelte Budgetüberschuß für 1977 in Höhe von 6,2 Mrd. Zl. der Differenz zwischen dem von der amtlichen Statistik ausgewiesenen Budgetüberschuß in Höhe von 106,3 Mrd. Zl. und dem für Kredite zweckbestimmten Zuwachs an Staatshaushaltseinlagen bei der Nationalbank, der mit ca. 100 Mrd. Zl. angegeben wird. Vgl. Narodowy Bank Polski (1978), S. 29.

[28] Rocznik Statystyczny (1984), S. 88 und S. 96.

mit

B^{sw} = Bargeldbestände der sozialistischen Wirtschaft
SD^{sw} = Sichteinlagen der sozialistischen Wirtschaft
R^{sw} = sonstige Einlagen der sozialistischen Wirtschaft
F^{sw} = Einlagen auf Konten spezieller Fonds und des Investitions- und Reparaturfonds
D^g = Bankguthaben der öffentlichen Haushalte
E^g = Einnahmen der öffentlichen Haushalte
A^g = Ausgaben der öffentlichen Haushalte.

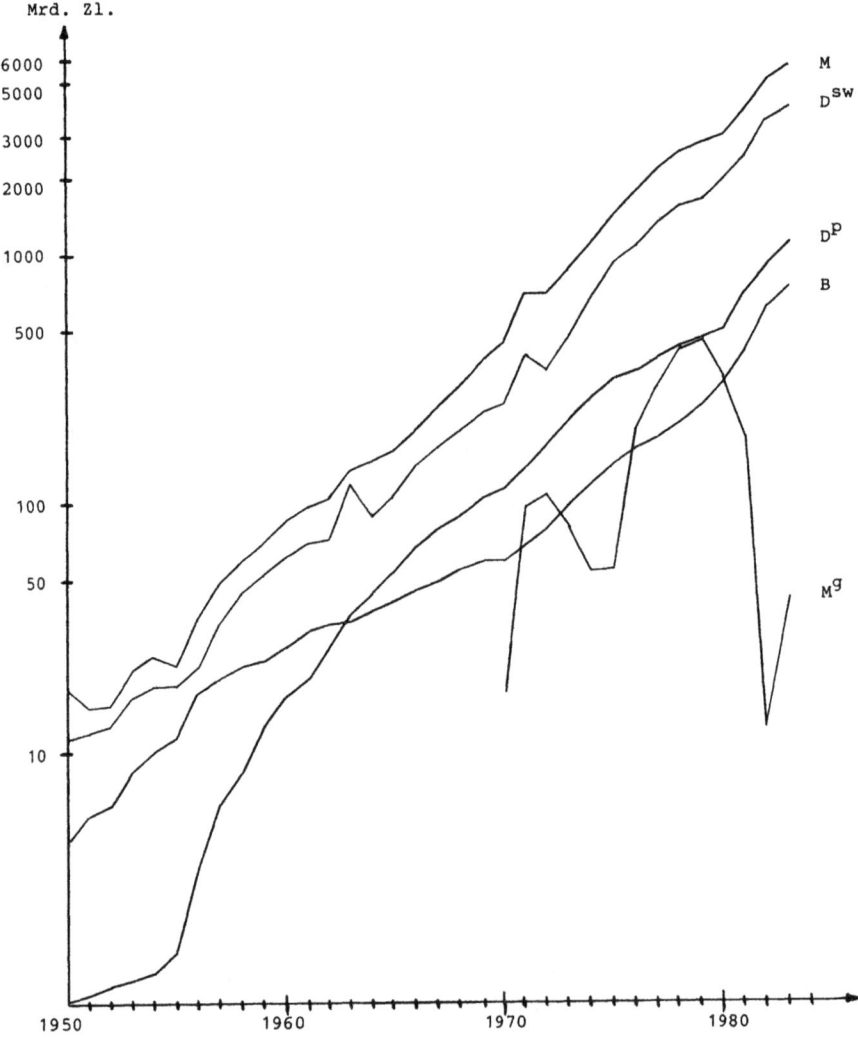

Abb. II.1: Entwicklung der Geldmenge in Polen (log. Maßstab).

Abb. II.1 zeigt die Entwicklung der Geldmenge und ihrer Komponenten in Polen. Die starke Expansion mit einer durchschnittlichen jährlichen Wachstumsrate von ca. 20 v. H. wurde lediglich dreimal unterbrochen: 1951, bedingt durch den für damalige Verhältnisse recht hohen Budgetüberschuß in Höhe von 11,9 Mrd. Zl. sowie 1955 und 1972, als der Rückgang der Haushaltseinlagen bzw. der Depositenbestände der sozialistischen Wirtschaft nicht – wie sonst üblich – durch einen Anstieg der anderen Verwendungskomponenten ausgeglichen werden konnte. Die Wachstumsraten unterliegen im gesamten Beobachtungszeitraum erheblichen Schwankungen mit Extremwerten von + 56,6 und − 14,6 v. H. Der Variationskoeffizient als Maß für die Abweichungen der Geldmengenwachstumsraten von ihrem Mittelwert beträgt 0,72.

Der größte Teil der monetären Expansion entfällt auf die Geldhaltung der sozialistischen Wirtschaft, die von 1950 bis 1983 68,4 v.H. des Geldmengenwachstums absorbierte (Tab. II.2). Dominante Größe waren die sonstigen Einlagen bzw. Einlagen auf Konten für Außenwirtschaftsoperationen. Ihr Anteil betrug am gesamten Geld-

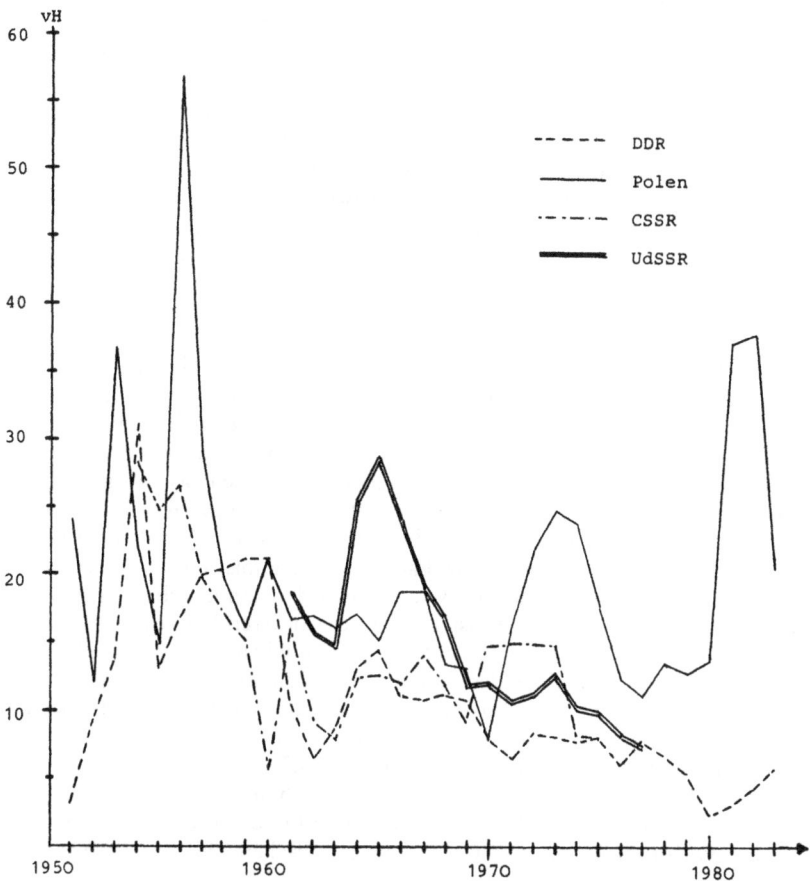

Abb. II.2: Entwicklung der privaten Geldhaltung in sozialistischen Planwirtschaften (jährliche Änderungsraten in v.H.). Quelle: Anhang, Tab. IV und V; RUDCENKO (1979); WILES (1983).

Tab. II.2: Anteile der Verwendungskomponenten am Wachstum der Geldmenge in Polen 1950–1983 (in v.H.)

Zeitraum	M^p		M^{sw}				M^g
					D^{sw}		
	B^p	D^p	B^{sw}	SD^{sw}	R^{sw}	F^{sw}	
1950–1983	11,7	19,1	1,2	15,2	40,6	11,4	0,8
1950–1972	9,8	25,3	1,1	16,3	9,0	22,9	15,6
1950–1980	8,6	16,5	1,0	10,5	37,6	14,4	11,4
1980–1983	15,4	22,2	1,4	20,0	41,5	7,9	−8,4

Quelle: Anhang, Tab. I.

mengenwachstum 40,6 v.H. und an der Geldhaltung der sozialistischen Wirtschaft 72 v.H. Auf die private Geldhaltung entfielen im gleichen Zeitraum etwa 30 v.H. der monetären Expansion. Demgegenüber war der Verwendungsanteil des Staates unbedeutend.

Die Durchschnittswerte verdecken Strukturveränderungen erheblichen Ausmaßes. Die große Bedeutung der sonstigen Einlagen beruht z.B. im wesentlichen auf der Forcierung des Außenhandels, die erst zu Beginn der siebziger Jahre einsetzte. Daher ergeben sich für den Zeitraum davor andere Absorptionsanteile für die einzelnen Verwendungskomponenten der Geldmenge: Von 1950 bis 1972 verteilte sich die monetäre Expansion primär auf private Bankguthaben, gefolgt von den Einlagen der sozialistischen Wirtschaft auf Fondskonten. Der Anteil der sonstigen Einlagen betrug in diesem Zeitraum lediglich 9 v.H. und lag damit noch unter demjenigen der privaten Bargeldhaltung.

Demgegenüber wird der Anteil des Staates an der Verwendung der Geldmenge bei der Durchschnittsbetrachtung unterbewertet. Diese Verzerrung beruht im wesentlichen darauf, daß die finanzielle Situation der öffentlichen Haushalte seit 1980 einen massiven Rückgang der staatlichen Guthaben im Bankensystem bewirkt hat. Das wird deutlich, wenn der gesamte Beobachtungszeitraum in eine Phase vor und in eine Phase nach 1980 unterteilt wird. Während von 1950 bis 1980 ca. 16 v.H. der monetären Expansion auf die staatliche Verwendung entfiel, war der Anteil von 1980 bis 1983 negativ. Diese Unterteilung des Beobachtungszeitraums, die im wesentlichen mit der Krise des polnischen Wirtschaftssystems sowie den damit verbundenen politischen Veränderungen zusammenfällt, ist auch für die anderen Verwendungskomponenten von Bedeutung. Neben dem Rückgang der staatlichen Absorption gehört dazu vor allem die starke Zunahme der privaten Bargeldhaltung und der durch den Einbruch der Investitionstätigkeit bedingte Rückgang der Guthaben staatlicher Betriebe auf den Konten der Investitions- und Reparaturfonds.[29]

Mit einer durchschnittlichen Wachstumsrate von 20,2 v.H. ist die Expansion der privaten Geldhaltung in ihrer weiten Abgrenzung ähnlich derjenigen der gesamtwirtschaftlichen Geldmenge. Nach sehr hektischem Verlauf in den fünfziger Jahren sank zunächst das Wachstum der privaten Geldbestände zwischen 1961 und 1970 auf jah-

---

[29] Vgl. zur Entwicklung in Polen seit 1980 insbes. PETERHOFF (1984); ZALESKI (1984).

resdurchschnittlich 15 v.H. (1950-1960: 27 v.H.). In der ersten Hälfte der siebziger Jahre nahmen die Wachstumsraten dann wieder rapide zu, sanken im folgenden abermals und erreichten dann wiederum zu Beginn der achtziger Jahre Spitzenwerte, die mit jenen der frühen fünfziger Jahre vergleichbar sind. Im Verhältnis dazu hat sich die private Geldhaltung in den anderen Ländern kontinuierlicher entwickelt (Abb. II.2). In der DDR ist – im Anschluß an die Phase relativ hoher, stark schwankender Wachstumsraten der fünfziger Jahre – seit Mitte der sechziger Jahre eine Verstetigung der monetären Expansion mit abnehmendem Trend zu beobachten, wenngleich die Wachstumsraten nach ihrem bisherigen Tiefstand im Jahre 1980 in den letzten Jahren wieder zugenommen haben. Nach einem durchschnittlichen jährlichen Wachstum von 15 v.H. im Zeitraum von 1950 bis 1965 beträgt die Wachstumsrate seitdem durchschnittlich ca. 8 v.H. p.a. In der CSSR setzt die monetäre Verstetigung bereits in der ersten Hälfte der sechziger Jahre ein, allerdings auf einem höheren Wachstumsniveau. In der UdSSR sind die Wachstumsraten seit 1965 rückläufig.

2. Geldproduktion in bilanztheoretischer Sicht

Während in kapitalistischen Marktwirtschaften im allgemeinen zwei Geldproduzenten existieren – die Notenbank als Produzent von Zentralbankgeld, auch als Geldbasis bezeichnet, und autonome Geschäftsbanken als Produzenten von Buchgeld –, ist in sozialistischen Planwirtschaften die Geldproduktion zentralisiert. Produzent von Bargeld und Buchgeld ist allein die Staatsbank mit ihren Filialen und Agenturen, so daß beide Geldarten Zentralbankverbindlichkeiten und damit Zentralbankgeld repräsentieren. Die Möglichkeit, auf der Grundlage von Zentralbankgeld Buchgeld zu schöpfen, besteht nicht. Monetäre Variablen, wie Mindest- oder Überschußreserven und Geldschöpfungsmultiplikatoren, haben keine Bedeutung; ebenso die traditionellen Instrumente der Geldpolitik.[30] Entstehung und Vernichtung von Geld finden ihren Niederschlag in der Bilanz des Kreditsystems, die hier zunächst in vereinfachter Form dargestellt wird.[31] Sie soll noch kein konkretes monetäres System beschreiben, sondern dient nur als einfaches Modell der Geldproduktion.

---

[30] Ausnahmen bildeten die DDR und Bulgarien Ende der sechziger Jahre, als das Monobanksystem durch eine marktähnliche Organisation ersetzt wurde. Die einzelnen Banken konnten relativ eigenständig Kreditgeschäfte durchführen, wozu sie sich bei der Staatsbank refinanzieren mußten. Die Staatsbank sollte die Kreditnachfrage der Banken durch den Refinanzierungssatz beeinflussen. Gleichzeitig wurden individuelle Verträge zwischen Staatsbank und Geschäftsbanken darüber abgeschlossen, in welchem Umfang letztere ihre Mittel auf Staatsbankenkonten zu halten hatten. Die daraus resultierenden Widersprüche zwischen den Vorstellungen der zentralen Organe und den Bankentransaktionen führten allerdings zu Beginn der siebziger Jahre zu einem Abbruch der Reformbestrebungen. Vgl. KUNZE (1972), S. 153 ff.; ZWASS (1979), S. 88 ff.
[31] Vgl. zur Kreditbilanz u. a. BRZESKI (1964), S. 95; EHLERT, HUNSTOCK, TANNERT (1976), S. 111. Zum folgenden vgl. HARTWIG (1983), S. 173 ff.

Aktiva		Kreditbilanz	Passiva	
Kredite an die sozialistische Wirtschaft	K^{sw}	Depositen der sozialistischen Wirtschaft		D^{sw}
Kredite an Private	K^p	Depositen der Privaten		D^p
Währungsreserven	W	Geldbestände öffentlicher Haushalte		D^g
		Bargeldumlauf		B

Die linke Seite der Kreditbilanz zeigt die Entstehung der Geldmenge und umfaßt alle Aktiva, gegen die das Bankensystem Geld an die Volkswirtschaft ausgibt. Sie enthält eine binnenwirtschaftliche ($K^{sw} + K^p$) und eine außenwirtschaftliche Komponente (W). Die rechte Seite informiert über die Allokation der Geldmenge, wie sie bereits dargestellt wurde.[32]

Für die Definitionsgleichung der Geldmenge gilt:

(II.5) $K^{sw} + K^p + W = M = B + D^p + D^{sw} + D^g$.

D^{sw} repräsentiert alle Bankguthaben der sozialistischen Wirtschaft ($SD^{sw} + R^{sw} + F^{sw}$) und D^g den Gesamtbestand an Depositen der öffentlichen Haushalte, weil stillgelegte Budgetmittel hier zunächst vernachlässigt werden können.

Jede Zunahme der Aktivposten in der Kreditbilanz ist mit der Produktion von Geld verbunden, bei jeder Abnahme wird Geld vernichtet. Eine Änderung der Geldverwendung führt ausschließlich zu einem Passivtausch. Räumt z. B. die Staatsbank einem staatlichen Betrieb einen Kredit in Höhe von 1000 Einheiten Inlandswährung ein, schlägt sich dieser Vorgang nach der sog. englischen Buchungsmethode in den Bilanzen des Kreditsystems und der sozialistischen Wirtschaft nieder:

Aktiva	Kreditbilanz		Passiva
Kredite an die sozialistische Wirtschaft	+1000	Depositen der sozialistischen Wirtschaft	+1000

Aktiva	sozialistische Wirtschaft		Passiva
Depositen	+1000	Verbindlichkeiten	+1000

Weiterhin sei angenommen, daß der Betrieb die aufgenommenen Mittel zu gleichen Teilen zum Erwerb von Arbeitsleistungen und von Vorleistungen anderer staatlicher Betriebe einsetzt, mit denen Outputgüter produziert werden. Verwenden die Zahlungsempfänger ihre Einkünfte zur Aufstockung ihrer Geldhaltung, wobei für die privaten Haushalte als Arbeitsanbieter ein Bargeldkoeffizient (B^p/D^p) von 25 v. H. unterstellt wird, steht nach Abschluß aller Transaktionen dem Zuwachs an Forderungen der Staatsbank eine Zunahme der Verbindlichkeiten in Form von Depositen und Bargeld gegenüber:

---

[32] Vgl. II 1 b.

Aktiva	Kreditbilanz		Passiva
Kredite an die sozialistische Wirtschaft	+1000	Depositen der sozialistischen Wirtschaft	+500
		Depositen der Privaten	+400
		Bargeldumlauf	+100

Aktiva	sozialistische Wirtschaft		Passiva
Materielle Umlaufmittel	+500	Verbindlichkeiten	+1000
Depositen	+500		

Aktiva	privater Sektor		Passiva
Depositen	+400	Nettovermögen	+500
Bargeld	+100		

Geld entsteht weiterhin durch den Ankauf von Gold und Devisen durch die Staats- bzw. die Außenhandelsbank und wird durch Verkäufe wieder vernichtet. Im Gegensatz zu kapitalistischen Marktwirtschaften bewirken dabei Nettodevisenzuflüsse, die aus Exportüberschüssen resultieren, generell expansive Geldmengeneffekte, weil der sozialistischen Wirtschaft der Devisenbesitz weitgehend untersagt ist: Die aus Exporten resultierenden Deviseneinnahmen müssen an die Notenbank verkauft, die zur Finanzierung von Importen benötigten Devisen von ihr gekauft werden. Nur wenige Betriebe verfügen über eigene Devisenkonten.[33]

Deviseneinnahmen aus Exporttransaktionen im Wert von 1000 Einheiten Inlandswährung, die an die Staatsbank verkauft werden, führen zu einer Verlängerung der Kreditbilanz und einem Aktivtausch bei den staatlichen Betrieben. Die Geldemission beruht hier ebenfalls auf Kreditgewährung; allerdings einer Kreditgewährung an das Ausland, weil Devisen nicht realisierte Ansprüche auf ausländische Güter repräsentieren.[34]

Aktiva	Kreditbilanz		Passiva
Währungsreserven	+1000	Depositen der sozialistischen Wirtschaft	+1000

Aktiva	sozialistische Wirtschaft		Passiva
Devisen	−1000		
Depositen	+1000		

[33] Die Verfügung über eigene Devisenkonten wurde den staatlichen Betrieben vorwiegend im Rahmen der Wirtschaftsreformen in den sechziger Jahren zugestanden. Mittlerweile bilden eigene Devisenkonten jedoch die Ausnahme. Vgl. BUCK (1980), S.156f.
[34] Vgl. auch EHLERT, HUNSTOCK, TANNERT (1976), S. 317: «Die auf der Kreditseite ausgewiesenen Devisenbestände drücken damit ebenfalls Kreditverhältnisse aus. Jedoch keine Kreditbeziehungen zwischen der Bank und inländischen Wirtschaftseinheiten, sondern Kreditverhältnisse zwischen der nationalen Wirtschaft und dem Ausland.»

Die häufig praktizierte Vergabe von Devisenkrediten durch die Staats- und Außenhandelsbank zur Finanzierung von Importen induziert keine Geldmengeneffekte. In gleichem Wert, wie die Bank Devisen an Importeure abgibt, entstehen Forderungen. In der Kreditbilanz erfolgt lediglich ein Aktivtausch zugunsten der Position Kredite an die sozialistische Wirtschaft, jedoch keine Bilanzverlängerung. Sind die Schuldner verpflichtet, Devisenkredite aus Deviseneinnahmen zu tilgen, ist nach Abschluß aller Transaktionen die alte Aktivastruktur in der Kreditbilanz wieder hergestellt. Wird zur Tilgung heimische Währung verwendet, sinkt die Geldmenge, wenn die Schuldner ihre Verpflichtung einlösen.

Der Einfluß privater Währungsbestände auf die Geldmenge erfordert eine differenzierte Betrachtung. Sie muß unterscheiden zwischen Westdevisen und den Devisen anderer sozialistischer Planwirtschaften sowie zwischen der analytisch begründeten Geldmenge und der empirisch bedingten Geldmengenabgrenzung, die auf den Bestand an Inlandswährung abstellt. Bei Westdevisen ist jeder Nettodevisenzufluß in den privaten Sektor mit einem Anstieg der Geldmenge verbunden, sofern diese alle Aktiva einschließt, die Geldfunktionen ausüben.[35] Auf den Bestand an heimischer Währung, der hier betrachtet wird, wirkt ein Nettozufluß an Westdevisen nur dann expansiv, wenn ein entsprechender Umtausch bei der Staatsbank erfolgt. Dies kann auf zwei Wegen geschehen:
– sobald die Privaten ihre Devisenbestände freiwillig an die Staatsbank verkaufen, denn im Gegensatz zur sozialistischen Wirtschaft ist ihnen der Devisenbesitz erlaubt, wenn auch meldepflichtig;[36]
– durch den Einkauf von Westgütern in staatlichen Devisenläden, weil die betreffenden Handelsorganisationen zum Umtausch ihrer Deviseneinnahmen in heimische Währung verpflichtet sind.

Da Währungen der anderen sozialistischen Planwirtschaften im Inland keine Geldfunktionen ausüben, führen Nettodevisenzuflüsse nur im Falle des Devisenverkaufs an die Staatsbank zu expansiven Geldmengeneffekten. Ansonsten entstehen – bezogen auf den inländischen Gebrauch – funktionslose Devisenhorte.

Der Einfluß von stillgelegten Budgetüberschüssen auf die Geldproduktion läßt sich aus der Entstehungs- und Verwendungsgleichung der Geldmenge unmittelbar ablesen. Die dabei erforderliche Bereinigung der staatlichen Bankguthaben um die kumulierten Budgetüberschüsse hat zur Wahrung der definitorischen Identität von Geldentstehung und -verwendung auch für die Entstehungsseite der Definitionsgleichung zu erfolgen, so daß II.5 entsprechend zu modifizieren ist:

$$(II.6) \quad W + K^{sw} + K^p - \sum_{i=1}^{n} (E^g - A^g) = B + D^p + D^{sw} + M^g$$

Haushaltsüberschüsse bewirken demzufolge immer eine Verringerung der Geldmenge, während Haushaltsdefizite über die Auflösung stillgelegter Mittel expansive Geldmengenimpulse auslösen. Ausgeglichene Budgets sind geldmengenneutral.

Eine Bank kann unbegrenzt Geld schaffen, wenn die damit eingegangenen Verbindlichkeiten nicht fällig werden, d.h. wenn sie Zahlungsverpflichtungen in solchem Geld eingeht, das sie selbst produziert.[37] Das gilt grundsätzlich für Zentralbanken und aufgrund seiner einstufigen Struktur uneingeschränkt für das Bankensystem in

---

[35] Vgl. II 1 a.
[36] Zur Regelung des Devisenbesitzes vgl. Autorenkollektiv (1978), S. 177.
[37] Vgl. SIEBKE, WILLMS (1976), S. 116.

sozialistischen Planwirtschaften. Es kann die Kreditbilanz jederzeit verlängern und stößt somit in seinen Geldschöpfungsmöglichkeiten an keine Grenze. Von der sozialistischen Ökonomie wurde dieser Tatbestand lange Zeit übersehen und ist verschiedentlich sogar noch heute umstritten.[38] Ursache dafür ist ein verkürztes Verständnis von geldangebotstheoretischen Zusammenhängen, das sich in der Auffassung manifestiert, Kredite würden immer auf der Basis bereits vorhandenen Geldes produziert – Geldbestände seien also «Kreditquellen» – und wären daher auch immer materiell durch produzierte Güter abgesichert. Begründet wird dies mit der Identität des Volumens der Aktiva und Passiva in der Kreditbilanz, die unter Vernachlässigung der traditionell sehr geringen Währungsreserven nur aus Kredit- und Geldbeständen bestehen, sowie der Eigenschaft von Geld, Ansprüche auf produzierte Güter zu repräsentieren. Bargeld und Deposition, so die Folgerung, sind Ausdruck nicht genutzter materieller Fonds, d.h. nicht realisierter Güteransprüche. Sie können mittels Kredit denjenigen befristet zur Verfügung gestellt werden, die materielle Fonds realisieren, also Güter beanspruchen wollen: «Der Kredit ist eine auf der Funktion des Geldes als Zahlungsmittel beruhende Kategorie, die die befristete Umverteilung der in der Volkswirtschaft zeitweilig freigesetzten Geldfonds zum Zwecke der Finanzierung des Reproduktionsprozesses zum Ausdruck bringt.»[39]

Die bilanztechnische Interpretation, wonach Kredit lediglich als Umverteilungsinstrument fungiert, nicht aber auch als Entstehungskomponente des Geldes, impliziert, daß im gleichen Umfang, wie die Kreditnehmer Geldmittel von der Bank erhalten, vorhandene Depositen- oder Bargeldbestände verschwinden; ein Sachverhalt, der offensichtlich im Widerspruch zur Erfahrung steht. Dessen wird man sich in den sozialistischen Ländern auch zunehmend bewußt. Denn die Eigentümer der Geldfonds verzichten zwar zum gegebenen Zeitpunkt darauf, materielle Ansprüche zu realisieren. Sie verzichten jedoch nicht auf die Geldbestände selbst. Diese bleiben in ihrem Besitz und können jederzeit eingelöst werden, wie mittlerweile auch die sozialistische ökonomische Theorie vereinzelt konzediert: «Der Geldeinkommensbesitzer behält also sein Geld, es wird ihm über den Bankkredit nicht entzogen…, es kann folglich auch nicht umverteilt werden.»[40] Die Übertragung materieller Ansprüche auf den Kreditnehmer erfolgt somit nicht auf dem Wege der Umverteilung freier Geldmittel, sondern durch Neuproduktion von Ansprüchen. Deshalb ist auch nicht – wie häufig unterstellt – die Ausdehnung der Geldbestände Bedingung für die Ausdehnung des Kreditvolumens; Voraussetzung ist vielmehr die Entscheidung der Verantwortlichen, solche Ansprüche auf dem Kreditwege in Form von Bargeld und Depositen zu schaffen.

Die Geldproduktion in sozialistischen Planwirtschaften wird auch nicht durch Golddeckung oder ein anderes Reservemedium begrenzt. Die Staatsbanken sind nicht

---

[38] Vgl. zum gegenwärtigen Stand der Diskussionen PLÖNTZKE u.a. (1980), S. 1128f.
[39] Autorenkollektiv (1973), S. 225. Vgl. ebenso ZIMMERMANN u.a. (1957), S. 326: «Im Verlaufe des gesellschaftlichen Reproduktionsprozesses schlagen sich ständig vorübergehend Mittel in Geldform nieder, die zu diesem bestimmten Zeitpunkt zeitweilig unterbeschäftigt sind. Sie vorübergehend an Stellen des volkswirtschaftlichen Bedarfs neu zu verleihen, ist die Aufgabe des Kredits.» Vgl. auch Autorenkollektiv (1977), S. 777. Dies scheint wohl auch der Grund dafür zu sein, daß die polnische Nationalbank den Bargeldumlauf und die Bankguthaben aller Sektoren statistisch noch immer als «Quellen der Kreditfinanzierung» ausweist. Narodowy Bank Polski (1983), S. 23 ff. Zur Auffassung in der UdSSR vgl. u.a. ZWASS (1979), S. 99 f. sowie HAFFNER (1977), S. 505.
[40] EHLERT, HUNSTOCK, TANNERT (1976), S. 75. Vgl. ebenso SCHMIDT (1960), S. 103 f.

verpflichtet, das von ihnen geschaffene Geld jederzeit in Devisen oder Gold einzulösen, denn für die heimischen Währungen besteht keine Konvertibilität. Formal gilt zwar immer noch das Prinzip von der Golddeckung des Geldes, dem das Marxsche Gesetz der Papiergeldzirkulation zugrunde liegt, wonach «... die Ausgabe des Papiergeldes auf die Quantität zu beschränken ist, worin das von ihm symbolisch dargestellte Gold (resp. Silber) wirklich zirkulieren müßte.»[41] Ebenso wurden für alle Inlandswährungen wie auch für den Transfer-Rubel als gemeinsame Währung des Rates für gegenseitige Wirtschaftshilfe Goldparitäten festgelegt und gilt in der Sowjetunion die Bestimmung, daß zumindest der Bargeldumlauf zu 25 v.H. durch Gold oder Devisen gedeckt sein muß. Faktisch war Gold jedoch nie Reservemedium. Es bestand auch für die Staatsbanken noch nie die Pflicht, Gold zu den staatlich festgesetzten Paritäten gegen Inlandswährung abzugeben.[42] Dies wird auch von Ökonomen in den sozialistischen Planwirtschaften selbst formuliert: «In der Literatur der sozialistischen Länder ... wird in der Regel hervorgehoben, daß die kollektive Währung ihre Denomination vom Gold erhält und auch ein bestimmtes Quantum Gold repräsentiert ... Überprüft man diese Aussagen an der Praxis, also am tatsächlichen Fungieren des transferablen Rubels, so scheinen sie sich nicht zu bestätigen ... Auch die in Form der Goldgehalte formal noch bestehenden Beziehungen der sozialistischen Währungen zum Gold sind faktisch bedeutungslos, da sie keinerlei praktischen Zweck erfüllen.[43]

Die Möglichkeit des Staatsbankensystems, jederzeit über Kreditvergabe Geld zu emittieren, impliziert die Aufgabe eines traditionellen Dogmas, wonach vom monetären System letztlich keine gesamtwirtschaftlichen Instabilitäten ausgehen. Denn die Beliebigkeit der Geldproduktion birgt die Gefahr monetärer Über- oder Unterversorgung: «Es gibt also keinen Automatismus, der verhindern könnte, daß durch die Kreditvergabe zu viel oder zu wenig Geld in Umlauf gebracht wird.»[44] Daher wird versucht, die gesamtwirtschaftlich erforderliche Geldmenge möglichst genau im Voraus zu bestimmen und gleichzeitig die «materielle Sicherung» aller ausgereichten Kredite zu gewährleisten. Dem ersteren dient das System der monetären Planung, auch als Finanzplanung bezeichnet. Sie soll von vornherein die Verbindung zwischen der güter- und geldwirtschaftlichen Ebene herstellen und in dieser Eigenschaft den verantwortlichen geldpolitischen Autoritäten als Grundlage für die Geldemission dienen. Die materielle Sicherung ist im wesentlichen Aufgabe des Bankensystems, das dementsprechend organisiert ist.

3. Das System der monetären Planung

Die monetäre Planung umfaßt die ex ante-Bestimmung der monetären Ströme, Bestände und Bestandsveränderungen. Theoretische Grundlage ist das Marxsche Geldumlaufgesetz in seiner für sozialistische Planwirtschaften typischen normativen In-

---

[41] MARX (1867), S.141.
[42] Vgl. auch BRZESKI (1967), S. 182; BUCK (1985), S. 493. 1976 betrugen die Goldparitäten in der DDR 0,39902, in Polen 0,22168 und in der UdSSR 0,987412 g Feingold je Einheit heimischer Währung. Für den Transfer-Rubel gilt der gleiche Goldgehalt wie für die sowjetischen Binnenwährung. Vgl. WILCZYNSKI (1978), S.178.
[43] THÜMMLER (1983), S. 441f.
[44] SCHMIDT (1980), S. 311.

terpretation, wonach das geldwirtschaftliche aus dem naturalen Plansystem abzuleiten ist. In der Planungspraxis müssen daher zunächst anhand der Preise die geplanten naturalen Größen in Geldgrößen umgerechnet werden, um dann ein System geldwirtschaftlicher Pläne zu entwickeln. Verschiedentlich wird daraus gefolgert, daß im Gegensatz zur Quantitätstheorie in der sozialistischen Ökonomie die Quantitätsgleichung von rechts nach links gelesen würde: Nicht die Geldmenge bestimme das Preisniveau, wie in der klassischen Quantitätstheorie, oder beeinflusse kurzfristig den Output und längerfristig das Preisniveau, wie in der Neoquantitätstheorie, sondern umgekehrt die geplanten Transaktionen zu festgesetzten Preisen das Geldvolumen.[45] Das trifft uneingeschränkt jedoch nur für das Marxsche Geldumlaufgesetz zu, nicht aber für die sozialistische Ökonomie, deren normative Interpretation dem Gesetz den Status einer Forderung verleiht. Sie muß erfüllt sein, um monetäre Über- und Unterversorgung zu vermeiden, schließt jedoch logisch nicht aus, daß mit Geldmenge und Umlaufgeschwindigkeit die linke Seite der Quantitätsgleichung Output und Preisniveau – also damit die rechte Seite der Gleichung – beeinflußt.

Instrument der monetären Planung ist die Bilanzmethode.[46] Ausgehend von einzelwirtschaftlichen Planbilanzen und Schätzungen wird ein System aggregierter finanzieller und monetärer Strom- und Bestandsbilanzen entwickelt, das die monetären Autoritäten mit den notwendigen Informationen über die gesamtwirtschaftlich erforderliche Geldmenge versorgen soll und im wesentlichen folgende Positionen umfaßt:
– Bilanz des Staatshaushalts,
– Bilanz der Geldeinnahmen und -ausgaben der sozialistischen Wirtschaft,
– Bilanz der Geldeinnahmen und -ausgaben der Bevölkerung (inkl. private Wirtschaft),
– Bilanz der Bargeldeinnahmen und -ausgaben der Kassen in den Betrieben, Banken und staatlichen Institutionen,
– Finanzbilanz des Staates,
– Kreditbilanz,
– Zahlungsbilanz.

Die finanziellen und monetären Bilanzen werden nicht nur als Planbilanzen, sondern auch als Berichtsbilanzen ausgearbeitet. In dieser Eigenschaft dienen sie der ex post-Betrachtung monetärer Transaktionen mit dem Ziel, Planwidrigkeiten aufzudecken und zu analysieren sowie daraus Informationen für die zukünftige Planung zu gewinnen.

a. Die Struktur der monetären Bilanzen und des Bilanzsystems

Als bedeutendes wirtschaftliches Lenkungs- und Kontrollinstrument nimmt der Staatshaushalt auch innerhalb des Systems der geldwirtschaftlichen Bilanzen eine zentrale Stellung ein. Den größten Anteil an den Einnahmen bilden die Abgaben der staatlichen Betriebe. Sie bestehen aus Gewinnabführungen, Umsatzsteuern und Zinsen für das von den staatlichen Betrieben eingesetzte Anlage- und Umlaufvermögen, die als Produktionsfondsabgabe bezeichnet werden. Demgegenüber sind die Einnah-

---

[45] Vgl. HODGMAN (1960), S. 123.
[46] Vgl. zur analytischen Darstellung GUTMANN (1965), S. 64 ff.; HAFFNER (1977, 2), S. 495 ff.

men von der Bevölkerung und der nichtsozialistischen Wirtschaft gering. Die Ausgaben verteilen sich auf Investitionsprojekte, wissenschaftlich-technische Vorhaben der sozialistischen Wirtschaft und zentralen Einrichtungen, kulturelle und soziale Maßnahmen – inklusive Preissubventionen – sowie Verteidigung.[47]

Die finanziellen Transaktionen der sozialistischen Wirtschaft werden in einer aggregierten Geldeinnahmen- und -ausgabenbilanz erfaßt. Als Planbilanz wird sie vom Ministerium der Finanzen gemeinsam mit der Staatsbank und der zentralen Plankommission ausgearbeitet und dient nach erfolgreicher Disaggregation den einzelnen Betrieben als Planauflage.[48] Die Bilanz umfaßt die geplanten Erlöse und Aufwendungen, die geplante Kreditaufnahme und -tilgung und die planmäßige Gewinnverwendung in Form von Abführungen an den Staatshaushalt und die wirtschaftsleitenden Organe sowie in Form von Zuführungen zu den verschiedenen betrieblichen Geldfonds (Abb. II.3).

Einnahmen	Ausgaben

Erlöse aus Absatz
  Inland
  Ausland
	Zahlungen an die sozialistische Wirtschaft
	Zahlungen an Private

Zuführungen aus dem Staatshaushalt
  für Investitionen
  Preissubventionen
  sonstige
	Abführungen an öffentliche Haushalte
	  Nettogewinnabführung
	  Produktionsfondsabgabe
	  Umsatzsteuer
	  sonstige

Kreditaufnahme
  Investitionskredite
  Umlaufkredite
	Kredittilgung inkl. Zinsen
	Ausdehnung von Bankguthaben

Auflösung von Bankguthaben Auflösung der Bargeldbestände	Ausdehnung der Bargeldbestände
Summe	Summe

Abb. II.3: Bilanz der Geldeinnahmen und -ausgaben der sozialistischen Wirtschaft. Quelle: BRZESKI (1964), S. 219; BUCK (1969), S. 672f.; Autorenkollektiv (1975), S. 622.

Verschiedentlich wird mittlerweile nur noch die «Bildung und Verwendung der finanziellen Fonds» ermittelt. Die Bilanz umfaßt dann auf der Ausgabenseite lediglich die Gewinnverwendung für Investitionen, Abführungen an die öffentlichen Haushalte, Prämien sowie die Aufstockung der betrieblichen Bankguthaben und Kassenbestände und auf der Einnahmenseite alle Kredittransaktionen, Staatshaushaltszuschüsse und die sog. kostenwirksamen Fondszuführungen. Darunter sind jene Mittel zu verstehen, die der Erhöhung des Umlaufvermögens (Umlaufmittel) sowie der Erhaltung des Sachkapitalbestandes dienen, wie Zuführungen zum sog. Amortisationsfonds, dem

---

[47] Vgl. für die DDR: GURTZ, KALTOFEN (1977), S. 57; für Polen: Narodowy Bank Polski (1979), S. 16; für die UdSSR: HEDTKAMP, CZUGUNOW (1980), S. 62f.
[48] Vgl. Autorenkollektiv (1978), S. 76.

Reparaturfonds und dem Fonds für Wissenschaft und Technik (Abb. II.4). Kredittransaktionen sind dabei von besonderer Bedeutung, weil ein positiver Nettokreditsaldo die Geldmenge erhöht, und deshalb ein wesentlicher Bilanzbestandteil.

Aufkommen	Verwendung
Gewinn	Investitionen
Zuschüsse aus dem Staatshaushalt	Erhöhung der materiellen Umlaufmittel
Kreditaufnahme	Gewinnwirksame Zuführungen
Kostenwirksame Fondszuweisungen Amortisationsfonds Reparaturfonds sonstige	an öffentliche Haushalte an wirtschaftsleitende Organe
	Kredittilgung inkl. Zinsen
	Prämien
	Ausdehnung von Bankguthaben Investitionsfonds Reparaturfonds Amortisationfonds sonstige Bankguthaben
	Ausdehnung der Bargeldbestände
Summe	Summe

Abb. II.4: Bilanz der Bildung und Verwendung der finanziellen Fonds der sozialistischen Wirtschaft. Quelle: BRZESKI (1964), S. 220; GURTZ, KALTOFEN (1977), S. 96.

Die Bilanz der Geldeinnahmen und -ausgaben der Bevölkerung soll als Planbilanz die Bedingungen angeben, unter denen der Kauffonds und der Warenfonds übereinstimmen: Werden die Geldeinnahmen als gegeben unterstellt, können die zentralen Instanzen aus der Bilanz ablesen, welches Gütervolumen zu den gegebenen Preisen bereitzustellen ist bzw. wie die Preise bei gegebenem Gütervolumen festzusetzen sind, um ein Gleichgewicht zwischen monetär alimentierter Güternachfrage und wertmäßigem Güterangebot herzustellen. Werden Preise und Güterangebot als gegeben und die Sparquote als bekannt unterstellt, läßt sich ermitteln, welchen Umfang die Geldeinkünfte annehmen müssen, damit das bereitgestellte Gütervolumen absorbiert wird, ohne daß ungeplante Ersparnisse entstehen.

Die Bilanz der Geldeinnahmen und -ausgaben muß, um als umfassendes Planungsinstrument dienen zu können, neben den Einkünften aus dem staatlichen Sektor in Form von Löhnen, Renten, Stipendien sowie den Zahlungen an die sozialistische Wirtschaft und die öffentlichen Haushalte auch die monetären Ströme innerhalb des privaten Sektors erfassen. Dies wird in Polen und in der UdSSR versucht (Abb. II.5), während in der DDR nur geldwirtschaftliche Ströme zwischen staatlichem und privatem Sektor bilanziert werden.

Aufgrund der großen Aufmerksamkeit, die man traditionell dem Bargeld in sozialistischen Planwirtschaften beimißt, genießt die Planung des Bargeldumlaufs besonderes Interesse. Zentrales Problem ist dabei der Rückfluß von Bargeld an die Staatsbank, weil dadurch die Gefahr vagabundierender Bargeldhorte sinkt. Aus die-

Einnahmen	Ausgaben

Einkünfte aus dem staatlichen Sektor
  Geldeinnahmen aus Berufstätigkeit
    Löhne und Gehälter
    Einkünfte aus Verkäufen
    von Agrarprodukten
    Einkünfte aus freiberuflicher
    Tätigkeit
  Geldeinnahmen aus «gesell-
  schaftlichen Fonds»
    Renten, Stipendien, Kindergeld
  Sonstige Geldeinnahmen
    Einkünfte aus Banken,
    Versicherungen, Lotterien
Kreditaufnahme
	Zahlungen an den staatlichen Sektor
	  Konsumptive Ausgaben
	    Warenkäufe
	    Ausgaben für öffentliche
	    Versorgungsleistungen
	    Ausgaben für den individuellen
	    Wohnungsbau
	    Ausgaben für Tourismus
	  Gesetzliche Abgaben
	    Steuern
	    Pflichtbeiträge zur Sozialversicherung
	  Sonstige Ausgaben
	    Gebühren, Zinsen,
	    Versicherungsbeiträge
	Kreditrückzahlung

Einnahmen aus dem privaten Sektor
  Geldeinnahmen aus Kolchosmarkt-
  verkäufen
  Geldeinnahmen aus Dienstleistungen
  und andere Einkünfte
	Zahlungen an den privaten Sektor
	  Käufe auf Kolchosmärkten
	  Ausgaben für private Dienstleistungen
	  und andere Zahlungen an Private

Abnahme der Bankguthaben Abnahme der Bargeldbestände	Zunahme der Bankguthaben Zunahme der Bargeldbestände
Summe	Summe

Abb. II.5: Bilanz der Geldeinnahmen und -ausgaben der Bevölkerung. Quelle: BRZESKI (1964), S. 224; Autorenkollektiv (1978), S. 125; KUSCHPÈTA (1978), S. 169.

sem Grund sind alle staatlichen Betriebe und Organisationen, die Bankfilialen und die privaten Betriebe verpflichtet, ihre Bargeldeinnahmen unverzüglich an die Staatsbank abzuführen. Die Staatsbank hat die Aufgabe, Quartals- und Jahresbilanzen der Bargeldeinnahmen und -ausgaben (Bargeldumsatzbilanzen bzw. Kassenpläne) aufzustellen (Abb. II.6). Als Planungsgrundlagen dienen die Bargeldpläne und -bedarfsanträge der sozialistischen Wirtschaft sowie die Bargeldumsatzpläne der einzelnen Bankinstitute.[49]

Beim Vergleich der Bilanz der Geldeinnahmen und -ausgaben der Bevölkerung mit der Bargeldbilanz ist auf einige Unterschiede hinzuweisen: Die Bargeldumsatzbilanz enthält auch die Bargeldzahlungen zwischen staatlichen Betrieben und Organisationen sowie deren Bargeldbestandsveränderungen, nicht jedoch Bargeldzahlungen innerhalb des privaten Sektors. Auch erscheinen Lohnsteuern und Sozialversicherungsbeiträge nicht als Einnahmen in dieser Bilanz, denn sie werden direkt von den Betrieben abgeführt, sondern als Ausgaben in der Bilanz der Geldeinnahmen und -ausgaben der Bevölkerung. Schließlich informiert nur der Saldo der Bargeldumsatzbilanz über

---

[49] Vgl. GUTMANN (1965), S. 232 ff.

Einnahmen	Ausgaben
Handelserlöse	Nettolöhne und -gehälter, Spesen
Einnahmen aus dem Eisenbahn-, Flug- und Schiffsverkehr	Prämien
	Pensionen, Stipendien und sonstige Transferzahlungen
Einnahmen aus dem örtlichen Verkehrswesen	
Steuern	Ausgaben staatlicher Aufkaufsstellen von Agrarprodukten
Einnahmen aus Kultur- und Sportveranstaltungen	Ausgaben für Güter und Leistungen
	Ausgaben von Versicherungen
Einnahmen aus Mieten, Pachten und kommunalen Diensten	Sonstige Ausgaben
Einnahmen aus dem Post- und Fernmeldewesen	Abhebungen von privaten Bankkonten von Kolchosmitgliedern von privaten Haushalten von privaten Betrieben
Einnahmen aus öffentlichen Versorgungsleistungen (Gas, Wasser, Strom)	
Bareinzahlungen von Industrie- und Handwerksbetrieben	Aufnahme von Bankkrediten
	Abnahme des Bargeldumlaufs
Einzahlungen auf Konten von Versicherungen	
Einzahlungen auf private Bankkonten von Kolchosmitgliedern von privaten Haushalten von privaten Betrieben	
Tilgung von Bankkrediten	
Anstieg des Bargeldumlaufs	
Summe	Summe

Abb. II.6: Bargeldumsatzbilanz der Staatsbank: Bilanz der Bargeldeinnahmen und -ausgaben der Kassen in Betrieben, Banken und staatlichen Institutionen. Quelle: BRZESKI (1964), S. 92; BUCK (1969), S. 626f.; KUSCHPÈTA (1978), S. 170.

die Veränderung des gesamten Bargeldvolumens, während ein Anstieg der Bargeldbestände in der Bilanz der Geldeinnahmen und -ausgaben der Bevölkerung von einer gleichgerichteten Abnahme der Bargeldhaltung sozialistischer Wirtschaftseinheiten begleitet sein kann. Allein aus einem Bargeldanstieg in der Bilanz der Geldeinnahmen und -ausgaben der Bevölkerung auf einen Anstieg der gesamten Bargeldmenge zu schließen, ist daher unzulässig.

Die Finanzbilanz erfaßt den Finanzbedarf des Staates in seiner Eigenschaft als Produktionsmitteleigner und als Träger gesamtwirtschaftlicher Entscheidungen. Sie darf daher nicht mit der Staatshaushaltsbilanz verwechselt werden, die einen Bestandteil der Finanzbilanz des Staates bildet. Die Aufgabe der Finanzbilanz wird vor allem darin gesehen, die Finanzierung gesamtwirtschaftlicher Transaktionen zu separieren. Obwohl ihr die sozialistische Ökonomie als zusammengefaßtem Finanzplan des Staates eine herausragende Stellung zuweist, sind im Gegensatz zu den anderen Bilanzen detailliertere Angaben kaum verfügbar. Die folgenden Ausführungen beruhen daher

Aufkommen	Verwendung
Nettogewinne der sozialistischen Wirtschaft	Finanzierung der Investitionen aus: Eigenmitteln Staatshaushaltsmitteln Krediten
Kostenwirksame Fondszuführungen	
Staatshaushaltseinnahmen aus der sozialistischen Wirtschaft von privaten Wirtschaftseinheiten	Finanzierung von Umlaufmittelerhöhungen aus: Eigenmitteln Staatshaushaltsmitteln Krediten
Kredittilgung	
Einnahmen aus Außenhandelsoperationen	
Anstieg der Bankguthaben des Staatshaushalts der sozialistischen Wirtschaft der privaten Wirtschaftseinheiten	Finanzierung der Forschung
	Finanzierung von Außenhandelsoperationen
Erhöhung des Bargeldumlaufs	Finanzierung kultureller und sozialer Aufgaben
	Finanzierung des Staatsapparates und der Verteidigung
	Finanzierung von Versicherungsleistungen an die Bevölkerung
	Finanzierung sonstiger Aufwendungen
	Kredite an die Bevölkerung
	Fondszuführungen
Summe	Summe

Abb. II.7: Finanzbilanz des Staates. Quelle: Zusammengestellt nach LAVIGNE (1974), S. 277 ff.; GURTZ, KALTOFEN (1977), S. 178 f.; HUNSTOCK, KELLER (1976), S. 737.

auf zum Teil sehr allgemein gehaltenen Aussagen und sind entsprechend spekulativ.

Als Grundlage der Finanzbilanz dienen die aus dem Volkswirtschaftsplan abgeleiteten Staatsaufgaben und die aggregierten monetären Bilanzen der einzelnen Bereiche und Sektoren.[50] Die Verwendungsseite erfaßt den Finanzbedarf von Ausgaben «entsprechend der Entwicklung der volkswirtschaftlichen Grundproportionen». Dazu gehören Aufwendungen für Investitionen, für die Erhöhung des materiellen Umlaufvermögens, für Staatsaufgaben, Forschungsvorhaben, Außenwirtschaftstransaktionen usw. Die Ausgaben sind jeweils nach ihrer Finanzierungsart spezifiziert. Auf der Aufkommensseite stehen die Finanzierungsquellen. Das sind Staatshaushaltseinnahmen, Nettogewinne der Staatsbetriebe und die Amortisationen der sozialistischen Wirtschaft (Abb. II.7).

Der Posten Finanzierung von Außenwirtschaftsoperationen muß bei zutreffender Interpretation der verfügbaren Angaben auch die Ausgaben der sozialistischen Wirtschaft für die Produktion von Exportgütern umfassen. Denn in der Finanzbilanz

---

[50] Vgl. GEBHARDT (1977), S. 184.

werden alle Ausgaben, die im Zusammenhang mit den jeweiligen Positionen anfallen, als Verwendung in heimischer Währung verbucht. Die Finanzierung kann mit eigenen Mitteln der Betriebe, Staatshaushaltszuschüssen oder mit Krediten erfolgen; in allen Fällen bedarf es einer Gegenbuchung auf der Aufkommensseite: Im ersten Fall unter dem Posten Einnahmen aus Außenhandelsoperationen, der die in Inlandswährung eingetauschten Devisenerlöse der staatlichen Betriebe enthält, im zweiten Falle unter dem Posten Staatshaushaltseinnahmen und im dritten Falle in Form einer Ausdehnung der Buchgeld- oder Bargeldbestände. Letzteres hat seine Bewandtnis darin, daß jede Kreditvergabe ceteris paribus zu einem Anstieg der Geldmenge führt. Erhalten z. B. Exportgüterproduzenten Kredite, mit denen sie Vorleistungen von anderen Betrieben finanzieren, und verwenden letztere ihre Einnahmen nicht zur Kredittilgung, steigt deren Geldhaltung. Das wiederum schlägt sich in der Finanzbilanz als Anstieg der Bankguthaben nieder. Insofern erfaßt die Finanzbilanz des Staates als Planbilanz die aggregierte Veränderung aller Geldbestände, d. h. die geplante Veränderung der Geldmenge in einem gegebenen Zeitraum. Sie ist identisch mit der Nettokreditvergabe des Staatsbankensystems.[51]

Das System der monetären Strombilanzen wird durch die Kreditbilanz ergänzt, deren Darstellung bereits erfolgte. Als eine der wenigen Bestandsbilanzen und eigentliche monetäre Bilanz im geldtheoretischen Sinne beschreibt sie stichtagsbezogen Höhe und Struktur des Geld- und Kreditvolumens und durch den Vergleich zwischen verschiedenen Stichtagen die entsprechenden Volumensänderungen. Der Bilanzzusammenhang ergibt sich dadurch, daß die Differenz zwischen den Bestandsbilanzstichtagen und der Zeitraum, für den die Strombilanzen gelten, übereinstimmen. Er beträgt im allgemeinen ein Jahr, verschiedentlich umfaßt er auch Quartale oder fünf Jahre. In der UdSSR werden gesonderte Bilanzen für die kurzfristigen und langfristigen Kredite ausgearbeitet.[52] Planungsorgan ist die Staatsbank mit ihren Filialen und Abteilungen in Verbindung mit dem Finanzministerium und der zentralen Plankommission. Ausgangsbasis sind die Planentwürfe der Ministerien, die Kreditanträge der sozialistischen Wirtschaft sowie Schätzungen.

Als Planbilanz bestimmt die Kreditbilanz das geplante Kredit- und Geldvolumen und ist damit zugleich Emissionsdirektive des Staates für Umfang und Veränderung der Bar- und Buchgeldmenge. Daher unterliegt sie der Bestätigung durch den Ministerrat. Aus der Kreditbilanz wird das jeweilige Kreditlimit für die einzelnen Bankinstitute abgeleitet, das nur in begründeten Ausnahmefällen, wie Planübererfüllung des Antragstellers, überschritten werden soll. In den einzelnen Bankbilanzen müssen dabei Kredit- und Depositenvolumen nicht notwendig übereinstimmen, denn in der Regel schlagen sich die durch Kreditvergabe in einer Bankfiliale geschaffenen Geldbestände als Einlagen bei einer anderen Bankfiliale nieder. Die Abstimmung zwischen Kredit- und Geldmenge erfolgt nur auf der Makroebene.

Die geplanten monetären Ströme zwischen Inland- und Ausland finden ihren Niederschlag in der Zahlungsbilanz (Abb. II.8). Sie besteht aus der Bilanz der Valutaeinnahmen und -ausgaben, der Bilanz der Kreditbewegungen und der Bilanz der Entwicklung der Forderungen und Verbindlichkeiten mit dem Ausland.

---

[51] Für diese Interpretation sprechen die Ausführungen von EHLERT, HUNSTOCK, TANNERT, die als eine Position auf der Aufkommensseite der Finanzbilanz den Zuwachs des Geldvolumens nennen (1976), S. 51.
[52] Vgl. KUSCHPÈTA (1978), S. 152ff.

Einnahmen	Valutabilanz	Ausgaben

Valutaeinnahmen
  Warenexporte
  Dienstleistungsexporte
  Übertragungen
		Valutaausgaben
		  Warenimporte
		  Dienstleistungsimporte
		  Übertragungen

Kreditvergabe	Bilanz der Kreditbewegungen	Kreditaufnahme
Kommerzielle Kredite Bankkredite Regierungskredite		Kommerzielle Kredite Bankkredite Regierungskredite
	Bilanz der Entwicklung der Forderungen und Verbindlichkeiten und der Devisenbestände	
Zunahme der Verbindlichkeiten Verringerung der Währungsreserven		Zunahme der Forderungen Anstieg der Währungsreserven

Abb. II.8: Zahlungsbilanz. Zusammengestellt nach: Autorenkollektiv (1962), S. 458, Autorenkollektiv (1980), S. 345, 616, 690.

Die Teilbilanzen werden nach drei Währungsgruppen disaggregiert: frei konvertierbare Valuten, nicht konvertierbare Valuten kapitalistischer Länder und Verrechnungen mit sozialistischen Ländern; letztere wiederum unterteilt nach Mitgliedern des RGW, Nicht-RGW-Mitgliedern sowie Jugoslawien und China, die ihre Transaktionen in US-Dollar und Schweizer Franken verrechnen.[53] Die Gegenüberstellung der gesamten Forderungen und Verbindlichkeiten gegenüber dem Ausland erfolgt in einer gesonderten Bestandsbilanz.[54]

b. Der zentrale Bilanzzusammenhang

Die einzelnen Strombilanzen sind miteinander über verschiedene Bilanzpositionen verknüpft. So erscheinen die Abführungen der staatlichen Betriebe an den Staatshaushalt als Ausgabeposition in der Bilanz der Geldeinnahmen und -ausgaben der sozialistischen Wirtschaft und als Einnahmen in der Staatshaushaltsbilanz. Letzteres gilt ebenso für die Steuerzahlungen der Privaten, die auf der Verwendungsseite der Bilanz der Geldeinnahmen und -ausgaben der Bevölkerung erfaßt werden. Barlohnauszah-

---

[53] Vgl. SIGG (1981), S. 236.
[54] Vgl. EHLERT, HUNSTOCK, TANNERT (1976), S. 375: «Von einer aktiven Zahlungsbilanz spricht man dann, wenn im Bilanzzeitraum die Valutaeinnahmen und die Gewährung von Valutakrediten in der Gegenüberstellung die Valutaausgaben und die Aufnahme von Valutakrediten übersteigen, so daß im Ergebnis in der Bestandsbilanz die Aktiva (Währungsbestand und gewährte kommerzielle Kredite, Bankkredite und Regierungskredite) wachsen oder im Vergleich zu den Passiva schneller wachsen.»

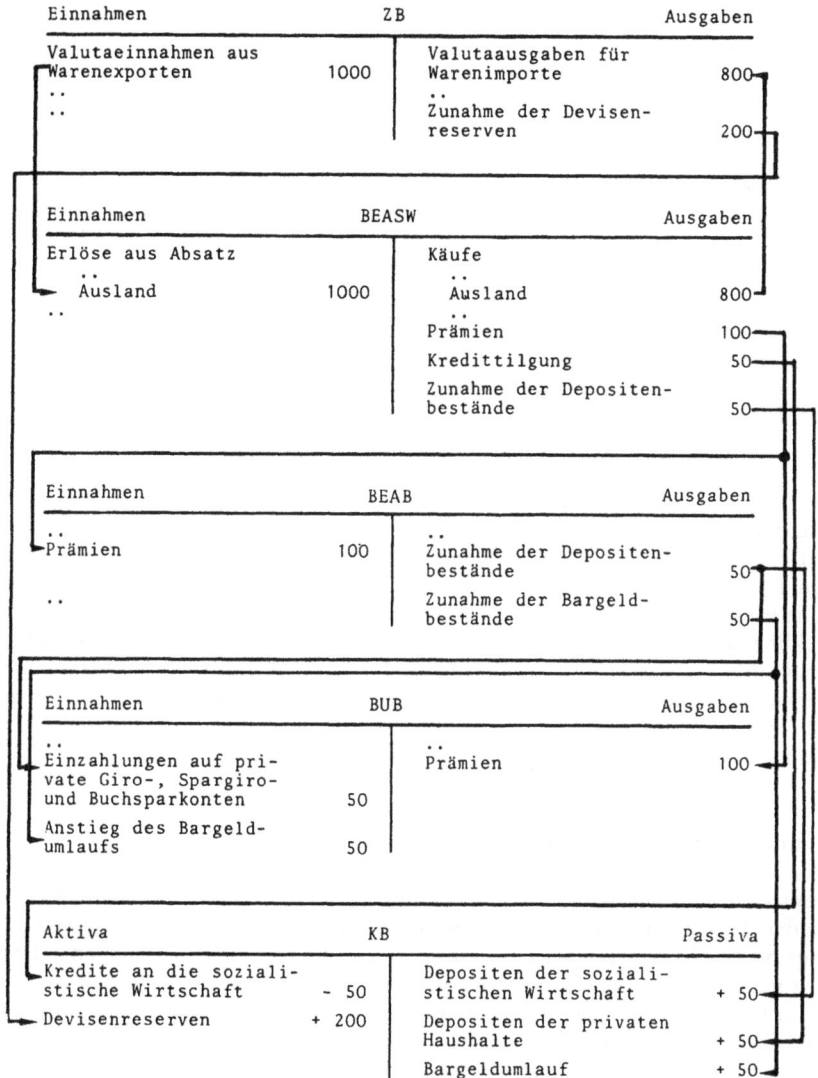

Abb. II.9: Bilanztechnischer Zusammenhang eines Nettodevisenzuflusses.

lungen der Betriebe sind Ausgabenposten in der Bilanz der Geldeinnahmen und -ausgaben der sozialistischen Wirtschaft und in der Bargeldumsatzbilanz sowie Einnahmepositionen in der Bilanz der Geldeinnahmen und -ausgaben der Bevölkerung.

Die Verbindung zwischen den Strombilanzen und der Bilanz des Kreditsystems als Bestandsbilanz erfolgt über die Salden der Strombilanzen. Da sich gesamtwirtschaftlich Einnahmen- und Ausgabenüberschüsse in einer geschlossenen Volkswirtschaft – und die ist geldwirtschaftlich faktisch gegeben – ausgleichen, bewirken im System der monetären Bilanzen Finanzierungsdefizite und -überschüsse in den Strombilanzen entweder nur Strukturverschiebungen auf der Passivseite der Kreditbilanz oder gleichzeitige Veränderungen des Bilanzvolumens. Ein Einnahmeüberschuß in der Bilanz der Geldeinnahmen und -ausgaben der Bevölkerung führt zu einem Anstieg der privaten Geldhaltung in Form von Bargeld oder Bankdepositen. Steht diesem Einnahmeüberschuß bei den Privaten ein Ausgabenüberschuß bei den staatlichen Betrieben gegenüber, der nicht durch Kreditaufnahme, sondern dadurch finanziert wird, daß die Betriebe Kassenbestände auflösen, bleibt die gesamtwirtschaftliche Geldmenge unverändert. Es findet lediglich eine Strukturverschiebung zugunsten der privaten Geldhaltung auf der Passivseite der Kreditbilanz statt. Nur wenn die Einnahmen- und Ausgabenüberschüsse in den Strombilanzen von einer Nettokreditaufnahme begleitet werden, expandiert das Volumen der Kreditbilanz und damit die Geldmenge. Sie sinkt, sobald Wirtschaftseinheiten zur Finanzierung von Ausgabenüberschüssen Geldbestände auflösen und die Zahlungsempfänger ihre Einnahmen zur Kredittilgung verwenden.

Auf Einnahmen- und Ausgabenüberschüssen beruhen auch die expansiven Geldmengeneffekte von Nettodevisenzuflüssen. In Abb. II.9 sind die buchungstechnischen Zusammenhänge eines Nettodevisenzuflusses dargestellt. Unterstellt wird dabei, daß die Exporteure den Valutaüberschuß nach Umtausch in heimische Währung zur einen Hälfte als Prämien an die Beschäftigten ausschütten und zur anderen Hälfte in gleichen Teilen zur Kredittilgung und Aufstockung ihrer Bankguthaben verwenden.

Die Prämienzahlungen erfolgen bar und dienen den privaten Haushalten zur Aufstockung ihrer Depositen- und Bargeldbestände. Für die Titel der einzelnen Bilanzen werden Abkürzungen verwendet: Zahlungsbilanz (ZB), Bilanz der Geldeinnahmen und -ausgaben der sozialistischen Wirtschaft (BEASW), Bilanz der Geldeinnahmen und -ausgaben der Bevölkerung (BEAB), Bargeldumsatzbilanz (BUB) und Kreditbilanz (KB).

c. Funktionsprobleme der monetären Planung

Ebenso wie die güterwirtschaftliche Planung ist auch die monetäre Planung unvollständig; bei letzterer differieren theoretischer Anspruch und Planungspraxis allerdings noch stärker. Ursache dafür dürfte unter anderem die jahrzehntelange Dominanz naturaler Planindizes sein, die vor allem die sozialistische Wirtschaft dazu veranlaßt hat, ihre Finanzplanung zu vernachlässigen. Abgesehen davon, daß nicht alle monetären Ströme ex ante bestimmbar sind, werden vielfach monetäre Bilanzen von den Einzelwirtschaften nur in rudimentärer Form oder die Produktions- und Finanzpläne trotz der vielbeschworenen Einheit der materiellen und finanziellen Planung noch vielfach unabhängig voneinander ausgearbeitet.[55] Daher beruht die Bilanz der Geldeinnahmen und -ausgaben der sozialistischen Wirtschaft nicht auf der Aggregation von Einzelbilanzen der staatlichen Betriebe, sondern auf globale Schätzungen und Erfahrungswerten. Lediglich bei der gesamtwirtschaftlichen Kreditplanung ist der Rückgriff auf einzelwirtschaftliche Pläne leichter möglich, denn hier müssen sich die Betriebe mit den für sie zuständigen Einheiten des Staatsbankensystems abstim-

---

[55] Vgl. dazu bereits GUTMANN (1965), S. 184 ff. Ebenso ALLAKHVERDIAN (1974), S. 101 f; GARVY (1977), S. 255; ROESLER (1978), S. 255 f.

men, die das Ergebnis des Kreditbewilligungsverfahrens umgehend an ihre übergeordneten Instanzen weiterleiten.

In noch geringerem Umfang zentral planbar als die Geldeinnahmen und -ausgaben der sozialistischen Wirtschaft sind die monetären Ströme, Bestände und Bestandsveränderungen für den privaten Sektor. Wichtige Komponenten in der Bilanz der Geldeinnahmen und -ausgaben der Bevölkerung und in der Bargeldumsatzbilanz können daher nur sehr grob geschätzt werden. Wohl ist ein großer Teil der privaten Einkommen prinzipiell ex ante bestimmbar, wie Renten, Stipendien und ein Teil der Löhne. Aufgrund des Leistungsprinzips bei Löhnen und Prämien und infolge immer wiederkehrender Planverstöße bestehen bezüglich dieser Größen jedoch keine sicheren Erwartungen bei den bilanzierenden Organen. Keine direktive Bilanzposition ist auch die gesamte Einkommensverwendung der privaten Wirtschaftssubjekte aufgrund der bestehenden Dispositionsspielräume. Hieraus resultieren Gefahren für das angestrebte Gleichgewicht zwischen Kauf- und Warenfonds, die sich verstärken können, wenn die Schätzungen der Planer wesentlich auf Erfahrungswerten beruhen. Wird z. B. das Konsumgüterangebot von den zentralen Organen auf der Grundlage des geschätzen Einkommens abzüglich der geschätzten Ersparnisse bestimmt und mußten die Privaten in den Vorperioden ungewünschte Ersparnisse bilden, führt die Verwendung von ex post-Werten zur Untertreibung der von den Privaten gewünschten Konsumgütermenge. Der bereits bestehende Liquiditätsüberschuß im privaten Sektor steigt dann als Folge von monetärer Fehlplanung.

Planungsprobleme bestehen bei der Bilanz der Geldeinnahmen und -ausgaben der Bevölkerung sowie der Bargeldumsatzbilanz nicht nur im Zusammenhang mit der planmäßigen Abstimmung makroökonomischer Aggregate, sondern auch in struktureller und regionaler Sicht. Strukturelle Probleme entstehen, wenn der Umfang des geplanten Konsumgüterangebots bei gegebenen Preisen zwar der aggregierten Konsumgüternachfrage entspricht, nicht aber seine Zusammensetzung. Dann stimmen Kauf- und Warenfonds als aggregierte Größen überein; trotzdem entsteht ungewünschte Geldakkumulation, weil die privaten Wirtschaftseinheiten ihre Konsumpläne nicht im vollen Umfang verwirklichen können.[56] Daher wird in der sozialistischen Ökonomie zwischen absolutem Geldüberhang als Folge von Disproportionen auf der aggregierten Ebene und relativem Geldüberhang als Resultat struktureller Disproportionen unterschieden.[57] Regionale Aspekte betreffen das Problem der Bargeldmigration zwischen einzelnen Gebieten in jenen sozialistischen Planwirtschaften, die mit regionalen Bargeldumsatzbilanzen arbeiten. Die mangelnde Planbarkeit von Bargeldströmen birgt hier die Gefahr, daß einzelne Regionen mit Bargeld überversorgt und dadurch Wanderungen kaufkräftiger Nachfrage induziert werden, die zur regionalen Übertragung von Disproportionen führen.[58]

Den Schwierigkeiten monetärer Planung wird seit einiger Zeit durch die Aufstellung von Verflechtungsbilanzen zu begegnen versucht. Im Gegensatz zu den herkömmlichen T-Bilanzen erfassen sie auch die monetären Ströme innerhalb der Sektoren in ihrem wechselseitigen Zusammenhang. Dazu sind allerdings umfangreiche Kenntnisse über die einzelnen geplanten Transaktionen notwendig, als bisher in der Pla-

---

[56] Zur analytischen Darstellung vgl. V. DELHAES (1977); HAFFNER (1977, 2), S. 499 f.
[57] Vgl. THÜMMLER (1974), S. 215 ff.
[58] Nach inoffiziellen Angaben sollen täglich etwa 2 Millionen Auswärtige Moskau aufsuchen, um dort einzukaufen, wobei die Anreisestrecken zum Teil mehrere hundert Kilometer betragen. Vgl. SIGG (1981), S. 164.

nungspraxis vorliegen.[59] Nennenswerte bzw. befriedigende Ergebnisse wurden daher bislang nicht erreicht, sondern monetäre Planung besteht noch immer nur aus Fragmenten.[60] Dies bestätigt auch die von Wissenschaft und Politik immer wieder vorgebrachte und in letzter Zeit spürbar intensivierte Forderung nach Stärkung der monetären Planung in allen Bereichen und auf allen Ebenen des gesellschaftlichen Reproduktionsprozesses und ihrer engeren Verkoppelung mit der güterwirtschaftlichen Planung.[61]

4. Struktur und Funktionen des Bankensystems

In den sozialistischen Planwirtschaften hat der Staat das ausschließliche Recht auf Verwirklichung aller Bankoperationen. Wahrgenommen wird es von der Staatsbank – in Polen Nationalbank –, die den zentralen Leitungsinstanzen direkt unterstellt ist. Sie emittiert Münzen und Banknoten, verrechnet ökonomische Transaktionen, führt die Konten der verschiedenen Wirtschaftseinheiten und gewährt Kredite. Das entspricht den Organisationsprinzipien des Wirtschaftssystems und wird als konsequente Verwirklichung der «Leninschen Grundsätze für die Gestaltung des Geldumlaufs» betrachtet:
– «die volle Einordnung des Geldsystems in die zentrale staatliche Leitung und Planung der gesamten Volkswirtschaft,
– die Neuschaffung der Staatsbank und ihre Entwicklung zum einheitlichen Emissions-, Kredit-, Verrechnungs- und Kassenzentrum der Volkswirtschaft,
– Abwicklung aller Geldverrechnungen der Betriebe und Akkumulation aller Geldmittel der Wirtschaft bei staatlichen Banken.»[62]
Der Staatsbank mit ihren Filialen und Agenturen zugeordnet sind verschiedene Spezialbanken mit genau abgegrenzten Aufgabenbereichen, wobei zwischen den sozialistischen Planwirtschaften Unterschiede bestehen.[63] Während z.B. in der DDR und der UdSSR Sparkassen und Postscheckämter von der Bevölkerung Einlagen entgegennehmen und ihren bargeldlosen Zahlungsverkehr abwickeln, werden diese Funktionen in Polen von der Nationalbank wahrgenommen. In Polen und in der DDR existieren im Gegensatz zur UdSSR Banken für die Landwirtschaft und Nahrungsgüterwirtschaft, die in Polen auch die gesamte nicht-sozialistische Wirtschaft und die ländliche Bevölkerung betreuen. In der DDR sind für die genossenschaftlichen und privaten Handwerks- und Handelsbetriebe spezielle Kassen zuständig. Demgegenüber ist nur noch in der UdSSR die traditionelle Investitionsbank mit der Finanzierung längerfristiger Vorhaben betraut, einer Aufgabe, die in den beiden anderen Ländern seit Ende der sechziger Jahre die Staatsbanken zu erfüllen haben. Schließlich hat Polen

---

[59] Vgl. GARVY (1977), S. 43; GEBHARDT (1977), S. 186 ff.
[60] Vgl. zu dieser Kennzeichnung die frühe umfangreiche Analyse zur Theorie und Praxis der monetären Planung von GUTMANN (1965), S. 182 ff.
[61] Vgl. u.a. Narodowy Bank Polski (1982), S. 19; SCHMIDT, WALDHELM (1985), S. 438 ff.
[62] Autorenkollektiv (1978), S. 114.
[63] Vgl. zum folgenden für die DDR: EHLERT, HUNSTOCK, TANNERT (1976), S. 402 ff.; für die UdSSR: SIGG (1981), S. 105 ff.; für Polen: Narodowy Bank Polski, versch. Jahrgänge.

eine spezielle Bank, welche die Devisentransaktionen der Bevölkerung überwacht. Sie führt die Devisenkonten der privaten Wirtschaftssubjekte, verrechnet die Deviseneinnahmen jener Importbetriebe, die in speziellen Läden Westgüter gegen Devisen an die Bevölkerung abgeben, und ist Bankinstitut für den Tourismus.

Für die Abwicklung aller durch Außenwirtschaftsoperationen bedingten Finanztransaktionen sind in den sozialistischen Planwirtschaften generell Außenhandelsbanken zuständig; in der DDR sogar zwei Institute: die Deutsche Außenhandelsbank und die Deutsche Handelsbank mit dem Status von Aktiengesellschaften und der Staatsbank als wichtigstem Aktionär. Die Außenhandelsbanken wickeln den Zahlungs- und Verrechnungsverkehr mit dem Ausland ab und gewähren Kredite an heimische Ex- und Importbetriebe, auch in Form von Devisenkrediten. Ihre Tätigkeiten erstrecken sich zudem auf gemeinsame Unternehmungen in- und ausländischer Betriebe, Operationen im Ausland, die durch Tochterfirmen und Filialen wahrgenommen werden, Gold- und Devisenmarktoperationen und die Beschaffung von Krediten aus dem Ausland. Sie nehmen somit das Valutamonopol wahr, das darin besteht, auf zentraler Ebene alle Zahlungs-, Kredit- und Verrechnungsoperationen mit Fremdwährungen, Gold- und anderen Edelmetallen durchzuführen sowie die Devisenbestände im Inland und Ausland zu verwalten. Formal sind für die Durchführung dieser Aufgaben die Staatsbanken verantwortlich. Sie nehmen mittlerweile aber nur noch Aufsichtsfunktionen wahr und konzentrieren sich im Außenwirtschaftsbereich fast ausschließlich auf Edelmetallgeschäfte.

Das polnische Bankensystem weist seit Beginn der achtziger Jahre eine Besonderheit gegenüber den anderen sozialistischen Planwirtschaften auf. Mit der 1981 einsetzenden Reform des Bankensystems und der Verabschiedung des Bankgesetzes sowie des neuen Status der Nationalbank durch das Parlament im Juli 1982 wurden die Banken nicht nur dem Einfluß des Finanzministers entzogen und statt dessen dem Ministerrat unterstellt. Vielmehr sehen diese Maßnahmen auch die Einführung eines sog. «Rates der Banken» als Koordinations- und Empfehlungsorgan vor. Mitglieder sind die Präsidenten der Spezialbanken, Repräsentanten der staatlichen Plankommission und des Finanzministeriums sowie der Präsident der Nationalbank, der zugleich den Vorsitz führt. Die Konzeption des einstufigen zentralisierten Bankensystems bleibt davon jedoch letztlich unberührt. Das wird an den Aufgaben des Rates deutlich, die sich im wesentlichen darauf beschränken, Stellungnahmen zu den zentralen Plänen auszuarbeiten, die Plandurchführung zu kontrollieren und Vorschläge der einzelnen Banken nach entsprechender Überprüfung an die verantwortlichen zentralen Instanzen weiterzuleiten.[64] Insofern bestehen erhebliche Unterschiede zur Bankreformperiode in der DDR, wo 1968 das einstufige Bankensystem abgeschafft und durch Gründung von Bankinstituten mit unterschiedlichen ökonomischen Funktionen in ein zweigliedriges System umgewandelt wurde. Die Institutionalisierung von eigenverantwortlich wirtschaftenden Geschäftsbanken, die ihre Kreditvergabe an den erwarteten Erträgen der zu finanzierenden Vorhaben ausrichteten und die Kreditzinsen weitgehend autonom festlegen konnten, kollidierte jedoch zunehmend mit den Vorstellungen der zentralen Organe. Daher wurde die Eigenständigkeit der Geschäftsbanken ab 1971 wieder eingeschränkt und im Juli 1974 auch durch Gesetzesbeschluß wieder aufgehoben.[65]

---

[64] Vgl. Narodowy Bank Polski (1982) und (1983).
[65] Vgl. HARTWIG (1983), S. 177 ff.

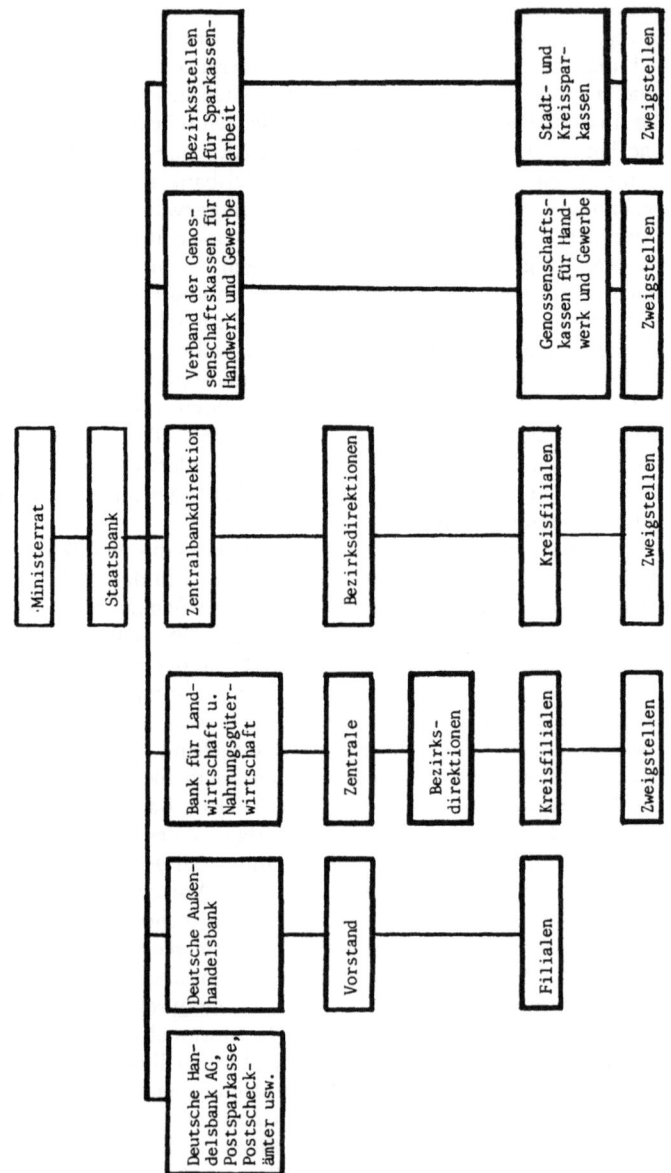

Abb. II.10: Das Bankensystem der DDR (Stand: 1978). Quelle: DDR Handbuch (1979), S. 132.

Tab. II.3: Verteilung des Kreditvolumens auf Kreditinstitute in Polen (Stand am Jahresende in Mrd. Zloty)

Kreditinstitute	1969	1970	1975	1980	1982
Nationalbank	239,4	482,0	1247,5	2490,1	3154,5
Investitionsbank	165,3	–	–	–	–
Bank für Nahrungsgüterwirtschaft[1]	60,5	65,2	267,5	614,1	901,0
Handelsbank	14,6	15,0	91,8	131,7	168,0
Allgem. Sparkasse	9,1	18,6	–	–	–
Darlehenskasse der Bevölkerung	7,5	–	–	–	–
Spar- und Darlehenskooperativen[1]	16,4	17,2	–	–	–
Fürsorge- und Vormundschaftskasse	–	–	–	0,0	4,4
Summe	512,8	598,0	1606,8	3235,9	4227,9

[1] 1975 Verschmelzung von Landwirtschaftsbank und Spar- und Darlehenskooperativen der landwirtschaftlichen Bevölkerung zur Bank für Nahrungsgüterwirtschaft. Quelle: Narodowy Bank Polski, versch. Jahrgänge.

Trotz einiger Unterschiede ist somit die Grundstruktur des Bankensystems – in Abb. II.10 am Beispiel der DDR dargestellt – in den sozialistischen Planwirtschaften identisch. Es ist einstufig organisiert, als eine große Bank mit der Staatsbank an der Spitze und einzelnen Abteilungen für spezielle Aufgabenbereiche.[66] Die starke Stellung der Staatsbank zeigt sich am Beispiel Polens bei der Kreditgewährung: Im Jahre 1982 entfielen danach auf die polnische Nationalbank ca. 75 v. H. des Gesamtvolumens an ausgereichten Krediten, während der Anteil 1969 nur ca. 47 v. H. betrug (Tab. II.3).

In seiner Eigenschaft als Erfüllungsgehilfe der zentralen Planungs- und Leitungsorgane hat das Bankensystem neben Verrechnungs- und Finanzierungsfunktionen die Aufgabe, bei der Finanz- und Kreditplanung mitzuwirken und die Aktivitäten der sozialistischen Wirtschaft zu kontrollieren. Darin eingeschlossen ist die Kontrolle der Planerfüllung im güterwirtschaftlichen Bereich, denn die betrieblichen Finanzpläne sollen die Naturalpläne in Geldeinheiten ausgedrückt widerspiegeln. Die Banken scheinen als kontenführende Institute der staatlichen Betriebe für diese Aufgabe besonders geeignet. Durch den Vergleich betrieblicher Finanztransaktionen mit den Plandokumenten sind sie am schnellsten in der Lage, Planwidrigkeiten aufzudecken.

a. Verrechnungsfunktion

Wichtigste Grundlage der Verrechnungsfunktion ist die rechtliche Verpflichtung für alle Betriebe – auch die meisten privaten –, ihre Geldmittel mit Ausnahme von Mini-

---

[66] Deshalb wird häufig die Bezeichnung «Monobankensystem» verwendet. Vgl. u.a. GARVY (1977), S. 12.

malbeträgen auf Bankkonten zu halten und Zahlungen über das Bankensystem abzuwickeln. Nur Transaktionen, deren Wert z. B. in der UdSSR 100 Rubel und in der DDR 200 Mark nicht übersteigt sowie Löhne dürfen mit Bargeld finanziert werden.[67]

Die jeweilige Zahlungsart ist innerhalb relativ enger Grenzen festgelegt. Bis Mitte der sechziger Jahre dominierte das Rechnungseinzugsverfahren, bei dem die Bank dem Verkäuferbetrieb nach Präsentation des Lastschriftauftrags den Rechnungsbetrag, den sie von der Bank des Käuferbetriebes einzieht, sofort gutschreibt. Damit sollten Lieferantenkredite unterbunden und die Käuferbetriebe zur sofortigen Deckung ihrer Verbindlichkeiten und zur Zahlungsdisziplin gezwungen werden. Zudem erleichterte es die Arbeit der Kreditinstitute erheblich, weil beim Verkäufer keine Forderungen und beim Käufer keine Verbindlichkeiten entstehen, deren Eingang bzw. Ausgang überwacht werden muß.[68]

Es stellten sich jedoch bald erhebliche Nachteile dieser Zahlungsart heraus: Die Einleitung des Zahlungsvorgangs durch den Verkäufer bietet dem Käufer kaum Möglichkeiten, die Waren zu überprüfen, und erlaubt es ihm nicht, bei Vertragsverletzungen die Zahlung zu verweigern. Erst im nachhinein kann er Beanstandungen vornehmen. In der Praxis erwies sich das jedoch als zeitraubendes und umständliches Verfahren, so daß die Abnehmer in der Regel auf Reklamationen verzichteten und statt dessen ihrerseits die Qualitätsstandards nicht mehr einhielten.[69] Auch entspricht das Lastschriftverfahren nicht den Unterschieden im Produktionsrhythmus, nimmt dem Käufer die Möglichkeit, über seine finanziellen Mittel zu disponieren und verteilt die Belastung mit Kreditzinsen einseitig auf den Käufer. Daher ist mittlerweile überwiegend das Überweisungsverfahren oder Akzept vorgeschrieben, bei dem der Käufer die Zahlung auslöst bzw. sein Einverständnis zur Belastung seines Kontos geben muß.[70]

Mit der Zunahme des bargeldlosen Zahlungsverkehrs im privaten Sektor, der auf dem Prinzip der Freiwilligkeit beruht, ist die Bedeutung der Banken als Verrechnungsorgane privatwirtschaftlicher Transaktionen gestiegen. Dabei nimmt die DDR unter den sozialistischen Planwirtschaften eine führende Position ein. Das gilt auch für den Scheckverkehr, der z. B. in der UdSSR bislang kaum entwickelt ist.

b. Finanzierungsfunktion

Die Finanzierungsfunktion der Banken erstreckt sich fast ausschließlich auf die sozialistische Wirtschaft. Das zeigt für Polen die konsolidierte Bilanz des Bankensystems, die für 1983 einen Anteil der sozialistischen Wirtschaft am Volumen ausstehender Bankkredite in Höhe von 87 v. H. ausweist. Der Rest verteilt sich zu 3,7 v. H. auf die nichtsozialistischen Handwerks-, Dienstleistungs- und Agrarbetriebe, zu 2,5 v. H. auf die privaten Haushalte und zu 6,8 v. H. auf den Staat (Tab. II.4).

---

[67] Vgl. EHLERT u. a. (1973), S. 128; GARVY (1977), S. 80. Davon ausgenommen sind in der UdSSR die Einkäufe von Agrarprodukten durch staatliche Ankaufstellen. Sonderregelungen bestehen für die Verrechnung von Lieferungen an die Verteidigungs- und Innenministerien sowie die Ministerien für Staatssicherheit, die in der Regel nicht über das Bankensystem erfolgt. Vgl. SIGG (1981), S. 262.
[68] Vgl. EHLERT, HUNSTOCK, TANNERT (1976), S. 285.
[69] Vgl. KUNZE (1972), S. 50.
[70] Vgl. KOMAR (1974), S. 229; Autorenkollektiv (1978), S. 122.

Tab. II.4: Konsolidierte Bilanz des polnischen Bankensystems 1983 (in Mrd. Zloty am Jahresende)

Aktiva		Passiva	
Kredite an die sozialistische Wirtschaft	4145,7	Einlagen der sozialistischen Wirtschaft	3792,5
– Investitionen	2049,5	– Einlagen auf laufenden Konten	531,8
– Umlaufmittel	2096,2	– Investitions-, Reparatur- und sonstige Fonds	603,8
Kredite an die nichtsozialistische Wirtschaft	175,7	– sonstige Einlagen	2391,6
– Landwirtschaft	162,6	– durchlaufende Zahlungen	265,3
– sonstige private Betriebe	13,1	Einlagen des Staates	227,0
Kredite an private Haushalte	119,2	Eigene Mittel der Banken	175,4
– individueller Wohnungsbau	50,6	Einlagen der nicht-sozialistischen Wirtschaft und der Bevölkerung	1075,5
– Konsumkredite	68,6		
Kredite an den Staat	319,3	Bargeldumlauf	730,6
Sonstige Aktiva	1532,0	– Bargeldbestände der sozialistischen Wirtschaft	67,5
		– Bargeldbestände der Privaten	663,1
		Sonstige Passiva	290,9
	6291,9		6291,9

Quelle: Rocznik Statystyczny (1984), S. 96.

Früher beschränkte sich die Finanzierung der sozialistischen Wirtschaft durch die Banken zunächst auf die kurzfristige Kreditierung laufender Operationen, d.h. die Vergabe von Umlaufmittelkrediten.[71] Das entsprach den damals geltenden Prinzipien, wonach Kredite nur dazu dienen, kurzfristige Finanzierungsengpässe bei den staatlichen Betrieben zu überbrücken. Demgegenüber sollten Investitionen aufgrund ihrer gesamtwirtschaftlichen Bedeutung aus dem Staatshaushalt finanziert werden. Mit der Abwicklung beauftragt wurde die Investitionsbank, die im wesentlichen die Staatshaushaltsmittel zu verteilen und deren ordnungsgemäßen Einsatz zu überwachen hatte. In der Folgezeit konzentrierten sich kreditpolitische Maßnahmen auf Modifikationen bei der Vergabe kurzfristiger Kredite, wie in Polen, wo Mitte der fünfziger Jahre die direkte Zweckbindung der kurzfristigen Kredite an Einzelvorhaben gelockert und der Umfang an Kreditsonderkonten von 20 auf 7 reduziert wurde.[72] Ziel dieser, später auch von den anderen sozialistischen Planwirtschaften übernommenen und weitergeführten Maßnahme war es, die Starrheiten des Kreditsystem aufzuheben; denn für jedes Vorhaben waren gesonderte Vergabe- und Tilgungsmodalitäten zu entwickeln und deren Einhaltung zu kontrollieren. Zugleich

---

[71] Unterschieden werden materielle Umlaufmittel (Vorräte, unfertige und Fertigerzeugnisse) und finanzielle Umlaufmittel (Kassenbestände, Forderungen, Bankguthaben). Vgl. Autorenkollektiv (1973), S. 713.
[72] Vgl. BRZESKI (1964), S. 102 und S. 108.

sollte eine multiplikative Ausweitung separater Kreditkategorien als Folge neu zu kreditierender Vorhaben vermieden werden.

Seit den Wirtschaftsreformen Mitte der sechziger Jahre erhielten Eigenmittel- und Kreditfinanzierung ein immer größeres Gewicht. Ebenso wie von den anderen Reformmaßnahmen versprachen sich die Verantwortlichen davon erhebliche Effizienzverbesserungen, weil sie annahmen, daß der verstärkte Einsatz von Eigen- und Kreditmitteln bei gleichzeitiger Abnahme von Zuweisungen aus dem Staatshaushalt Eigenverantwortung und Initiative fördern und die staatlichen Betriebe zu einem rationelleren Einsatz knapper Mittel stimulieren.[73] Im Umlaufmittelbereich wurde weitgehend dazu übergegangen, Kredit- und Eigenfinanzierungsanteile mit Hilfe von Normativen festzulegen, wodurch ein revolvierendes System der Kreditierung entstand. Bezugsgrößen sind einzelne Transaktionen, materielle Umlaufmittelbestände und Umsatz. Verschiedentlich variieren die Finanzierungsanteile innerhalb und zwischen den Branchen, so z.B. in der UdSSR, wo die Kreditquote an der Umlaufmittelfinanzierung 1977 zwischen 17,3 v.H. für die Bauindustrie und 60,2 v.H. für den Handel schwankte. In der DDR beträgt demgegenüber die Relation einheitlich etwa 50 v.H.; in Polen, wo ein kontinuierlicher Ausweis der Finanzierungsanteile erfolgt, ist die Kreditfinanzierungsquote seit Mitte der sechziger Jahre auf etwa 40 v.H. in den Jahren 1980 gestiegen. Erhebliche finanzielle Verluste der staatlichen Betriebe bewirkten 1981 eine starke Reduktion der Eigenmittelfinanzierung, verbunden mit einer entsprechenden Expansion des Kreditanteils an der Finanzierung des Umlaufvermögens auf 64,1 v.H. Mit der Verbesserung der Situation im Jahre 1982 ist diese Quote 1982 wieder auf 47,1 v.H. gesunken. Grundsätzlich ausgenommen von der Eigenmittelfinanzierung sind saisonale Vorräte sowie die sog. unregelmäßigen Vorräte. Sie müssen – zumindest seit 1976 – vollständig mit Bankkrediten finanziert werden.[74]

Bei der Investitionsfinanzierung verlief die Entwicklung in Polen und in der DDR ähnlich. So stiegen in der DDR allein zwischen 1964 und 1968 der Eigenfinanzierungsanteil von ca. 22 auf 50 v.H. und der Kreditanteil von 17 auf 26 v.H., während der Anteil der Staatshaushaltsmittel von 60 auf 24 v.H. sank. Gegenwärtig werden einheitlich etwa 50 v.H. der Investitionen mit Bankkrediten finanziert.[75] In Polen verringerte sich der Anteil der Staatshaushaltszuschüsse seit 1961 von ca. 58 auf 19 v.H. im Jahre 1982. Die Kredit- und Eigenmittelanteile stiegen im gleichen Zeitraum von 2 auf 56 v.H. bzw. von 17 auf 25 v.H.[76] Demgegenüber ist die Bedeutung der Kreditfinanzierung von Investitionen in der UdSSR noch immer bescheiden. 1975 wurden Investitionen, die über die Investitionsbank abgewickelt werden, lediglich zu 5,3 v.H. und Projekte, welche die Staatsbank zu betreuen hat, nur zu 6,5 v.H. kreditär finanziert. Der Rest verteilte sich zu etwa gleichen Teilen auf Staatshaushaltszuschüsse und Eigenmittel. Wichtigster Empfänger langfristiger Kredite in der jüngeren Vergangenheit waren landwirtschaftliche Betriebe und hier insbesondere die Kolchosen, die nicht zum Staatseigentum gehören und daher keine Staatshaushaltsmittel erhalten, für die Nahrungsgüterversorgung jedoch von erheblicher Bedeutung sind.[77]

---

[73] Vgl. RJBIN (1970), S. 216 ff.
[74] Zu den verschiedenen Angaben vgl. Autorenkollektiv (1979), S. 136 f.; SIGG (1981), S. 185; WERALSKI (1982), S. 48; Narodowy Bank Polski (1983), S. 26.
[75] Vgl. KUNZE (1972), S. 18; Autorenkollektiv (1979), S. 176 f.
[76] Vgl. Rocznik Statystyczny Finansow, versch. Jgg.; Narodowy Bank Polski (1983), S. 26.
[77] Vgl. zu den Angaben RJBIN, KHATCHATURIAN (1980), S. 49; SIGG (1981), S. 215 ff.

Die Regeln für die Investitionsfinanzierung unterscheiden sich zwischen den einzelnen sozialistischen Ländern. Während in der DDR im allgemeinen keine Differenzierung in unterschiedliche Investitionskategorien mit spezifischen Finanzierungsprinzipien besteht, werden in Polen und in der UdSSR Differenzierungen vorgenommen. In Polen waren bislang Nettoanlageinvestitionen und Modernisierungsinvestitionen größeren Umfangs grundsätzlich kreditär, Ersatzinvestitionen und kleinere Modernisierungsprojekte grundsätzlich aus Eigenmitteln der Investoren zu finanzieren. In der UdSSR existieren keine einheitlichen Richtlinien, sondern auf die verschiedenen Anwendungsbereiche speziell zugeschnittene Arten von langfristigen Krediten.

Die Kreditlaufzeit in der Industrie beträgt in der DDR 5 Jahre und kann von der zuständigen Bank in begründeten Ausnahmefällen verlängert werden; in Polen beträgt sie – ähnlich wie in der UdSSR – je nach Art des Investitionsvorhabens 5–20 Jahre. Längere Laufzeiten gelten für Wohnungsbaukredite, in Polen 30–60 Jahre, sowie Investitionskredite für Vorhaben mit hoher Kapitalbindungsdauer. Die Tilgung der Investitionskredite erfolgt aus Abschreibungen und einbehaltenen Gewinnen. Reichen diese Mittel nicht aus, können die Betriebe auf ihre anderen Fonds zurückgreifen, Mittel von ihren Industrievereinigungen und in Sonderfällen Subventionen aus dem Staatshaushalt erhalten.[78]

Bankkredite dienen der Finanzierung geplanter Ströme und Bestände sowie der Finanzierung unvorhergesehener selbstverschuldeter und unverschuldeter Liquiditätsengpässe. Da solche Liquiditätsengpässe im Zusammenhang mit ungeplanten Transaktionen entstehen, wird zwischen planmäßigen und außerplanmäßigen Krediten differenziert. Dieser Unterschied ist auch von Bedeutung für die Verzinsung, denn außerplanmäßige Kredite werden – sofern sie letztlich aus selbstverschuldeten Planwidrigkeiten resultieren – mit Strafzinsen sanktioniert. Das geschieht in Form von Zuschlägen auf die sog. Grundzinsen, die für planmäßige Kredite zu entrichten sind und nach Kreditarten differieren.[79] Die Grundzinssätze und die maximalen Zuschlagssätze werden zentral festgelegt. Je nach «gesellschaftlichem Nutzen» oder Risiko können die einzelnen Banken allerdings Zu- und Abschläge innerhalb vorgegebener Bandbreiten vornehmen. Bei vorzeitiger Tilgung erfolgen Zinskürzungen.[80]

Kredite an die nicht-sozialistische Wirtschaft sowie an die privaten Haushalte zur Finanzierung von Konsumgüterkäufen und für den privaten Wohnungsbau nehmen, gemessen am gesamten Kreditvolumen, nur einen relativ geringen Umfang ein. In Polen betrug ihr Anteil 1983 etwa 6 v.H., wovon 55 v.H. auf private Agrarbetriebe entfielen, die ca. 80 v.H. des landwirtschaftlichen Bruttoproduktes erzeugen und etwa 90 v.H. der landwirtschaftlichen Nutzfläche bewirtschaften. Laufzeit und Verzinsung der Kredite richten sich nach dem Verwendungszweck, wobei für Konsumkredite sowie kurz- und langfristige Kredite an die Privatwirtschaft höhere Zinsen zu entrichten sind als für Wohnungsbaudarlehen.

---

[78] Vgl. Narodowy Bank Polski (1982), S. 24.
[79] Lediglich in der DDR sind die Zinsen für Umlaufmittel- und Investitions-(Grundmittel)kredite identisch: «... weil beide Fondsarten unter dem Aspekt der Verteilung und Ausnutzung der volkswirtschaftlichen Ressourcen von gleicher ökonomischer Bedeutung sind und der Nutzeffekt der im Reproduktionsprozeß fungierenden Grundmittel einerseits und der Umlaufmittel andererseits nicht gesondert feststellbar ist.» (EHLERT, HUNSTOCK, TANNERT, 1976, S. 146).
[80] Zur ausführlichen Darstellung vgl. III. 2e.

c. Kontroll- und Sanktionsfunktion

Die Kontrolltätigkeit der Banken erstreckt sich formal auf alle Bereiche der betrieblichen Planung und Planimplementation. Ihrem Auftrag gemäß sollen sie in der Planungsphase sicherstellen, daß die Finanzierungsrichtlinien eingehalten werden und die betriebliche Berichterstattung im Hinblick auf Vollständigkeit, Wahrhaftigkeit und Aktualität überwachen. Im Rahmen der Plandurchführung sollen sie kontrollieren, ob die Betriebe ihre Zahlungsverpflichtungen planmäßig erfüllen, ihre finanziellen Fonds planmäßig bilden und verwenden und Kreditoperationen vertragsmäßig durchführen. Zudem haben sie die Aufgabe, die Kapitalauslastung, die Effizienz geplanter Investitionen, die «Materialökonomie», d.h. den Materialverbrauch, die Outputqualität sowie die Lagerhaltung der Betriebe kritisch zu durchleuchten, um auf der Basis ihrer Kenntnisse dann beratend tätig zu werden.[81] Zu diesem Zweck sind die Banken berechtigt und verpflichtet, die wirtschaftliche Situation der Betriebe auch vor Ort im Rahmen sog. operativer Kontrollen zu analysieren, Stellungnahmen zu den Betriebsplanentwürfen abzugeben, an deren Verteidigung gegenüber den Leitungsorganen teilzunehmen und eigene Vorschläge zur «Verbesserung des Planangebots» zu unterbreiten.[82]

Ergänzt wird das Kontrollinstrumentarium durch ein weites Spektrum von Sanktionsmöglichkeiten, über das die Banken verfügen. Aufgrund der geltenden Finanzierungsprinzipien, die eine anteilmäßige Kreditierung aller betrieblichen Transaktionen vorsehen, sind vor allem Kreditsanktionen vorgesehen. Sie bestehen aus Strafzinsen, Kreditauflagen, der Verweigerung oder Kürzung von Krediten, der Bindung zusätzlicher Kredite an Bürgschaften oder der Zwangsabdeckung von Kreditverbindlichkeiten aus laufenden Zahlungseingängen und betriebseigenen Fonds. Daneben können die operativen Kontrollen verschärft, besondere Überwachungsgremien gebildet, Konten gesperrt, der Prämienfonds für Manager sanktioniert sowie besondere Maßnahmen beantragt werden, die der Wiederherstellung der betrieblichen Solvenz dienen sollen.[83]

5. Die Organisation des internationalen Zahlungsverkehrs

Der Zahlungsverkehr mit dem Ausland – gleichgültig auf welches Wirtschaftsgebiet er sich bezieht – ist ebenso zentralistisch organisiert wie das inländische Geldsystem. Es gelten das Außenhandels- und Valutamonopol mit folgenden wesentlichen Bestandteilen:[84]
- Außenhandelsgeschäfte werden durch autorisierte Außenhandelsunternehmen abgewickelt, die mit den heimischen Exportgüterproduzenten und Importgüterabnehmern auf der Basis von Planauflagen verpflichtende Liefer- und Abnahmeverträge abschließen.

---

[81] Vgl. u.a. GRUMBKOW (1977), S. 118; SCHLIESSER (1979), S. 120 f.; MÜLLER (1980).
[82] Vgl. EHLERT u.a. (1973), S. 127 f.; Autorenkollektiv (1978), S. 58.
[83] Vgl. PÜTSCH (1978), S. 230 ff.; KUSCHPÉTA (1978), S. 183 ff.
[84] Vgl. zur Organisation des internationalen Zahlungsverkehrs CASSEL, SCHUBERT (1979), S. 193 ff.; BUCK (1980), S. 143 ff.; NOVE (1980), S. 327 ff.

- Dem Zahlungsverkehr zwischen heimischen Ex- und Importeuren und den Außenhandelsunternehmen liegen Inlandspreise zugrunde, die – je nach Erfordernissen der zentralen Wirtschaftsplanung – von den Auslandspreisen abgekoppelt werden können. Bei Differenzen zwischen vereinbarten und – nach Umrechnung in heimische Währung – tatsächlich erzielten oder gezahlten Preisen erfolgt der Ausgleich über den Staatshaushalt.
- Es besteht ein System staatlich festgesetzter multipler Wechselkurse; einmal getrennt nach Währungsgebieten und einzelnen Ländern sowie kommerziellen und nicht kommerziellem Warenverkehr und Touristenkursen, zum anderen getrennt nach Warengruppen. Ausländische Währungen werden mit Hilfe längerfristig festgelegter Wechselkurse in heimische Währung umgerechnet und dann durch warenspezifische «Richtungskoeffizienten» weiter ausdifferenziert.
- Heimische Währung ist nicht konvertibel.
- Der Staat besitzt das Recht, die Finanzbeziehungen mit dem Ausland zu planen und zu kontrollieren und alle ausländischen Währungen, Edelmetallbestände sowie Schecks, Wechsel und Zahlungsaufträge, die auf ausländische Währungen lauten, zu zentralisieren.

Die Trennung zwischen Binnen- und Außenwirtschaft verhindert, daß von den zentralen Leitungsinstanzen nicht erwünschte Auslandseinflüsse auf die reale Geldversorgung im Inland ausgehen. Weder besteht ein direkter Preiszusammenhang mit dem Ausland noch können Devisenströme ungeplante Veränderungen der heimischen Geldmenge bewirken; denn erstens unterliegen Nettodevisenzu- und -abflüsse der zentralen Planung und Kontrolle, zweitens lassen sich Diskrepanzen zwischen geplanten und tatsächlichen Strömen durch Variationen der Wechselkurse und Richtungskoeffizienten neutralisieren. Einzige Schwachstelle unter den gegenwärtigen Organisationsprinzipien ist die Möglichkeit des privaten Devisenbesitzes und damit verbunden der freiwillige Verkauf von Devisen an die Staatsbank sowie die mangelnde Kontrolle von Devisenzuflüssen in den privaten Sektor. Damit kann das Bankensystem gezwungen werden, gegen Hereinnahme von Devisen heimische Währung zu produzieren. Allerdings dürfte der Effekt solcher Transaktionen vergleichsweise gering sein, abgesehen davon, daß die Ankaufskurse entsprechend niedrig festgelegt werden können. Zudem ließen sich solche Effekte durch eine Anpassung der geltenden Organisationsprinzipien grundsätzlich vermeiden.

6. Zwischenziele und Indikatoren der Geldpolitik

Mit der Organisation des Währungssystems sind formal die Voraussetzungen für eine den gesamtwirtschaftlichen Planzielen adäquate Geldversorgung gegeben: Das verstaatlichte einstufige Bankensystem verhindert, daß die zentrale Steuerung des Geldangebots durch die Giralgeldproduktion einzelwirtschaftlichen Interessen folgender Geschäftsbanken gestört wird. Staatliches Außenhandels- und Valutamonopol bieten die Gewähr, daß unerwünschte außenwirtschaftliche Einflüsse auf die Versorgung mit Binnenwährung unterbleiben. Demgegenüber scheitert die exakte planmäßige Bestimmung der Geldmenge an den Unvollkommenheiten der monetären Planung. Damit kann das geldpolitische Ziel, die Geldmenge auf die erforderliche Quantität an Zahlungs- und Wertaufbewahrungsmitteln zu begrenzen, nicht direkt erreicht werden; denn unvollständige monetäre Planung impliziert über die Unmöglichkeit, die erforderliche Geldmenge ex ante zu bestimmen, die Gefahr monetärer Über- oder Unterversorgung. Das wird auch in den sozialistischen Planwirtschaften gesehen.[85]

Die Unvollständigkeit monetärer Planung impliziert nun nicht die Preisgabe des Zieles «gleichgewichtige Geldversorgung». Sie erfordert vielmehr die Formulierung eines Zwischenzieles, mit dessen Hilfe sich das Primärziel auf indirektem Wege erreichen oder – unter den gegebenen Restriktionen – zumindest annähernd realisieren läßt. Damit das Zwischenziel als konkrete Handlungsanweisung in diesem Sinne fungieren kann, muß die Zwischenzielgröße eine monetäre Variable sein und folgenden Anforderungen genügen:
– sie muß in engem Zusammenhang mit dem geldpolitischen Primärziel stehen;
– sie muß der Kontrolle, d.h. dem Einfluß der geldpolitischen Instanzen unterliegen;
– sie muß sich möglichst ohne große Zeitverzögerung steuern und messen lassen.[86]
In ihrer letzten Eigenschaft dient die Zwischenzielvariable häufig zugleich als Indikator für die Effizienz der Geldpolitik.

Auch der Geldpolitik in sozialistischen Planwirtschaften sind Zwischenziele vorgegeben, wenngleich nur implizit und in sehr allgemein gehaltenen Formulierungen. Eine genauere Präzisierung, die für die Beurteilung sozialistischer Geldpolitik notwendig ist, kann aber mit Hilfe von Plausibilitätsüberlegungen und den in der sozialistischen Literatur verstreut zu findenden Hinweisen vorgenommen werden.[87]

Seine weitgehendeste Präzisierung findet das Zwischenziel in der Forderung nach «Geldumlaufstabilität». Sie sei dann gegeben, wenn sich «die Geldfonds ... in ökonomisch begründeten Relationen mit dem materiellen Wachstum des gesellschaftlichen Gesamtprodukts und des Nationaleinkommens entwickeln», wobei zu den Geldfonds alle Bargeldbestände und Bankguthaben gerechnet werden und das Nationaleinkommen den materiellen gesamtwirtschaftlichen Output repräsentiert.[88] Für die Geldpolitik folgt daraus die Handlungsanweisung, das Geldmengenwachstum an die Entwicklung des verfügbaren Nationaleinkommens zu koppeln.[89]

Zur weiteren Operationalisierung des geldpolitischen Zwischenzieles muß die angestrebte Wachstumsrelation der Variablen bestimmt werden. Sie hängt ab von der unterstellten Umlaufgeschwindigkeit, was sich mit Hilfe einer vereinfachten Version der Neoquantitätstheorie verdeutlichen läßt. Danach gilt

$$(\text{II.7}) \quad \left(\frac{M}{P}\right)^d = k \cdot Y$$

mit $(M/P)^d$ als realer Geldnachfrage, k als der Reziproken der Umlaufgeschwindigkeit (k = 1/V) und Y als realem Nationaleinkommen. k bringt die Relation zwischen realem Geldbedarf und Realeinkommen zum Ausdruck und ist selbst eine Funktion verschiedener Variablen, die hier jedoch vernachlässigt werden können.[90]

---

[85] Vgl. Sigg (1981), S. 130.
[86] Vgl. zu den Anforderungen an monetäre Zwischenziele und Indikatoren Saving (1967), S. 446 ff.; Claassen (1980), S. 224 f.
[87] Vgl. für die DDR Hartwig, Thieme (1985).
[88] Ehlert, Hunstock, Tannert (1976), S. 27 f. und S. 89.
[89] Vgl. Schmid, Waldhelm (1984), S. 438. Ähnlich Kolloch, Thümmler (1977), S. 284: «Die Emission von Geld muß grundsätzlich in Übereinstimmung mit den materiellen Vorgängen erfolgen.»
[90] k repräsentiert die Geldnachfrage. Vgl. dazu Friedman (1970), S. 86. Zu ihren Determinanten in sozialistischen Planwirtschaften vgl. II 2, Fußnote 58.

Aus dem geldpolitischen Primärziel folgt:

(II.8) $\left(\dfrac{M}{P}\right)^s = \left(\dfrac{M}{P}\right)^d$

und durch Substitution von (II.8) in (II.7) sowie nach Umstellung auf Nominalgrößen

(II.9) $M^s = k \cdot Y \cdot P$ bzw. $M^s \cdot V = Y \cdot P$.

M^s repräsentiert das nominale gesamtwirtschaftliche Geldangebot, das identisch ist mit der jeweils verfügbaren nominalen Geldmenge.

k bzw. V entscheiden darüber, in welchem Umfang die verfügbare Geldmenge bei einem Anstieg des Nominaleinkommens ($Y \cdot P$) wachsen muß. Wird auf zeitliche Änderungsraten abgestellt und die Identität von Geldangebot und verfügbarer Geldmenge berücksichtigt, läßt sich (II.9) vereinfachend umformen in

(II.10) $g_M + g_V = g_Y + g_P$.

Die Annahme einer konstanten Umlaufgeschwindigkeit impliziert dann, daß M mit der gleichen Rate zu wachsen hat wie das Nominaleinkommen; bei steigender (fallender) Umlaufgeschwindigkeit wäre ein unterproportionales (überproportionales) Geldmengenwachstum zu realisieren.

Für alle drei Versionen finden sich Belege in der sozialistischen Literatur und können somit alternative Zwischenziele formuliert werden. Vielfach gilt dabei jedoch Preisniveaustabilität als gesichert, so daß die Geldmengenwachstumsrate – unter Berücksichtigung der Umlaufgeschwindigkeit – an der Expansionsrate des Realeinkommens auszurichten ist. Bezüglich der privaten Geldhaltung wird mit dem Hinweis auf die hohe Einkommenselastizität der Geldvermögensbildung und die im allgemeinen weit abgegrenzte Geldmenge ein langfristiger Rückgang der Umlaufgeschwindigkeit postuliert.[91] Dem steht erstens entgegen, daß empirische Untersuchungen weiter Geldmengenabgrenzungen sowohl für sozialistische Planwirtschaften als auch für kapitalistische Marktwirtschaften – hier zumindest für die Zeit nach dem Zweiten Weltkrieg – Einkommenselastizitäten von größer eins nicht bestätigt haben, sondern für die Geldhaltung eher economics of scale zu vermuten sind.[92] Zweitens fordern Wissenschaft und Politik häufig von den verantwortlichen Instanzen eine langfristige Beschleunigung des gesamtwirtschaftlichen Geldumlaufs, was auch für den Bevölkerungsbereich einen Anstieg der Geldumlaufgeschwindigkeit impliziert: «Wir gehen davon aus, daß der Prozeß der sozialistischen Intensivierung mit einer Beschleunigung des Geldumlaufs zu verbinden ist.»[93]

Überwiegend wird eine stabile Relation zwischen Nationaleinkommen und gesamtwirtschaftlichem Geldbedarf unterstellt. Das kommt u. a. in der Behauptung zum Ausdruck, daß die Volkswirtschaft auf Dauer nicht mehr Geldfonds verbrauchen könne, als sie «materiell erwirtschaftet» oder in den Forderungen nach einem «kontinuierlichem Umschlag der Geldfonds», nach Übereinstimmung im Wachstum der «Geldfonds und der materiellen Proportionen» sowie nach «proportionalem Wachs-

---

[91] Vgl. u. a. HUNSTOCK (1979), S. 116.
[92] Vgl. LAIDLER (1977), S. 148 f.; PORTES, WINTER (1978), S. 10 ff.
[93] EHLERT, GEBHARDT, TANNERT (1972), S. 32. Ebenso KRONROD (1954), S. 326 und S. 382; BRESHNEW (1971), S. 80; KUSCHPÈTA (1978), S. 242 f.; SCHLIESSER, ZUFELDE (1985), S. 705.

tum der Geldfonds und des Nationaleinkommens».[94] Das geldpolitische Zwischenziel ist demnach erreicht, wenn das Geldangebot mit der gleichen Rate zunimmt wie das Nationaleinkommen.

Infolge der Unvollkommenheiten monetärer Planung gilt die gemeinhin unterstellte Konstanz der Relation zwischen Einkommen und Geldbedarf nur für die längere Frist. Kurzfristige Störungen, zu denen Naturereignisse und sonstige Planwidrigkeiten rechnen, verursachen Schwankungen der Umlaufgeschwindigkeit, die erst im Nachhinein durch die Geldpolitik behoben werden können.[95] So führt ein unvorhergesehener Rückgang des Outputs zunächst ex definitione zu einem Rückgang der Umlaufgeschwindigkeit, der dann entsprechende Reaktionen seitens der währungspolitischen Instanzen auslöst. Damit wird zugleich deutlich, daß das Element der Planmäßigkeit für die praktische Geldpolitik in den Hintergrund tritt. Wohl kann sie sich hinsichtlich ihres Geldmengenzieles am geplanten Nationaleinkommenswachstum orientieren; letztlich muß sie jedoch die Geldversorgung an die faktische Entwicklung anpassen: Werden die Produktionspläne nicht erfüllt, muß das Geldmengenwachstum gegenüber seinem geplanten Umfang reduziert, bei ungeplantem Outputwachstum muß das geplante Geldmengenziel überschritten werden. Denn eine konsequente Anwendung des Prinzips der Planmäßigkeit in der Geldpolitik würde bedeuten, daß im ersten Falle unerwünschte Geldhaltung bei den Wirtschaftssubjekten entsteht, während im zweiten Falle mögliche Planübererfüllung an mangelnder Liquidität scheitert. Dies aber widerspräche der Logik des Anreiz- und Kontrollsystems und dem faktischen Produktionsverlauf, wie die sozialistische Geldtheorie bereits seit langem erkannt hat: «Zusätzliche Geldbeträge elastisch in die Zirkulation zu bringen und wieder aus der Zirkulation herauszuziehen – das ist die notwendige Form, in der letztlich der Geldumlauf gelenkt werden muß.»[96]

Das hier präzisierte Zwischenziel der Geldpolitik genügt den oben formulierten Anforderungen: Es steht in Kausalbeziehung zum Primärziel, wobei der Ableitungszusammenhang über die unterstellte Entwicklung der Umlaufgeschwindigkeit und die Eigenschaften des zentralen Planungssystems vermittelt wird[97]; es unterliegt der unmittelbaren Kontrolle durch die Geldpolitik, weil aufgrund der institutionellen Rahmenbedingungen die zentralen Organe das Geldangebot vollständig determinieren; die monetäre Variable läßt sich relativ kurzfristig steuern und messen. Dem Zwischenziel entsprechend ist Geldpolitik im Sozialismus langfristig orientierte, auf das Geldmengenwachstum ausgerichtete Wirtschaftspolitik. Sie hat zu gewährleisten, daß die monetäre Expansionsrate langfristig mit der Wachstumsrate des realen Nationaleinkommens übereinstimmt und ist somit vergleichbar der Konzeption einer potentialorientierten Geldmengensteuerung, wie sie heutzutage weitgehend in der Geldtheorie vertreten und in vielen führenden westlichen Industriestaaten praktiziert oder doch zumindest propagiert wird:[98]

(II.11) $\quad g_M = g_Y$.

---

[94] Vgl. STOPH (1971), S. 32; EHLERT, HUNSTOCK, TANNERT (1976), S 40; HUNSTOCK (1979), S. 107.
[95] Vgl. auch KOLLOCH, THÜMMLER (1977), S. 229.
[96] KRONROD (1954), S. 389.
[97] Diese Verbindungsglieder bezeichnet die westliche Geldtheorie auch als «Strukturhypothesen». Vgl. NEUMANN (1971), S. 398 f.
[98] Vgl. dazu den von CASSEL (1984) herausgegebenen Band.

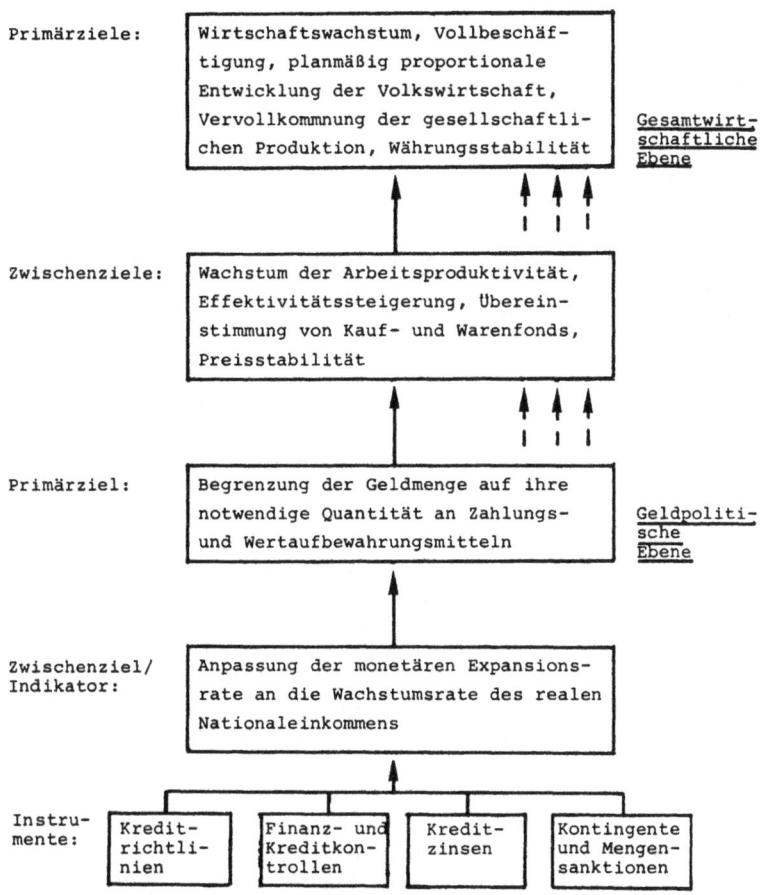

Abb. II.11: Ziel-Mittel-Zusammenhang der Geldpolitik.

Da Geld auf dem Kreditwege entsteht, wird Geldangebotssteuerung mittels Kreditpolitik betrieben. Sie setzt auf der einzelwirtschaftlichen Ebene an – ist also mikroökonomisch ausgerichtet – und ist dahingehend konkretisiert, daß nur «materiell abgesicherte» Vorhaben kreditiert werden sollen.[99] Prinzipiell stehen vier Instrumentenbündel zur Verfügung:
- Vorgabe von selektiven Kreditfinanzierungsbedingungen in Form von Kennziffern,
- Kontrollen und Eingriffe in die monetäre Planung und Planverwirklichung der sozialistischen Betriebe,
- Kreditzinsen,
- Kreditkontingente und Mengensanktionen.

---

[99] Vgl. u.a. KRONROD (1954), S. 389; STOPH (1971), S. 33; MONAZON, MÜLLER (1980), S. 24; FUCHS, LOTZE, SCHELLBACH (1981), S. 551.

Aufgrund der Organisation der Geldversorgung und ihrer direkten Kontakte zu den Einzelwirtschaften ist die Ausführung der Kreditpolitik im wesentlichen den Filialen und Agenturen des Staatsbankensystems übertragen.

Für den Zusammenhang zwischen gesamtwirtschaftlichen und geldpolitischen Zielen einerseits und geldpolitischen Zielen, Indikatoren und Instrumenten andererseits gilt somit das in Abb. II.11 dargestellte grobe Raster. Die durchbrochenen Pfeile kennzeichnen jene Einflüsse, die nicht dem Bereich der Geldpolitik entstammen.

Das operationalisierte Zwischenziel ist zugleich Indikator für die Erfolgskontrolle der Geldpolitik. Er gibt an, ob es den verantwortlichen Instanzen gelungen ist, längerfristig monetäre Über- oder Unterversorgung zu vermeiden, ohne auf bloße Vermutungen oder stark vereinfachte Schätzungen zurückgreifen zu müssen. Wird unter diesem Aspekt stellvertretend die Entwicklung in Polen und in der DDR betrachtet, so scheinen sich die in der sozialistischen und nicht-sozialistischen Literatur sowie in offiziellen Verlautbarungen immer wieder postulierten dauerhaften Liquiditätsüberschüsse zu bestätigen. Die Wachstumsrate des produzierten Nationaleinkommens in Polen wird von der gesamtwirtschaftlichen monetären Expansionsrate im Zeitraum von 1951 bis 1983 – bei Ausschaltung der Extremwerte – um durchschnittlich das 1,7fache übertroffen, die Expansionsrate des verwendeten Nationaleinkommens um das 1,6fache (Anhang, Tab. IV). Besonders stark drifteten die beiden Variablen wieder zu Beginn der achtziger Jahre auseinander, als trotz des krisenbedingten Produktionseinbruchs die monetäre Expansion unvermindert anhielt und sich 1981 und 1982 sogar noch erheblich verschärfte. Ähnlich verläuft die Entwicklung im privaten Sektor. Dort übertrafen die Wachstumsraten der Geldbestände diejenigen des privaten Verbrauchs im Untersuchungszeitraum 1960 bis 1983 um durchschnittlich 180 v.H. Auch hier haben sich nach einer kurzen Beruhigung in der Mitte der siebziger Jahre die Diskrepanzen ab 1978 wieder zunehmend verstärkt und 1982 ihren vorläufigen Höhepunkt erreicht.

Auch in der DDR wurde – gemessen an den verfügbaren Daten – das geldpolitische Ziel permanent verfehlt; allerdings im vergleichbaren Untersuchungszeitraum in wesentlich geringerem Ausmaß (Anhang Tab. V). Gleichwohl liegen die Wachstumsraten der privaten Bargeldbestände und Bankguthaben seit 1953 und mit Ausnahme des Jahres 1980 über den Wachstumsraten des Einzelhandelsumsatzes, der im allgemeinen als Indikator für das verfügbare Güterangebot verwendet wird. Im gesamten Untersuchungszeitraum betragen diese Abweichungen nach Bereinigung der Extremwerte des Jahres 1962 durchschnittlich mehr als 100 v.H. In den siebziger Jahren hat sich die Situation zwar zunehmend beruhigt und damit die Zunahme an monetärer Überversorgung verringert; seit Beginn der achtziger Jahre nehmen die Liquiditätsüberschüsse im privaten Sektor jedoch wieder zu. Von einem «kontinuierlichen Umschlag der Geldfonds» kann daher auch in der DDR nicht die Rede sein.

Die Existenz dauerhafter Liquiditätsüberschüsse in sozialistischen Planwirtschaften ist überwiegend auf Versäumnisse der Geldpolitik zurückzuführen. Dies mag insofern überraschen, als der mit einer «monetären Zwangsjacke»[100] vergleichbaren Organisation der Geldversorgung entsprechend das Geldangebot gänzlich der zentralen Kontrolle unterliegt. Eine autonome Geldmengensteuerung scheint somit gewährleistet, weshalb sich bisherige Analysen zu diesem Problemkomplex fast ausnahmslos auf realwirtschaftliche Verursachungsfaktoren konzentrieren. Einer sol-

---

[100] BRZESKI (1964), S. 115.

chen ausschließlich realwirtschaftlichen Betrachtung widerspricht aber gerade die monetäre Organisation sozialistischer Planwirtschaften, bietet sie doch prinzipiell die Möglichkeit für kurzfristige Anpassungen des Geldangebots, so daß Diskrepanzen zwischen monetärer und güterwirtschaftlicher Entwicklung durch den geldwirtschaftlichen Bereich beseitigt werden können.[101] Demgegenüber sind – abgesehen von Preisreaktionen – entsprechende Anpassungen der güterwirtschaftlichen Seite nur mit Schwierigkeiten und erheblichen time lags möglich, denn im Gegensatz zur zentralisierten Geldversorgung erfolgt die Güterversorgung auf einzelwirtschaftlicher Ebene in den Betrieben.

Die festgestellten Diskrepanzen zwischen formaler Organisation der Geldversorgung und monetärer Entwicklung bedürfen daher einer genaueren Analyse. Sie hat neben den formalen insbesondere die faktischen Determinanten des Geldangebots in sozialistischen Planwirtschaften zu bestimmen und damit die im monetären Bereich dieser Wirtschaftssysteme angesiedelten Funktionsprobleme freizulegen.

---

[101] Vgl. auch KRONROD (1954), S. 389.

III. Probleme der Geldangebotskontrolle

Die im Rahmen der buchungstechnischen Zusammenhänge der Geldentstehung aufgeführten Aktivpositionen der Kreditbilanz dienten lediglich der Illustration und nicht der Beschreibung eines konkreten monetären Systems. Daher müssen zur weiteren Analyse zunächst die einzelnen Entstehungskomponenten der Geldmenge entsprechend den institutionellen Gegebenheiten genau spezifiziert und ihre faktische Bedeutung bestimmt werden. Auch dafür sind wieder ausschließlich polnische Quellen verfügbar.

1. Komponenten des Geldangebots

Die einzelnen Entstehungskomponenten und ihre Bedeutung innerhalb des monetären Systems lassen sich aus der konsolidierten Bilanz des Kreditsystems gewinnen. Danach werden die Aktivpositionen (AP) im allgemeinen unterschieden in
- Kreditverbindlichkeiten der sozialistischen Wirtschaft (K^{sw}), getrennt nach Investitions- und Umlaufmittelkrediten ($K_U^{sw} + K_I^{sw}$),
- Kreditverbindlichkeiten der privaten Haushalte (K^{ph}), getrennt nach Konsumentenkrediten (K_C^{ph}) und Hypotheken (K_W^{ph}),
- Kreditverbindlichkeiten der privaten Betriebe (K^{pw}), getrennt nach Landwirtschaft (K_L^{pw}) und sonstige Betriebe (K_R^{pw}),
- Bankverschuldung des Staates (K^g) – für Polen ausgewiesen seit 1981,
- sonstige Aktiva (SA):

(III.1) $\quad AP = K^{sw} + K^{pw} + K^{ph} + K^g + SA$

(III.2) $\quad \begin{cases} K^{sw} = K_I^{sw} + K_U^{sw} \\ K^{ph} = K_C^{ph} + K_W^{ph} \\ K^{pw} = K_L^{pw} + K_R^{pw} \end{cases}$

Nicht gesondert ausgewiesen werden die Währungsreserven, deren Umfang in allen sozialistischen Planwirtschaften geheim ist. Es ist aber zu vermuten, daß sie zusammen mit den um interne Forderungen und Verbindlichkeiten bereinigten sog. bankeigenen Fonds in den sonstigen Aktiva enthalten sind. Dafür spricht u. a. die starke Expansion dieser Position in der konsolidierten Bilanz des polnischen Bankensystems in den Jahren 1982 und 1983, die mit Abwertungen der heimischen Währung gegenüber dem Transfer-Rubel von 4,444 auf 68 Zloty und gegenüber dem US-Dollar von 3,361 auf 91,617 Zloty, aber auch gegenüber anderen Währungen, begründet wird.[1] Dem steht auch nicht die hohe Auslandsverschuldung Polens in den westlichen Industrieländern und der UdSSR entgegen. Zwar dürfte sie dazu geführt haben, daß Polen im Jahresdurchschnitt kaum über Devisenreserven verfügt. Gleichwohl können kurz-

---

[1] Vgl. Rocznik Statystyczny (1984), S. 96; Narodowy Bank Polski (1983), S. 17 ff.

fristig exportbedingte Devisenzuflüsse entstehen, die sich in der stichtagsbezogenen konsolidierten Bilanz des Bankensystems entsprechend niederschlagen. Zudem weist der polnische Außenhandel in den Jahren 1982 und 1983 erhebliche Exportüberschüsse mit den westlichen Industrieländern auf.[2]

Die Passiva der konsolidierten Kreditbilanz bestehen aus Bargeld (B), den Bankguthaben der sozialistischen Wirtschaft (D^{sw}), der öffentlichen Haushalte (D^g) und des privaten Sektors (D^p), den Geldmitteln der Banken (D^b) sowie den sonstigen Passiva (SP). Für die Bilanzgleichung gilt somit:

(III.3) $\quad K^{sw} + K^{pw} + K^{ph} + K^g + SA = B + D^p + D^{sw} + D^g + D^b + SP.$

Weil zur relevanten Geldmenge, deren Entstehungskomponenten hier analysiert werden sollen, nicht die Fonds der Banken und sonstigen Passiva rechnen, muß die Bilanzgleichung um diese Größen bereinigt werden. Das gilt ebenfalls für die kumulierten Überschüsse der öffentlichen Haushalte, so daß sich für die Entstehungsseite der Geldmenge ergibt:

(III.4) $\quad M = K^{sw} + K^{pw} + K^{ph} + K^g + SA - D^b - SP - \sum_{t=1}^{n} (E^g - A^g)$

Werden die nicht explizit zum Kreditvolumen gerechneten Bilanzbestandteile in einer Restkomponente zusammengefaßt

(III.5) $\quad RK = SA - F^b - SP - \sum_{t=1}^{n} (E^g - A^g),$

folgt schließlich für die Entstehungs- und Verwendungsgleichung der Geldmenge

(III.6) $\quad K^{sw} + K^{pw} + K^{ph} + K^g + RK = M = B + D^p + D^{sw} + M^g.$

Wie die Angaben für Polen zeigen, ist das Wachstum der Geldmenge im wesentlichen auf die Verschuldung der sozialistischen Wirtschaft zurückzuführen, während Kredite an Private und an den Staat nur von untergeordneter Bedeutung sind (Anhang, Tab. III). Vergleichsweise stark ist auch der Beitrag der Restkomponente, deren Anteil am Wachstum der Geldmenge zwischen 1980 und 1983 ca. 15 v.H. ausmacht. Allerdings ist dieser Effekt – ebenso wie der Verschuldungseffekt des Staates mit ca. 7 v.H. – erst seit Beginn der achtziger Jahre wirksam. Im Zeitraum davor wirkte die Restkomponente aufgrund dauerhafter Budgetüberschüsse kontraktiv, wenngleich sie mit −5,7 v.H. den expansiven Impuls der Verschuldung der sozialistischen Wirtschaft (1950–1980: 100,6 v.H.) nur geringfügig dämpfen konnte.

Genaueren Aufschluß über die Expansions- und Kontraktionseffekte gibt Tab. III.1, in der die absoluten Beiträge der einzelnen Entstehungskomponenten zur durchschnittlichen jährlichen Wachstumsrate der Geldmenge in verschiedenen Perioden angegeben sind. Danach haben die Bankverbindlichkeiten der sozialistischen Wirtschaft im Zeitraum von 1950 bis 1983 ein durchschnittliches Wachstum der Geldmenge von 24,5 v.H. induziert. Demgegenüber ging von den Bankverbindlichkeiten der Privaten lediglich eine Impulswirkung von 2,4 v.H. aus, die zu 62 v.H. von Krediten an die Landwirtschaft getragen wurde. Der Beitrag der staatlichen Verschuldung, die erst seit 1981 wirksam ist, liegt bei 0,3 v.H. Die tatsächliche durchschnittliche Wachstumsrate der Geldmenge beträgt für den gesamten Zeitraum lediglich

---

[2] Vgl. Rocznik Statystyczny (1984), S. 350.

19,9 v.H., weil von der Restkomponente ein Kontraktionseffekt in Höhe von 7,3 v.H. ausging. Er ist im wesentlichen auf die relativ hohen Budgetüberschüsse der frühen fünfziger Jahre zurückzuführen, deren Zuwachsraten zwischen 1951 und 1954 durchschnittlich 74 v.H. betrugen.

Dominante Entstehungskomponente der Geldmenge sind die Umlaufmittelkredite an die sozialistische Wirtschaft. Ihr Expansionseffekt beträgt im gesamten Beobachtungszeitraum 17,3 v.H. und ist damit wesentlich größer als die Impulswirkung von Investitionskrediten. Eine vollkommen vernachlässigbare Größe bilden die Bankverbindlichkeiten der sonstigen privaten Wirtschaft.

Durchschnittswerte über längere Zeiträume verdecken bedeutsame Strukturveränderungen. So wurde im Anschluß an den V. Parteikongreß der Polnischen Vereinigten Arbeiterpartei 1968 mit der stärkeren Kreditfinanzierung von Investitionen eine Maßnahme beschlossen, die 1969 im Gesetz ihren Niederschlag fand. Von 1968 bis zum Ende der Referenzperiode 1983 dominieren daher die Investitionskredite. Während sie im Zeitraum von 1950 bis 1967 3,9 v.H. des Geldmengenwachstums induzierten, stieg ihr Beitrag nach 1968 auf durchschnittlich 13,3 v.H., das sind ca. 56 v.H. der monetären Expansionsrate. Demgegenüber sank der Anteil der Umlaufmittelkredite im Zeitraum von 1968 bis 1983 auf 10,4 v.H. gegenüber 27,8 v.H. in der entsprechenden Vorperiode.

Ebenso werden durch eine differenziertere Betrachtung bemerkenswerte Veränderungen der Impulswirkung von RK und K^g deutlich: Während der Kontraktionseffekt der Restkomponente durch Budgetüberschüsse bedingt von 1950 bis 1967 ca. -18 v.H. betrug, trat danach eine deutliche Verringerung auf $-1,1$ v.H. ein. Ab 1980 wird ihr Beitrag mit $+6,8$ v.H. positiv, wofür neben dem Auftreten massiver Haushaltsdefizite zu Beginn der achtziger Jahre insbesondere die wechselkursbedingte starke Expansion der sonstigen Einlagen seit 1982 verantwortlich ist. Da im Zusammenhang mit der Finanzierung der Haushaltsdefizite Verbindlichkeiten gegenüber dem Bankensystem entstanden, also durch den Staatshaushalt Geldproduktion verursacht wurde, ist seit 1980 auch eine expansive Impulswirkung der Staatsverschuldung auf die Geldmenge festzustellen, die in einzelnen Jahren (1981) bei 6,4 v.H. lag und damit ca. $1/3$ der monetären Expansion induzierte. Auffallend ist ebenfalls die Strukturverschiebung zu Lasten der Verschuldung der sozialistischen Wirtschaft in Form von Umlauf- und Investitionsmittelkrediten im Zeitraum von 1980 bis 1983 gegenüber der gesamten Untersuchungsperiode. Ursache dafür ist die mit der allgemeinen Krise der achtziger Jahre entstandene ungünstige wirtschaftliche Lage, die zu erheblichen Produktionsausfällen geführt hat und sich erst in letzter Zeit spürbar zu verbessern scheint.

Auch andere wirtschafts- und spezielle kreditpolitische Maßnahmen lassen sich am Einfluß der Entstehungskomponenten und deren Veränderung verdeutlichen. So etwa die Verminderung der administrativen Kontrollen über betriebseigene sog. dezentrale Investitionen im Jahre 1958 und die verbesserten Möglichkeiten, sie kreditär finanzieren zu können. Dadurch stieg der Betrag dieser Entstehungskomponente 1959 von 2,9 auf 5,0 v.H. Ebenso bewirkte die Einführung von Konsumentenkrediten größeren Maßstabs Ende der fünfziger Jahre eine Zunahme der Position K_g^{gw} von 0,4 v.H. im Jahre 1958 auf 1,9 v.H. im Jahre 1959.[3]

---

[3] Vgl. zu den Angaben GARVY (1966), S. 139 ff.; PODOLSKI (1973), S. 177 ff. und S. 324 ff.

Tab. III.1: Wachstumsraten der Geldmenge und ihre Komponenten in Polen 1950–1980

Perioden	M^1	Beitrag der Komponenten²						K^g	RK
		K^{sw}		K^{pw}		K^{ph}			
		K_I^{sw}	K_U^{sw}	K_L^{pw}	K_R^{pw}	K_W^{ph}	K_C^{ph}		
1950–1983	19,9	7,2	17,3	1,5	–	0,4	0,5	0,3	– 7,3
1950–1980	20,0	7,5	21,0	1,6	–	0,4	0,6		–11,1
1950–1977	20,4	7,7	21,6	1,6	–	0,4	0,6		–11,5
1950–1967	17,6	3,9	27,8	2,1	–	0,5	0,8		–17,5
1968–1983	23,8	13,3	10,4	0,8	–	0,2	0,2		– 1,1
1980–1983	19,4	4,2	5,0	0,4	–	0,1	0,3	2,6	6,8
1956	49,1	11,4	42,5	3,1	0,4	–	0,9		– 9,2
1957	40,9	2,9	44,5	4,4	0,6	1,2	0,3		–13,0
1958	23,6	5,0	19,6	3,4	–0,2	1,7	0,4		– 6,3
1959	16,2	4,9	15,7	2,5	–	1,7	1,9		–10,5
1960	24,6	4,8	27,7	2,6	–	1,2	1,6		–13,3
1980	10,4	4,3	4,9	0,1	–	0,1	–		1,0
1982	32,9	5,6	7,7	0,7	0,1	0,1	0,6	0,6	17,5

¹ Durchschnittliche jährliche Wachstumsrate in v. H. – ² Der Beitrag der Komponenten errechnet sich nach der Formel $(K_t - K_{t-1}/M_{t-1}) \cdot 100$, wobei K für die jeweilige Komponente steht.

Inwieweit die strukturelle Entwicklung der Entstehungskomponenten des Geldangebots in Polen mit derjenigen anderer sozialistischer Planwirtschaften übereinstimmt, kann nicht beurteilt werden. Sicher bestehen hinsichtlich einzelner Komponenten Unterschiede. In der UdSSR dürfte K_I^{sw} ohne besonderes Gewicht sein, weil die Investitionsfinanzierung zu über 90 v. H. aus dem Staatshaushalt und Eigenmitteln erfolgt, während der Kreditanteil an der Umlaufmittelfinanzierung ca. 50 v. H. beträgt. Demgegenüber entfielen 1977 in Polen auf die sozialistische Landwirtschaft, das sind Staatsbetriebe, Genossenschaften und landwirtschaftliche Vereinigungen, nur 4,5 v. H. des gesamten Bestandes an Umlaufmittelkrediten der sozialistischen Wirtschaft, während ihr Anteil in der UdSSR 19 v. H. betrug. Bei den Investitionskrediten sind die Unterschiede noch größer.⁴ Im Vergleich zur DDR wiederum ist in Polen der Anteil der Umlaufmittelkredite an den gesamten Bankverbindlichkeiten sozialistischer Wirtschaftseinheiten, sofern identische Relationen von Investitionen und Umlaufmitteln unterstellt werden, geringer, weil in Polen 40 v. H., in der DDR aber 50 v. H. der Umlaufmittel kreditär zu finanzieren sind. Gleichwohl scheint die Grundstruktur der Entstehungskomponenten des Geldangebots in den sozialistischen Planwirtschaften weitgehend identisch: Sie werden fast ausnahmslos durch den Bestand an Forderungen des Staatsbankensystems gegen die sozialistische Wirtschaft bestimmt. Bankverbindlichkeiten der Privaten haben kaum Bedeutung und eine Verschuldung der öffentlichen Haushalte gegenüber dem Bankensystem existiert – abgesehen von Polen – zumindest offiziell nicht. Mit Ausnahme der UdSSR, deren Handelsbilanz seit 1976 rohstoffpreisbedingte Überschüsse aufweist und die über erhebliche Gold-

---

⁴ Vgl. Rocznik Statystyczny Finansow (1978), S. 93 ff.; SIGG (1981), S. 198.

reserven verfügt, dürften Währungsreserven als mögliche Entstehungskomponenten ohne große Bedeutung sein.[5]

2. Determinanten des Geldangebots

Die beschriebenen Reaktionen der Geldangebotskomponenten auf kreditpolitische Maßnahmen in Polen scheinen die Annahme zu bestätigen, daß das Geldangebot zentral gesteuert wird. Die diagnostizierten Zielverfehlungen wären dann Resultat staatlicher Wirtschaftspolitik, die etwa aufgrund absoluter Priorität des Wachstumszieles alle ökonomischen Transaktionen unter bewußter Inkaufnahme ungleichgewichtiger Geldversorgung monetär alimentiert. Dem steht entgegen, daß das geldpolitische Ziel auch durch die Wirtschaftspolitik erhebliche Bedeutung genießt[6] und seit den fünfziger Jahren umfangreiche Kreditkontrollen, Anforderungen sowie Zins- und Sanktionsmechanismen eingesetzt werden, um die Zielverwirklichung zu gewährleisten. Es ist daher erforderlich, die einzelnen Entstehungskomponenten der Geldmenge einer genaueren Analyse zu unterziehen.

Formal stehen nur die Bankverbindlichkeiten des privaten Sektors nicht direkt unter zentraler Kontrolle, denn die monetären Autoritäten können das Kreditlimit festsetzen, nicht jedoch seine Inanspruchnahme.[7] Für den hier behandelten Problemkomplex ist dieser Aspekt ohne Bedeutung, weil er nur den Bereich der monetären Unterversorgung betrifft. Zudem fällt der Beitrag privater Bankverbindlichkeiten am Geldmengenwachstum kaum ins Gewicht, so daß hiervon kaum Impulse für die diagnostizierten dauerhaften Liquiditätsüberschüsse ausgehen. Daher muß sich die Analyse auf die beiden formal kontrollierbaren Entstehungskomponenten konzentrieren: die Bankverbindlichkeiten der sozialistischen Wirtschaft und die Restkomponente. Letztere ist zentral steuerbar. Sie wird im wesentlichen durch staatliche Budgetpolitik bestimmt und kann aufgrund des staatlichen Außenhandelsmonopols selbst bei Existenz umfangreicher Devisenreserven die Geldmengensteuerung nicht konterkarieren. Es bleiben somit die Investitions- und Umlaufmittelkredite der sozialistischen Wirtschaft als Analysegegenstand. Dabei bestätigt die offizielle Unterscheidung in planmäßige und außerplanmäßige Kredite zunächst nur, daß ein Teil des Kredit- und Geldvolumens nicht planbar ist. Mangelnde Kontrollierbarkeit läßt sich daraus nicht ableiten; denn Geldemission durch außerplanmäßige Kredite kann durchaus dem geldpolitischen Ziel entsprechen, die monetäre Entwicklung an die naturalwirtschaftliche anzupassen. Wie bereits gezeigt wurde, ist Planübererfüllung – bei konstanter Umlaufgeschwindigkeit – nur auf diesem Wege finanzierbar.

---

[5] Von 1976 bis 1980 betrug der kumulierte Handelsbilanzüberschuß der UdSSR 13,3 Mrd. Rbl., der ausschließlich auf Transaktionen mit anderen sozialistischen Ländern und Entwicklungsländern beruht. Im Handel mit westlichen Industriestaaten entstand ein Defizit von 6,8 Mrd. Rbl. Vgl. Böhm (1981), S. 246. Die Goldreserven der UdSSR wurden 1976 auf ca. 2000 Tonnen geschätzt, womit sie an 6. Stelle der Länder mit den höchsten Goldreserven lag. Vgl. Wilczynski (1978), S. 205 f.
[6] Vgl. u. a. Kossigyn (1971), S. 59 f.; Kaminsky (1980), S. 3.
[7] Dies ist, wenn auch auf anderer Ebene, etwa den Rediskontkontingenten vergleichbar, welche die Deutsche Bundesbank bei Kredittransaktionen mit den Geschäftsbanken festlegt.

a. Das System der planmäßigen und außerplanmäßigen Kredite

Ausgangspunkt für die Bestimmung des Volumens an planmäßigen Krediten sind die Kreditanträge der staatlichen Betriebe und anderen sozialistischen Wirtschaftseinheiten, die auf der Grundlage ihrer Planvorgaben für Produktion und Investition Kreditpläne ausarbeiten. Im Umlaufmittelbereich dienen dazu zentral festgelegte Richtsatz- bzw. Umlaufmittelnormative. Sie bestimmen den zur störungsfreien Abwicklung der Produktion als notwendig erachteten jahresdurchschnittlichen Bestand an Roh-, Hilfs- und Betriebsstoffen sowie dessen Finanzierungsquellen, so daß sich der jeweilige Kreditbedarf aus den Produktionsplanauflagen und Richtsatzkennziffern ergibt. Dasselbe gilt für die planmäßige Kreditierung von Forderungen. Ihre Höhe folgt aus dem geplanten jahresdurchschnittlichen Forderungsbestand abzüglich des festgelegten Eigenmittelanteils.[8] Die planmäßige Bestandskreditierung wird durch das Prinzip der Kreditierung «nach Umsatz» ergänzt, wobei als Grundlage die Absatzpläne dienen. Zu den geplanten Umlaufmittelkrediten rechnen weiterhin Zusatzkredite für saisonbedingte Lagerbestände und sonstige planbare Diskrepanzen zwischen Zahlungseingängen und -ausgängen, wie geplante Fondszuführungen, die zeitlich vor den entsprechenden Geldeinnahmen liegen.[9]

Die Kreditanträge werden den Banken zur Bestätigung vorgelegt, die in ihrer Eigenschaft als Kontrollinstanzen die Übereinstimmung der Kreditpläne mit den Planvorgaben und den von der Staatsbank, dem Ministerium der Finanzen und der zentralen Plankommission festgelegten Kreditrichtlinien überprüfen. Auf dieser Grundlage erteilen sie den Kreditnehmern Kreditzusagen, die an die übergeordneten Instanzen weitergereicht und in den Gesamtkreditplan aufgenommen werden. Nach Verabschiedung des Jahresvolkswirtschaftsplanes erhalten die Banken und Betriebe endgültige Kreditplanziele, die in Kreditverträgen zu fixieren sind. Gegen die Verpflichtung, den Kredit zum vereinbarten Termin zu tilgen, erhalten die staatlichen Betriebe den Betrag entweder auf einem Verrechnungskonto gutgeschrieben oder wird ein Kontokorrentkredit vereinbart, den sie laufend beanspruchen und wieder zurückführen können.[10]

Ähnlich verläuft der Prozeß bei der Investitionskreditplanung. In der Regel auf der Grundlage zentraler güterwirtschaftlicher Investitionspläne, aber auch in Eigeninitiative, entwickeln die staatlichen Betriebe Investitionsvorschläge, die sie gemeinsam mit dem Finanzierungs- und Tilgungsplänen bei ihren Bankfilialen zur Bestätigung einreichen. Die Banken kontrollieren, ob die einzelwirtschaftlichen Pläne mit den längerfristigen zentralen Investitions- und Perspektivplänen übereinstimmen und die vorgeschriebenen Rentabilitätskennziffern und Tilgungsfristen berücksichtigt werden. Bei Investitionsprojekten, die auf betriebliche Eigeninitiative zurückgehen, sind zudem die «gesellschaftlichen Erfordernisse» solcher Vorhaben zu überprüfen. Werden die Kreditanträge befürwortet, erfolgt der Abschluß von Vorverträgen. Nach Weitergabe an die übergeordneten Instanzen und Aufnahme in den zentralen Kreditplan erhalten die Bankfilialen und Betriebe dann ihre Kreditplanauflagen, so daß die gesamte Kreditplanung der Kontrolle und dem Einfluß zentraler Organe unterliegt.

---

[8] Vgl. BUCK (1969), S. 551 ff.; BLEI (1978). In Polen waren z. B. Mitte der siebziger Jahre 40 v. H. der Bestände an Materialien sowie an Halb- und Fertigfabrikaten und der gesamte Bestand an Forderungen mit Bankkrediten zu finanzieren. Vgl. Narodowy Bank Polski (1974), S. 18.
[9] Vgl. Autorenkollektiv (1978), S. 264.
[10] Vgl. PÜTSCH (1978), S. 209 ff.

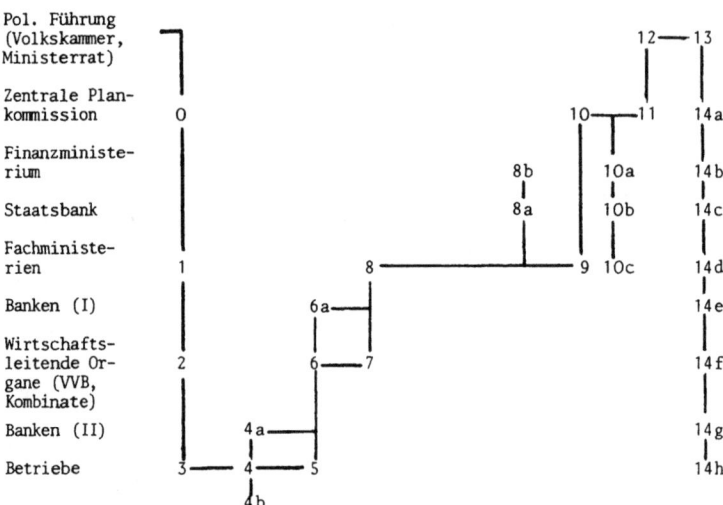

Abb. III.1: Kreditplanungsprozeß.
0–3: Ausgabe zentraler staatlicher Planauflagen und Aufschlüsselung und Übergabe an untergeordnete Instanzen (bei Kombinaten Übergang zu Stufe 6); 4: betriebsinterne Plandiskussion und Ausarbeitung des Betriebsplanentwurfs sowie des Kreditantrages; 4a: Übergabe des Kreditantrages an die zuständige Bankfiliale, Überprüfung des Antrags, ggf. Erteilung einer vorläufigen Kreditzusage; 4b: Abstimmung mit Lieferanten und Abnehmern, Abschluß von Vorverträgen; 5: Übergabe der Planentwürfe an die wirtschaftsleitenden Organe unter Hinzuziehung der zuständigen Bankfiliale; 6: Koordinierung der Betriebsplanentwürfe, Erarbeitung eigener Planentwürfe und Kreditanträge; 6a: Beratung mit den zuständigen Bankorganen, Anbahnung von Kreditbeziehungen; 7: Übergabe der Planentwürfe an die zuständigen Ministerien und Verteidigung der Entwürfe unter Hinzuziehung der zuständigen Bankfilialen; 8: Koordination der Planentwürfe der wirtschaftsleitenden Organe; 8a–b: Beratung und Abstimmung der Planentwürfe mit Staatsbank und Finanzministerium; 9: Übergabe der Planentwürfe an die zentrale Plankommission; 10a–c: Ausarbeitung des Volkswirtschaftsplanes in Verbindung mit Fachministerien, Staatsbank und Finanzministerium; Erarbeitung des Staatshaushaltsplanes und der Kreditbilanz; 11: Übergabe des Volkswirtschafts- und des Staatshaushaltsplanes sowie der Kreditbilanz an die politischen Entscheidungsgremien; 12–13: Beratung und Beschlußfassung des Volkswirtschafts- und Staatshaushaltsplanes, Bestätigung der Kreditbilanz; 14a–h: Ausgabe der zentralen Planauflagen, Aufschlüsselung und Übergabe an untergeordnete Instanzen. Quelle: Zusammengestellt nach: Handbuch der DDR-Wirtschaft (1977), S. 71 f.; PÜTSCH (1978), S. 247 f.

In Abb. III.1 ist zur Verdeutlichung der Kreditplanungsprozeß am Beispiel der DDR dargestellt, wobei die besondere Bedeutung des Staatsbankensystems auf den unterschiedlichen Planungsstufen hervorgehoben wird.

Außerplanmäßige Kredite dienen der Finanzierung von Planabweichungen und entstehen somit bei der Planausführung. Planungsmängel, technologische Änderungen, kurzfristige Variationen der Direktiven, ungeplante Nachfrageänderungen oder Planübererfüllung können unvorhergesehene Liquiditätsengpässe hervorrufen, die mit

Krediten überbrückt werden müssen. Weitere Ursachen sind Planwidrigkeiten, die auf einem Verschulden der Betriebe beruhen und zusätzlichen Kreditbedarf beim Verursacher selbst sowie bei seinen Geschäftspartnern induzieren. Die Klassifikation außerplanmäßiger Kredite richtet sich im allgemeinen nach dem Kreditobjekt. Es wird unterschieden zwischen ungeplanten langfristigen Krediten zur Finanzierung von Planwidrigkeiten bei der Durchführung von Investitionsprojekten und kurzfristigen Außerplankrediten mit einer maximalen Laufzeit von einem Jahr. Für letztere existieren folgende Kategorien:
- Kredite für ungeplante Vorräte,
- Kredite für außerplanmäßige Lohnerhöhungen,
- Kredite für überfällige Forderungen,
- sonstige bei ungeplanten Minderergebnissen anfallende Kredite.[11]

Zur letzten Kategorie rechnen auch überfällige Kredite. Das sind planmäßige oder außerplanmäßige Kredite, deren Tilgung nicht zum vereinbarten Termin erfolgt. Im Gegensatz zu allen anderen Kreditarten führen überfällige Kredite zunächst nicht zur Geldemission, sondern nur zu einer Umbuchung von einem speziellen Kreditkonto auf ein anderes. Versäumt z. B. ein Betrieb die rechtzeitige Tilgung eines planmäßig aufgenommenen Umlaufmittelkredits, so werden seine Verbindlichkeiten lediglich vom Konto «planmäßige Umlaufmittelkredite» auf das Konto «überfällige Kredite» umgebucht. In der Bilanz des Kreditsystems findet nur ein Aktivtausch statt; es kommt zu keiner Bilanzverlängerung. Allerdings entstehen Diskrepanzen zwischen geplantem und tatsächlichem Geldvolumen; denn überfällige Kredite verhindern eine geplante Reduktion der Geldmenge. Ein Anstieg des tatsächlichen Geldvolumens erfolgt erst, wenn der betreffende Schuldner von der Bank weitere planmäßige oder außerplanmäßige Kredite erhält.

Da Geld durch Kreditemission entsteht und die Vergabe planmäßiger und außerplanmäßiger Investitions- und Umlaufmittelkredite allein der Staatsbank mit ihren Filialen, Agenturen und Abteilungen obliegt, sichert offensichtlich das Kreditsystem die zentrale Kontrolle des Geldangebots. Diese formale Sichtweise ist jedoch insofern unvollständig, als auch hier – wie in den anderen Bereichen sozialistischer Planwirtschaften – einzelwirtschaftliche Dispositionsspielräume bei der Planung und Planverwirklichung bestehen. Damit sind formal Einflußmöglichkeiten der Betriebe auf Kreditvergabe und Geldemission gegeben. Inwieweit diese Möglichkeiten faktisch genutzt werden, hängt von den betrieblichen Interessen ab. Nur wenn sie den Interessen der zentralen Organe widersprechen, besteht die Gefahr, daß die Betriebe durch ihre Verhaltensweisen die monetäre Steuerungspolitik unterlaufen und die Verwirklichung des geldpolitischen Zieles beeinträchtigen. Zudem können solche Gefahren gemindert werden, wenn es gelingt, betriebliche Interessen und Verhaltensweisen mit Hilfe entsprechender wirtschaftspolitischer Maßnahmen zu neutralisieren. Dann bestünden zwar betriebliche Einflußmöglichkeiten; das Geldangebot wäre jedoch faktisch eine Kontrollvariable der verantwortlichen zentralen Instanzen.

---

[11] Vgl. MAMONOVA (1978), S. 6.

b. Widersprüche zwischen geldpolitischem Zwischenziel und den Interessen der staatlichen Betriebe

Das Verhalten der staatlichen Betriebe wird durch ihre Zielfunktionen bestimmt. Dominantes Ziel innerhalb der betrieblichen Zielhierarchie ist die Maximierung des individuellen Einkommens der Beschäftigten und des Managements. Daneben existieren das Streben nach Einkommenssicherung, nach Macht, sozialer Anerkennung, politischer Karriere oder der Erlangung knapper Güter.[12] Dem Einkommensziel hat sich auch der Betriebsdirektor unterzuordnen; selbst wenn er andere Ziele präferiert und trotz Geltung des Prinzips der Einzelleitung und -verantwortung. Denn der Direktor ist auf die Mitarbeit des Managements und der unteren betrieblichen Instanzen angewiesen. Die Betriebsleitung versucht daher, das Einkommensziel bei Konflikten auch gegen die Interessen der zentralen Organe durchzusetzen. Als Verstärker wirkt dabei die beim Management festzustellende starke Identifikation mit dem «eigenen» Betrieb, die dazu führt, jedem Angriff gegen den Betrieb mit allen Mitteln zu begegnen: «... the state enterprise exhibits a system of power and interests which determines ist behavior. Its characteristic feature is weak and uncertain representation of the state interest and preoccupation of management with the microeconomic interests of its ‹own› enterprise. The other important feature of the intra-firm power-interest complex is the predominant role of material interest which affects all groups within the enterprise and creates a unity rather than a conflict of material interests between management and workers.»[13]

Die Funktionsprinzipien einer sozialistischen Planwirtschaft erfordern es, daß die staatlichen Betriebe die ihnen vorgegebenen Planauflagen möglichst erfüllen. Planerfüllung ist daher ein vorrangiges Ziel der zentralen wirtschaftsleitenden Organe. Um auch die Beschäftigten in den Betrieben an diesem Ziel zu interessieren, werden Planerfüllung und Planübererfüllung prämiert. Die staatlichen Betriebe erhalten dann Zuführungen zum eigentlichen Prämienfonds, den sie als Fonds der materiellen Stimulierung nach einem bestimmten Schlüssel auf die Beschäftigten aufteilen, sowie zu anderen Stimulierungsfonds, die den Beschäftigten in Form von verbesserten Arbeits-, Freizeit- und Wohnbedingungen zugutekommen.[14] Dem Leistungsprinzip entsprechend sind die Prämien für «leitende Kader» – das sind Direktor und Management – höher als für die anderen Beschäftigten. Zudem erhalten Direktor und Management zusätzliche Prämien von ihren übergeordneten Leitungsinstanzen.[15] Da im allgemeinen das Ansehen der Betriebsleitung innerhalb des Wirtschafts- und Parteiapparates und damit verbunden die langfristige soziale und ökonomische Stellung insbesondere

---

[12] Vgl. u.a. KOONT, ZIMBALIST (1984), S. 159 ff.
[13] KUCZYNSKI (1978), S. 327.
[14] Vgl. Autorenkollektiv (1982).
[15] Russischen Untersuchungen zufolge erhielten 1974 ca. 49 v.H. der Manager 51–60 v.H. ihres Einkommens in Prämienform, worin auch Prämien von übergeordneten Organen enthalten waren, während Arbeiter 1973 ca. 15 v.H. ihres Einkommens als Prämien enthielten. Vgl. ADAM (1980), S. 89. In der DDR war die Prämienstruktur in den fünfziger Jahren z.T. so ausgestaltet, daß die zur Ausschüttung gelangenden Einzelprämien für Arbeiter und Angestellte sich zu denen des leitenden Personals wie 1:30 verhielten. Vgl. ROESLER (1978), S. 228. In Polen wurden 1972 als Prämienhöchstgrenzen für die Betriebsleitung 80 v.H., die leitenden Angestellten 50 v.H. und für Verwaltungsangestellte 25 v.H. des Grundgehalts festgelegt. Vgl. FOX (1974), S. 109.

des Direktors aber auch des Managements an den Umfang der Planrealisierung gekoppelt ist, entfaltet das Planerfüllungsprinzip seine Anreizfunktion für diese Gruppe auch über die Verfolgung kurzfristiger Einkommensziele hinaus.

Grundlage für den Prämienerhalt ist die Erfüllung bestimmter Kennziffern, die im Laufe der Zeit häufig variiert, verschiedentlich auch wieder reaktiviert wurden. Zu den über lange Zeiträume dominierenden Kennziffern gehören die Warenproduktion als Summe der mit ihren Preisen bewerteten betrieblichen Leistungen und der Gewinn. Weitere Prämienkennziffern sind die Arbeitsproduktivität, Rentabilität, Kosten, Qualität, Materialverbrauch und Einhaltung der Lieferverpflichtungen. Die Rangfolge der Kennziffern variiert von Land zu Land.[16] Der Prämienfonds des einzelnen Betriebes ist an die Lohnsumme, den sog. Lohnfonds, gekoppelt und erreicht seinen geplanten Umfang, wenn die Kennziffern erfüllt werden. Er wird erhöht, wenn die vorgegebenen Kennziffern übererfüllt werden und gekürzt, wenn die Betriebe die Planziele nicht erreichen. Die Finanzierung erfolgt grundsätzlich aus dem Gewinn des Betriebes oder, sofern dieser nicht ausreicht, weil z. B. planmäßige Verluste entstehen, aus den Reservefonds der Betriebsvereinigungen und zuständigen Ministerien.

Damit die Betriebe, auf deren Informationen die zentralen Organisationen bei der Planausarbeitung angewiesen sind, ihre tatsächlichen Leistungspotentiale nicht verschleiern, sondern möglichst «angespannte» Planauflagen anstreben, wird die planmäßige Übernahme und Erfüllung eines zentralen Planvorschlags stärker prämiert als eine nachträgliche Übererfüllung. Diesem auf den sowjetischen Wirtschaftswissenschaftler Liberman zurückgehenden Prinzip zufolge erhalten die Betriebe nicht nur zusätzliche Prämien, wenn sie die zentralen Planvorschläge bereits in ihren Planentwürfen überbieten, sondern die Zuführungssätze zum Prämienfonds sind bei Planübererfüllung geringer als bei Überbietung der Planvorschläge. Eine Übererfüllung des Planes erhöht dann zwar die Prämien, aber um weniger als das der Fall gewesen wäre, wenn die Betriebe dasselbe Ergebnis bei einer höheren Planauflage erreicht hätten; die Übernahme zu wenig angespannter Pläne wird bestraft. Gleichzeitig ist jedoch das Streben nach unrealistisch hohen Planauflagen zu unterbinden, indem bei Planuntererfüllung der Prämienfonds eine stärkere Kürzung erfährt, als wenn dieses Ergebnis bei geringeren Planauflagen erreicht worden wäre.[17]

Ausgehend von der Annahme, daß die Prämien allein von der Kennziffer Warenproduktion abhängen, kann das Prämiensystem als Gleichung dargestellt werden:

$$(III.7) \quad Pf = \overline{Pf} + b(\hat{Y} - \bar{Y}) + \begin{cases} a(Y - \hat{Y}) : Y \geq \hat{Y} \\ c(Y - \hat{Y}) : Y < \hat{Y} \end{cases}$$

Pf = Prämienfonds
$\overline{Pf}$ = Prämienfonds entsprechend dem zentralen Planvorschlag
$\bar{Y}$ = zentraler Planvorschlag Warenproduktion
$\hat{Y}$ = Planauflage Warenproduktion
Y = tatsächliche Warenproduktion
a, b, c = Prämierungskoeffizienten, mit $0 < a < b < c$.

---

[16] Vgl. PLUCINSKI (1982); Autorenkollektiv (1982). In Polen wurde mit Beginn der siebziger Jahre die Bedeutung der planerfüllungsbezogenen Prämierung zugunsten einer auf das tatsächliche Produktionsergebnis gerichtete Stimulierung über die Löhne reduziert. Seit 1981 gilt ein Motivationssystem, das auf die Eigenverantwortung der staatlichen Betriebe bei der Lohn- und Prämiengestaltung gerichtet sein soll. Vgl. WIATR (1984).

[17] Vgl. LIBERMAN (1973).

Während die Bedingung a < b < c in der UdSSR bis zur Modifizierung des Motivationssystems 1979 mit a = 0,7, b = 1, c = 1,3 gegeben war, galt und gilt auch noch gegenwärtig in anderen sozialistischen Planwirtschaften nur a < b. So wächst in der DDR bei Übererfüllung der Kennziffer Warenproduktion je 1 v. H. der Prämienfonds jeweils um 1,5 v. H., während er bei Überbietung um 2,5 v. H. steigt. Bei Planuntererfüllung um 1 v. H. sinkt der Prämienfonds mit einer Rate von 1,5 v. H., so daß a = c < b. Damit wird nur die Übernahme zu wenig angespannter Pläne bestraft, nicht jedoch die Übernahme unrealistisch hoher Planauflagen.[18]

Die Prämienkürzungen sind limitiert. Sie betragen für die Beschäftigten in der UdSSR maximal bis zu 40 v. H. und in der DDR bis maximal 20 v. H. des geplanten Prämienfonds $[\overline{Pf} + b\,(\hat{Y} - \bar{Y})]$. Für den Direktor und das Management kann Planuntererfüllung bei bestimmten Kennziffern zur Einbuße der gesamten Prämie führen, nicht zu vergessen den Prestigeverlust, der Stellung und Aufstieg innerhalb der Wirtschafts- und Parteihierarchie gefährdet.[19]

Unter dem beschriebenen Prämiensystem, insbesondere dem Prinzip der angespannten Pläne, besteht für die Betriebe formal kein Anreiz, nach sog. «weichen», d. h. leicht erfüllbaren Planauflagen zu streben und daher ihre Leistungsmöglichkeiten zu untertreiben. Das war mit seiner Einführung Mitte der sechziger Jahre auch beabsichtigt. Voraussetzung für seine Funktionsfähigkeit ist allerdings, daß die Betriebe ihre zukünftige Produktion exakt kennen. Sobald unsichere Erwartungen vorliegen und die Betriebe ihren künftigen Output nur mit einer gewissen Wahrscheinlichkeit angeben können, besteht für sie das Risiko der Planuntererfüllung. Da jedoch Planuntererfüllung mit Prämieneinbußen verbunden ist, werden Risikoüberlegungen Eingang in die betrieblichen Planentwürfe finden.

Unsicherheiten entstehen für die staatlichen Betriebe im wesentlichen bei der Beschaffung. Als typische Risikofaktoren gelten:[20]
- permanent auftretende Materialengpässe sowie das Ausbleiben oder die verspätete Lieferung von Vorleistungen,
- qualitative Mängel der Vorprodukte,
- kurzfristige Änderungen der Plandirektiven in der Plandurchführungsphase,
- der kurzfristige Abzug von Arbeitskräften im Rahmen zentral verordneter Programme (Ernteeinsatz) und Fehlzeiten bei den Beschäftigten,
- Stillstandszeiten der meist überalterten Maschinen mit entsprechenden Reparaturaufwendungen und Versorgungsengpässen bei Ersatzteilen.

Erschwerend wirkt dabei, daß die Betriebe nur über sehr begrenzte Alternativen bei der Beschaffung von Inputfaktoren verfügen und die Alternativen verschiedentlich außerhalb der offiziellen und legalen Beschaffungsmöglichkeiten liegen.

Je nach Risikoeignung werden die Betriebe diese Unsicherheiten in ihrem Entscheidungskalkül berücksichtigen und dem Erhalt einer möglichst hohen Prämie als Folge der Übernahme angespannter Pläne das Risiko der Nichterfüllung gegenüberstellen.

---

[18] Vgl. zu den Angaben für die UdSSR; VINCENTZ (1981), S. 104; für die DDR: Autorenkollektiv (1982), S. 56. Zum Prämiensystem in den anderen sozialistischen Planwirtschaften vgl. ADAM (1980), S. 123 ff.

[19] Vgl. FOX (1974), S. 108; HEDTKAMP, CZUGUNOW (1980), S. 40.

[20] Vgl. dazu u. a. LEVINE (1962), S. 102 ff.; ZIELINSKI (1971), S. 427; FOX (1974), S. 94; BELOUSSOW (1974), S. 171; GARBUZOV (1980), S. 63 f.; KOROWINA (1983), S. 537.

Dabei zeigt sich, daß selbst bei Risikoneutralität die Betriebe nicht bereit sind, die höchstmögliche Planauflage anzustreben.[21]

Besteht Unsicherheit über die erwartete Warenproduktion, dann gilt für den erwarteten Prämienfonds:

(III.8) $\quad E(Pf) = \int_{Y_1}^{Y_2} [Pf(\overline{Pf}, Y, \bar{Y}, \hat{Y})] f(Y) dY$.

Dabei gibt $f(Y)$ die subjektive Wahrscheinlichkeitsverteilung der Betriebsleitung an sowie Y_2 den größten und Y_1 den geringsten erwarteten Wert von Y mit den kumulierten Wahrscheinlichkeiten von 0 bzw. 1. Zur Maximierung des erwarteten Prämienfonds wählt die Betriebsleitung einen Planentwurf für die Warenproduktion im Intervall $Y_1 < \hat{Y} < Y_2$, so daß

(III.9) $\quad E(Pf) = \int_{Y_1}^{\hat{Y}} [\overline{Pf} + b(\hat{Y} - \bar{Y}) + c(Y - \hat{Y})] f(Y) dY$

$\quad \quad \quad + \int_{\hat{Y}}^{Y_2} [\overline{Pf} + b(\hat{Y} - \bar{Y}) + a(Y - \hat{Y})] f(Y) dY$.

Maximierung nach $\hat{Y}$ und Nullsetzen der ersten Ableitung ergibt:

(III.10) $\quad \int_{Y_1}^{\hat{Y}} (c - b) f(Y) dY = \int_{\hat{Y}}^{Y_2} (b - a) f(Y) dY$.

Da $\int_{Y_1}^{Y_2} f(Y) dY = 1$ und $\int_{\hat{Y}}^{Y_2} f(Y) dY = P(Y \geq \hat{Y})$, mit $P(Y \geq \hat{Y})$ als der Wahrscheinlichkeit der Planübererfüllung, folgt aus (III.9)

(III.11) $\quad P(Y \geq \hat{Y}) = \dfrac{c - b}{c - a}$.

D. h. der Betrieb wird in Kenntnis seiner Wahrscheinlichkeitsverteilung der Planbehörde einen Planvorschlag unterbreiten, bei dem die Wahrscheinlichkeit der Planuntererfüllung durch die Prämienkoeffizienten bestimmt ist. Übertragen auf die Koeffizientenstruktur der UdSSR bedeutet das, daß die Betriebe Pläne vorschlagen, bei denen die Wahrscheinlichkeit der Planüber- oder -untererfüllung jeweils 0,5 beträgt.

Wie Untersuchungen aus der UdSSR zeigen, sind die Betriebe nicht bereit, auch nur annähernd eine Wahrscheinlichkeit der Planuntererfüllung in Kauf zu nehmen. Vielmehr streben sie trotz günstigerer Prämienkoeffizienten für angespannte Pläne noch immer leicht erfüllbare und damit aller Voraussicht nach grundsätzlich übererfüllbare Planauflagen an: «Die Ökonomen, die in den Betrieben planen, sind bei noch so hoher Qualifikation und noch so hohem Verantwortungsbewußtsein persönlich

---

[21] Vgl. WEITZMAN (1976), S. 254 f.; BONIN, MARCUS (1979), S. 240 f. Wie FRERIS (1984) nachweist, wurde ein vergleichbares Argumentationsmodell bereits 1970 in der UdSSR von KAIKIN entwickelt.

und als Angehörige des Betriebskollektivs ökonomisch an solchen Normativen, Planaufgaben und Zuwachsraten interessiert, die ohne große Anstrengungen und ohne Preisgabe aller Reserven zu bewältigen sind.»[22] Verantwortlich dafür sind vor allem folgende Faktoren:
- Erstens verhält sich das Management risikoavers, d. h. es ist nur zur Übernahme steigender Risiken bereit, wenn die erwartete Prämie überproportional wächst. Anders ausgedrückt wird eine Kennziffer Warenproduktion, die mit Sicherheit eine Prämie in Höhe von 10 Geldeinheiten bietet, einer Kennziffer Warenproduktion vorgezogen, die eine Prämie in Höhe von 15 bzw. 5 Geldeinheiten mit einer Wahrscheinlichkeit von jeweils 0,5 verspricht. Dementsprechend ist der Planvorschlag niedriger als der eines risikoneutralen Managements [$P(Y \geq \check{Y}) > (c - b/c - a)$], wobei mit zunehmender Risikoaversion das Streben nach angespannten Plänen abnimmt.[23]
- Zweitens wirken neben den direkten materiellen Anreizen auch die bereits beschriebenen immateriellen Anreize, wie Macht, Ansehen und der Aufstieg in der Leitungshierarchie von Wirtschaft und Partei, die zusätzlich zu den genannten Parametern den Entscheidungskalkül beeinflussen.[24]
- Schließlich ist zu vermuten, daß die Betriebsmanager ihre Ziele über einen längeren Zeithorizont setzen. Sie streben dann nicht die kurzfristige, sondern eine längerfristige Maximierung an oder sogar die längerfristige Sicherung des Prämienfonds bei kontinuierlich steigenden Planauflagen. Dem entspräche neben dem Interesse an «weichen Plänen» auch die vielbeobachtete Strategie, Planauflagen nur «maßvoll» überzuerfüllen. Denn die zentralen Organe scheinen sich bei ihrer Planung von den erreichten Ergebnissen der Vorperiode leiten zu lassen und diese als Minimum für die Planauflagen der Folgeperiode vorzugeben. Maßvolle Übererfüllung der Planauflagen gewährleistet daher, daß die Spielräume für die Prämienerwirtschaftung in der Folgeperiode nicht zu stark eingeschränkt werden.[25]

Die Kombination aus Planerfüllungs- und Prämienprinzip, unsicheren Erwartungen und Risikoaversion induziert neben dem Streben nach leicht erfüllbaren Planauflagen bei den Betrieben ein Interesse an möglichst hohen Leistungsreserven. Als Sicherheitsfaktor mindern sie das Risiko, daß die Planerfüllung durch Materialengpässe gefährdet wird und verbessern zugleich die ökonomische Situation für zukünftige Perioden: «The hoarded materials and equipment form the safety factor which shields the manager against the uncertainties and inefficiencies of the procurement system.[26] Dabei dienen nicht nur jene Inputfaktoren als Sicherheitsreserven, welche die Betriebe unmittelbar zur Erfüllung ihrer Planauflagen benötigen. Die Möglichkeit, Engpaßgüter durch Tauschoperationen von anderen Betrieben zu beschaffen, macht auch die Bestandshaltung jener Güter lohnend, für die eigentlich kein Bedarf besteht, die sich aber leicht als Tauschmedium verwenden lassen. Für besonders knappe Inputfaktoren besteht daher eine große Nachfrage nicht nur für den Eigenbedarf, sondern zu Tauschzwecken. Seine Verstärkung erhält das input-orientierte Verhalten durch

---

[22] KOROWINA (1983), S. 537. Ebenso VINCENTZ (1981), S. 104f.
[23] Vgl. auch KOONT, ZIMBALIST (1984), S. 167ff.
[24] Vgl. FEIWEL (1965), S. 207ff.; HAMEL (1981), S. 82.
[25] Vgl. dazu bereits WAGNER (1967). Ebenso PIOTROWSKI (1980), S. 511ff. Zur aktuellen Diskussion vgl. KEREN, MILLER, THORNTON (1983).
[26] BERLINER (1957), S. 197. Zur analytischen Begründung vgl. den Überblick bei FRERIS (1984), S. 92ff.

bürokratische Elemente, die auch in marktwirtschaftlichen Großunternehmen festzustellen sind. Danach bemessen sich soziale Stellung und Einkommen der Leiter von Abteilungen und Organisationen nicht nur nach ihrem Output, sondern auch nach Umfang der von ihnen verwalteten materiellen und finanziellen Ressourcen inklusive der ihnen unterstellten Arbeitskräfte. Dementsprechend versuchen Betriebsdirektor und Management im Planungsprozeß möglichst hohe Mittelzuweisungen durchzusetzen.[27]

Weil die Betriebe den Nutzenzuwachs, den ihnen eine Risikominderung durch zusätzliche Leistungsreserven stiftet, höher bewerten als den damit verbundenen Nutzenentgang, der ihnen in Form von Kosten oder Ertragseinbußen entsteht, dominiert auf der Beschaffungsseite das Hortungsstreben: «In the behavior of the socialist firm as a buyer there is a hoarding tendency: the firm tries to accumulate as large an input stock as possible.»[28] Gefördert wird diese Neigung noch durch verschiedene lange Zeit gültige bzw. auch gegenwärtig noch immer geltende Regelungen: Die Anwendung des Prinzips der Orientierung am Ergebnis der Vorperiode auch für den Input, wonach der Verbrauch in der laufenden Periode das Maximum für den Verbrauch der Folgeperiode bildet; die mangelnde Berücksichtigung der Kosten im betrieblichen Entscheidungskalkül, weil der Prämienerhalt an Output, Umsatz, Arbeitsproduktivität gekoppelt ist, weil die Absatzpreise nach dem Zuschlagskostenprinzip gebildet werden oder weil die Betriebe großen Einfluß auf die Preisgestaltung der verantwortlichen Organe ausüben; die weitgehend kostenlose Nutzung des eingesetzten Kapitals und dessen Finanzierung aus dem Staatshaushalt, die bis Mitte der sechziger Jahre üblich war. Stimulierend auf das Streben nach einem möglichst hohen Arbeitskräftebestand wirkt - neben den genannten Faktoren - auch die Koppelung des Prämienfonds an den Lohnfonds. Mit jedem zusätzlichen Beschäftigten wächst der Prämienfonds, wovon das Management infolge seiner stärkeren Partizipation besonders profitiert.[29]

Die beschriebenen Verhaltensweisen finden sich nicht nur bei den einzelnen Betrieben, sondern auch bei jenen Organen höherer Ebenen, die ebenso dem Soll-Ist-Bewertungsprinzip unterworfen sind. Für leitende Ministerialbürokraten, die Minister selbst und insbesondere die Generaldirektoren der wirtschaftlichen Vereinigungen sind persönlicher Erfolg und materielle Einkünfte ebenso von einer erfolgreichen Planerfüllung abhängig wie für die Betriebsdirektoren. Da Planwidrigkeiten innerhalb der jeweiligen Verantwortungsbereiche entsprechende Sanktionen hervorrufen, besteht für die übergeordneten Organe ein Interesse an leicht erfüllbaren Planauflagen und hohen Reserven für die ihnen unterstellten Betriebe, besteht also Interessenidentität mit den Betrieben. Noch in weit stärkerem Maße als bei den Betrieben dürften zudem bei den reinen Verwaltungsinstanzen bürokratische Verhaltensmuster zum Tragen kommen. Während eine Bürokratiebewertung und damit verbunden Einkommen und Ansehen der Bürokraten über die Outputseite nur direkt durch das Ausmaß der Planerfüllung der den Verwaltungseinheiten jeweils unterstellten Betriebe möglich ist, läßt sich die Bürokratieleistung nach außen direkt durch das zugewiesene Budget, den Personalumfang sowie die Größe der verwalteten Betriebe und damit deren Ressourcenausstattung dokumentieren. Erst mit zunehmender Rangordnung innerhalb der Leitungshierarchie verlieren diese Interessen relativ an Bedeutung, weil sich mit wach-

---

[27] Vgl. auch LEIPOLD (1981), S. 200f.
[28] KORNAI (1980), S. 100; MEDWEDEW (1985), S. 141.
[29] Vgl. zur Relevanz dieser Faktoren auch für die neuere Entwicklung u. a. JAKUSCHEW (1983), S. 51; BIRMAN (1984), S. 244ff.; ABALKIN (1985), S. 252f.

sender Entfernung von der produzierenden Ebene und zunehmender Annäherung an das Zentrum der Wirtschaftsleitung die Schwerpunkte zugunsten hoher Produktionsraten und effizientem Ressourceneinsatz verlagern dürften.

Um ihr Interesse an leicht erfüllbaren Planauflagen und möglichst hohen über die zentral festgesetzten Normen hinausgehende Leistungsreserven zu verwirklichen, betreiben die Betriebe eine gezielte Informationspolitik und entfalten außerplanmäßige Aktivitäten. Präferiert werden gesteuerte Informationen in der Planungsphase, weil sie aufgrund des Informationsdefizits der zentralen Instanzen schwieriger aufzudecken sind als Planverstöße und daher das Risiko von Sanktionen verringern. Zudem reduzieren sie die Kosten, die im Rahmen langwieriger Planverhandlungen anfallen und das Risiko einer möglichen Ablehnung des Betriebsplanentwurfes: «... supplying one-sided information ... is the most effective method of influencing administrative orders that the socialist enterprise has at his disposal.»[30] Wie zunehmend beklagt wird, scheinen die Betriebe dabei wesentlich von der laufenden Ausweitung des Kennziffernsystems zur Leistungsbewertung und Stimulierung profitiert zu haben. Zwar sollte mit dieser Ausweitung sowie der permanenten Neuentwicklung und Modifikation von Kennziffern dem Problem begegnet werden, daß faktisch leistungsmindernde und ineffiziente betriebliche Verhaltensweisen sich einer zentralen Erfassung, Bewertung und Sanktionierung entziehen. Gleichzeitig mit ihrer Ausdifferenzierung und Ausdehnung sind jedoch Inkonsistenzen und Unübersichtlichkeit der Kennziffernsysteme erheblich gewachsen, so daß nicht nur der innerbetriebliche Verwaltungsaufwand zu- und der Stimulierungseffekt der wichtigsten Kennziffern abgenommen hat, sondern sich auch die Möglichkeiten einer gezielten Informationspolitik für die Betriebe verbessert haben.[31]

Daß die Betriebe die mit Planverstößen verbundenen Risiken auf sich nehmen, dürfte in ihren Erfahrungen begründet sein, die verantwortlichen Instanzen im Nachhinein von der Zweckmäßigkeit solcher Aktionen überzeugen zu können. Zudem scheint die Aufdeckung von Verstößen gegen bestehende Vorratsnormative oder des zweckentfremdeten Einsatzes von Geldmitteln und Lagerbeständen zur Beschaffung knapper Ressourcen häufig für das Management weniger Unannehmlichkeiten zu verursachen als Planuntererfüllung: «Betrachtet man das Stimulierungssystem etwas genauer, so scheint es auch heute noch so zu sein, daß faktisch die eigentlichen negativen Sanktionen immer noch auf der Nichterfüllung der Produktionsaufgaben liegen, während das Horten von Kapitalgütern bzw. Arbeitskräften weniger stark getroffen wird.»[32]

c. Die Konsequenzen der betrieblichen Interessen für die Kredit und Geldemission

Das System der Leistungsanreize und -kontrollen produziert einzelwirtschaftliche Interessen, die im Widerspruch zu den Interessen der Wirtschaftsleitung stehen können. Für die Geldpolitik ergibt sich daher die Frage, welche Konsequenzen aus den

---

[30] ZIELINSKI (1973), S. 304. Ebenso FEIWEL (1965), S. 252: «If materials are not hoarded and the production plan underfulfilled, they (the enterprises: K.-H. H.) will be deprived of premiums. No doubt it is easier to search for ways and means to conceal hoarding of materials than to oppose hoarding and face the untractable reality of production plan underfullfillment.»
[31] Vgl. KOROWINA (1983), S. 541f.; KULAGIN (1983), S. 735f.
[32] HEDTKAMP, CZUGUNOW (1980), S. 50. Ebenso MEDWEDEW (1985), S. 140f.

Interessen der Betriebe für deren Finanzierungsverhalten und damit für die Kredit- und Geldemission folgen und ob sich daraus Gefahren für die Verwirklichung des geldpolitischen Zieles ergeben.

Auf der Beschaffungsseite dominiert das Hortungsstreben. Es äußert sich in einem überhöhten – zur Erfüllung der Produktionspläne nicht erforderlichen – Bedarf an Inputfaktoren aller Art; Roh-, Hilfs- und Betriebsstoffen (materiellen Umlaufmitteln) ebenso wie materiellem Anlagevermögen (Grundmitteln) und Arbeitskräften. Die Bedarfsbefriedigung kann auf zwei Wegen erfolgen: planmäßig, indem die entsprechenden Mengen in den Betriebsplanentwürfen angefordert und von den verantwortlichen Organen bestätigt werden; außerplanmäßig durch ungeplante Bestandserhöhungen.

Beide Arten der Bedarfsdeckung induzieren – sofern sie gelingt – einen Anstieg des Kredit- und Geldvolumens. Aufgrund der geltenden Finanzierungsprinzipien sind planmäßige Vorhaben anteilig mit Bankkrediten zu finanzieren, so daß die hohe Nachfrage der Betriebe nach materiellen Grund- und Umlaufmitteln sowie nach Arbeitskräften eine entsprechende Nachfrage nach planmäßigen Krediten verursacht, selbst wenn genügend Eigenmittel vorhanden sind. Gelingt es den Betrieben nicht oder nicht in vollem Umfang, ihren Bedarf an Inputfaktoren gegenüber den Leitungsorganen durchzusetzen und verlegen sie sich auf außerplanmäßige Bestandserhöhungen, müssen sie vorhandene Geldfonds auflösen oder außerplanmäßige Kredite beanspruchen; denn ungeplante Anlage- und Vorratsinvestitionen oder Lohnfondserhöhungen müssen finanziert werden. Waren die eingesetzten Geldfonds für andere Vorhaben zweckbestimmt, entstehen Liquiditätsengpässe bei deren Durchführung, so daß außerplanmäßige Kredite im Grunde genommen in einem anderen Bereich verursacht werden, als sie anfallen.

Ein expansiver Kredit- und Geldmengeneffekt kommt nur dann nicht zustande, wenn die Betriebe ihre zweckentfremdet eingesetzten Geldfonds für die Tilgung von Krediten verwenden; denn es werden keine neuen Kredite emittiert. Da aber nicht nur die außerplanmäßige Bestandserhöhung Kosten verursacht, sondern auch die sich anschließende Bestandshaltung, werden selbst bei dieser Finanzierungsart letztlich zusätzliche Kredite benötigt.

Auch auf der Outputseite produziert das Leistungsanreiz- und Kontrollsystem Interessen, die – wenn auch indirekt – die Kredit- und Geldemission beeinflussen. Sofern nicht ausdrücklich prämienrelevant, sind Verbesserung und Erhaltung von Qualitätsstandards oder technische Neuerungen für die Betriebe nicht von Interesse. Sie bergen vielmehr die Gefahr, daß die Produktionsplanauflagen in den nächsten Perioden entsprechend angepaßt werden und sich damit die Ausgangsbasis für die Prämien der kommenden Jahre verschlechtert. Qualitativ minderwertige und veraltete Produkte verursachen aber außerplanmäßige Kredite. Als nicht absetzbarer Output, unbrauchbarer Input oder nicht verkäufliche Waren im Groß- und Einzelhandel erhöhen sie die Lagerhaltung der Produzenten und Abnehmer mit den bereits am Beispiel außerplanmäßiger Bestandserhöhungen beschriebenen Konsequenzen für die Geldproduktion. Dieser Effekt entsteht auch, wenn die Produzenten ihren minderwertigen Output mit Preisnachlässen abstoßen und die Abnehmer ihn zur Produktion einsetzen. Denn die Produzenten müssen ungeplante Mindereinnahmen hinnehmen, die Abnehmer – sofern sie ihren geplanten Output aufrechterhalten – ungeplante Mehrausgaben. In beiden Fällen bedarf es außerplanmäßiger Kredite.[33]

---

[33] Vgl. auch NOVE (1980), S. 298.

Sofern planmäßige und außerplanmäßige Kredite dazu eingesetzt werden, betriebliches Hortungsstreben und die Produktion unverkäuflichen bzw. mit Verlusten verwendbaren Outputs zu finanzieren, entsteht Geld, das nicht durch materielle Leistungen entsprechenden Umfangs gedeckt ist. Denn der Erwerb von Maschinen oder der Einsatz von Arbeitskräften, die nur dem Sicherheitsbedürfnis dienen, führt letztlich zu monetären Einkommen und Erlösen, die keine Verwendungsmöglichkeiten finden. Das gilt ebenso für Anlageinvestitionen, wenn Investitionsvorhaben begonnen und nicht abgeschlossen werden. Die betrieblichen Interessen an geringen Planauflagen, höchstmöglichen, der produktiven Verwendung entzogenen Leistungsreserven und einem hohen Kreditvolumen gefährden somit die von den zentralen Organen angestrebte Proportionalität zwischen güterwirtschaftlicher und monetärer Entwicklung. Von seiten der Geldpolitik gilt es daher, den Einfluß der Betriebe auf die Kreditvergabe zu neutralisieren bzw. ihr Verhalten in jene Bahnen zu lenken, die eine stabile Geldversorgung gewährleisten. Dazu dienen die Instrumente der Finanz- und Kreditkontrolle, zinspolitische Maßnahmen sowie Mengensanktionen. Da gezielte Informationen einen bedeutenden Faktor bei der Verfolgung betrieblicher Interessen bilden, schließt die Finanz- und Kreditkontrolle die Überwachung betrieblicher Informationspolitik ein.

d. Das System der Finanz- und Kreditkontrolle

Finanz- und Kreditkontrollen setzen auf der Mikroebene an und betreffen alle Bereiche des Betriebsgeschehens. Kontrollorgane sind vor allem die Banken, die das betriebliche Verhalten bei der Planausarbeitung fast ausschließlich, bei der Plandurchführung gemeinsam mit der staatlichen Finanzrevision, den Ämtern für Preise und Warenprüfung sowie anderen Organisationen überwachen.

Bereits in den fünfziger Jahren wurden die Banken mit umfangreichen Kontrollaufgaben betraut. Neben der Kontrolle aller betrieblichen Kreditanträge auf ökonomische Zweckmäßigkeit und Übereinstimmung mit den Kreditprinzipien sowie der Finanztransaktionen auf Planmäßigkeit gehörte dazu auch die Aufgabe, die Lagerbestände der Betriebe zu überprüfen und Ursachen von Planwidrigkeiten zu analysieren. Zu diesem Zweck konnten die Banken Einsicht in betriebliche Unterlagen nehmen, Stellungnahmen vom Management fordern und ggf. Sanktionen in Form von Strafzinsen verhängen oder Kredite verweigern. Es stellte sich jedoch sehr bald heraus, daß sie den gestellten Anforderungen nicht gewachsen waren. Sie entwickelten sich vielmehr zu Institutionen, die – auf schematische Anwendung der Kreditprinzipien bedacht – bei Bedarf aller Transaktionen mit Krediten quasi automatisch finanzierten, sobald Kreditvergabekriterien wie die Kennziffer Produktionsausstoß nur annähernd erfüllt schienen. Auch zeigten sie an genaueren Betriebskontrollen kein Interesse: «Ritualism, formalism, overcentralisation, rigidity all had become elements of the modus operandi of the bank.»[34]

Analysen des Bankenverhaltens ergaben, daß die Entscheidungskompetenzen nur formal bestanden; denn erstens waren die Banken kaum in der Lage, die Leistungspotentiale der Betriebe freizulegen und Planverstöße nachzuweisen, geschweige denn, Ursachen von Planwidrigkeiten zu analysieren; zweitens wurden die wenigen von

---

[34] FARRELL (1977), S. 376. Ebenso RJBIN (1970), S. 223.

ihnen verhängten Sanktionsmaßnahmen meist von den übergeordneten Organen der betroffenen Betriebe blockiert.[35] Wie empirische Untersuchungen in Polen ergaben, fühlten sich die Banken den ihnen gestellten Aufgaben selbst nicht gewachsen, wofür nicht zuletzt das Qualifikationsniveau ihres Personalbestandes sprach. 1953 wurde ermittelt, daß nur ca. 27 v. H. des gesamten Bankenpersonals über eine abgeschlossene Schuldbildung verfügte und auch bis 1957 hatte sich die Situation nur geringfügig verbessert. Zudem waren leitende Positionen vielerorts nicht mit Bankfachleuten, sondern Verwaltungsexperten besetzt, die überwiegend rein administrative Funktionen ausübten.[36] Selbst wenn diese Angaben nicht direkt Aufschluß geben können über die Fähigkeit des Bankenpersonals, so deuten sie doch zumindest auf das Mißverhältnis zwischen formaler Qualifikation und Anforderungsprofil hin.

Unter diesem Eindruck und bedingt durch die Wirtschaftsreformen wurde das System der Finanz- und Kreditkontrollen in den sechziger und siebziger Jahren erheblich ausgeweitet. Die Banken behielten ihre herausragende Stellung. Hatte sich jedoch zuvor ihre Kontrolltätigkeit im wesentlichen auf die Plandurchführung konzentriert, gewannen nun konzeptionelle Arbeiten bei der Planausarbeitung der Betriebe zunehmend an Bedeutung. Damit sollen die materiellen und finanziellen Entscheidungen und Maßnahmen der Betriebe bereits in einem möglichst frühen Stadium überwacht und beeinflußt werden. Neben ihren früheren Aufgaben sollen die Banken daher auch Investitionsprojekte von der Planung bis zur Inbetriebnahme betreuen, Möglichkeiten analysieren, wie der Lagerumschlag beschleunigt und der Kapital und Arbeitskräftebestand verringert werden kann, sowie kontrollieren, ob die Betriebe ihre geplanten Lohnfonds nicht überschreiten. Als wesentliche Ergänzung zum vorherigen Prüfverfahren erhielten die Banken in den siebziger Jahren das Recht, «operative Kontrollen» vor Ort durchzuführen, weil man davon ausging, daß bankeigene Prüfer in den Betrieben diese eher zu vollständiger und aktueller Berichterstattung veranlassen.[37]

Gemessen am Umfang und Stellenwert, den Finanz- und Kreditkontrollen mittlerweile auch in der öffentlichen Diskussion einnehmen, ist die Effizienz noch immer gering. Darauf deutet eine Vielzahl von Faktoren hin, wobei folgende Aspekte wesentlich sein dürften: Erstens sind die Banken nach wie vor überfordert. Während früher das mangelnde Qualifikationsniveau des Personals dafür verantwortlich gemacht wurde, ist es nun vor allem die personelle Ausstattung in Relation zum Umfang der Kontrollaufgaben, die sich zudem in Details noch laufend verändern. Gerade dringend notwendige operative Kontrollen, die das Informationsmonopol der Betriebe brechen sollen, sind sehr zeit- und personalaufwendig, so daß sich die Banken auf einige wenige Bereiche konzentrieren und dort nur jeweils einzelne Betriebe durchleuchten.[38] Selbst die permanente Überwachung aller Kontenvorgänge ist unmöglich,

---

[35] Vgl. u. a. BRZESKI (1967), S. 187 ff.
[36] Vgl. KUNZE (1972), S. 59; PODOLSKI (1973), S. 156 ff.; WILCZYNSKI (1978), S. 61.
[37] Vgl. KUSCHPÈTA (1978), S. 180 ff.; HUNSTOCK (1979), S. 120 f.; MÜLLER (1980), S. 179; GRUMBKOW (1984).
[38] Vgl. KUNZE (1972), S. 178 ff.; HAFFNER (1977), S. 121 f. MÜLLER (1980), S. 103 ff.; SIGG (1981), S. 269 f. Ein Beispiel aus der DDR verdeutlicht den Zeit- und Personalaufwand operativer Kontrollen. Danach soll z. B. der «Bankökonom» den Kraftstoffverbrauch für jeden Pkw des zu kontrollierenden Betriebes anhand von Abrechnungsbögen, Tankstellenausgangsbüchern sowie Bordbüchern überprüfen und mit den nach Monaten aufgeschlüsselten Kraftstoffverbrauchsnormen vergleichen. Das wird selbst in der DDR als unter den gegebenen Umständen nicht leistbar angesehen. Vgl. RUDICK (1982), S. 42.

weshalb in der Regel nur Routinekontrollen stattfinden, d. h. ein Vergleich der geltenden Kreditprinzipien und Plandokumente mit den quartalsmäßig in Form von Kreditanträgen und Planvollzugsmeldungen eingehenden Berichten der Betriebe.

Zweitens werden effiziente Kontrollen vielfach durch die mangelnde Aussagefähigkeit oder Widersprüchlichkeit der Kontrollparameter behindert. Beispielhaft sei hier auf die Neuregelung für Umlaufmittelkredite in Polen Mitte der sechziger Jahre verwiesen sowie auf Kontrollprobleme, die im Zusammenhang mit den Unzulänglichkeiten der Preissysteme entstehen. So wurden 1965 in Polen die Normative für materielle Umlaufmittel offiziell mit dem Argument abgeschafft, ihre Aussagefähigkeit sei zu gering, gleichzeitig aber den Banken die Auflage erteilt, nur «korrekte» Vorräte der Betriebe kreditär zu finanzieren. Nicht nur, daß man damit das alte Prinzip der Differenzierung in normative und übernormative Bestände lediglich begrifflich veränderte; die einzelnen Banken erhielten zudem keine eindeutigen Kriterien, nach denen sie korrekte von ungerechtfertigten Umlaufmittelbeständen abgrenzen konnten. Deshalb überließen sie die Einteilung im wesentlichen den Betrieben und deren Vereinigungen.[39] Zu den Unzulänglichkeiten des Preissystems rechnet einmal, daß die Preise keine Knappheitsrelationen widerspiegeln; zudem existieren für identische Güter unterschiedliche Preise, weshalb die von den Banken zu kontrollierenden Daten über «Effektivität» oder «Rückflußdauer» von Investitionen – beide beziehen sich auf das Verhältnis zwischen Kapitalaufwand und Ertrag – wenig aussagefähig sind.

Unter diesen Bedingungen gelingt es den Betrieben immer wieder, ihre Interessen an hohen Leistungsreserven und damit verbunden an hohen Krediten durchzusetzen. In der Planungsphase äußert sich das darin, daß sie den Banken und übergeordneten Instanzen unökonomisch hohe, übernormative Bestände an Arbeitskräften und Materialien als zur Planerfüllung unbedingt notwendig «nachweisen», die Bestandsnormative zu ihren Gunsten beeinflussen oder ihre Investitionswünsche durchsetzen.[40] Sobald die Planmäßigkeit von Beständen und Transaktionen anerkannt ist, erfolgt die Kreditierung den geltenden Prinzipien entsprechend automatisch. Aus diesem Grund enthalten die Planentwürfe auch häufig Transaktionen, die de facto überhaupt nicht beabsichtigt sind, nur um Plankredite zu erhalten, mit denen letztlich außerplanmäßige Aktivitäten finanziert werden sollen.[41] Da es den Betrieben außerdem häufig gelingt, für Operationen, die formal nicht kreditwürdig sind oder nur mit höher verzinsten außerplanmäßigen Krediten finanziert werden dürfen, Plankredite zu erhalten, wird alles in allem ein wesentlicher Teil der geplanten Geldemission von den Betrieben bestimmt: «In bezug auf die Entwicklung des Geldumlaufs und der Kredite gilt es festzustellen, daß im Prozeß der Ausarbeitung der Pläne auf der Ebene der volkseigenen Betriebe und Kombinate wesentlich das Ausmaß der Geldemission und die

---

[39] Vgl. PODOLSKI (1973), S. 299 f. Zur «Abgrenzung» vgl. Narodowy Bank Polski (1969), S. 18: «... stocks include the stocks of material, semifinished products and finished products which the enterprise possesses in excess of current requirements as well as such stocks which are absolutely unnecessary to the enterprise.»
[40] Vgl. u.a. HAFFNER (1977, 2), S. 122; GABRISCH (1981, 2), S. 72 f. und S. 86 f.; MEDWEDEW (1985), S. 141.
[41] Vgl. ALLAKHVERDIAN (1974), S. 101. Seinen Angaben zufolge ergab die Überprüfung sowjetischer Industriebetriebe durch die Nationalbank, daß mindestens 18 v.H. der planmäßig vergebenen Kredite für überschüssige Bestände und Planwidrigkeiten ausgegeben wurden. Ebenso BIRMAN (1980), S. 88.

Effektivität der Kredite unmittelbar beeinflußt wird.»[42] Dementsprechend werden bereits hier Elemente wirksam, die eine gleichgewichtige Geldversorgung stören.

Auch das außerplanmäßige Kreditvolumen ist wesentlich auf betriebliche Einflüsse zurückzuführen. Im Gegensatz zum geplanten Kreditvolumen sind weitgehend tatsächliche Transaktionen das auslösende Moment, denn mit Ausnahme der Finanzierung von Planübererfüllung werden außerplanmäßige Kredite erst gewährt, wenn ungeplante Liquiditätsengpässe bestehen. Auch hierbei spielt die Informationspolitik der Betriebe eine bedeutende Rolle, denn vielfach können sie nur durch einseitige Informationen erreichen, daß die Banken außerplanmäßige Aktivitäten überhaupt kreditär finanzieren.

Ursachen für außerplanmäßige Kredite, die nur selten auf zentrale Anordnungen zurückgehen, sind neben Planübererfüllung die bereits beschriebenen Interessen der Betriebe. Sie bewirken ungeplante Investitionen und durch Lieferausfälle oder qualitative Mängel von Vorleistungen bedingte Verzögerungen bei der Durchführung von Investitionsprojekten, außerplanmäßige Vorräte als Resultat von Hortungsstreben und der Produktion minderwertigen Outputs sowie ungeplante Lohnfondserhöhungen.

Die Strategien der Interessenverfolgung sind vielschichtig und wesentlich durch institutionelle Gegebenheiten bestimmt. Das zeigt eine Fülle von Untersuchungen. So gilt das Prinzip, daß die verantwortlichen Organe beantragte Investitionen um so eher genehmigen, je geringer die Projektkosten veranschlagt sind, und einmal genehmigten Projekten selten die Fortführung verweigern. Deshalb werden die Projektkosten in den betrieblichen Investitionsanträgen häufig unterbewertet und zudem relativ kleine Vorhaben beantragt, die sich dann nach Projektbeginn erheblich verteuern oder eine sukzessive Ausweitung erfahren mit der Konsequenz, daß ungeplante Aufwendungen anfallen, die mit außerplanmäßigen Krediten zu finanzieren sind.[43] Da Kredite für außerplanmäßige Umlaufmittel in der Regel leichter zu erhalten sind als für ungeplante Investitionen, besteht eine weitere Strategie darin, Investitionsprojekte mit planmäßigen Umlaufmittelkrediten zu finanzieren und für den dadurch entstandenen Liquiditätsengpaß dann außerplanmäßige Umlaufmittelkredite zu beantragen.[44]

Um außerplanmäßige Lohnfondserhöhungen durchzusetzen, die nicht den zentralen Richtlinien entsprechen – so darf der geplante Lohnfondszuwachs nur bei Planübererfüllung überschritten werden und dabei die Lohnsumme nur unterproportional mit dem Output zunehmen[45] – manipulieren die Betriebe die Daten in ihren Planerfüllungsberichten und nutzen ihre Dispositionsmöglichkeiten bei der Konkretisierung vorgegebener Plankennziffern. Dient z. B. der wertmäßige Output als Hauptkennziffer für die Planerfüllung, konzentrieren sich die Betriebe auf die Produktion jener Güter, für die sie die höchsten Preise erzielen, gleichgültig, welche Kosten dabei anfallen.[46] Ebenso kommt ihnen zugute, daß nur ein bestimmter Teil der Lohnsumme, der verschiedentlich weniger als 60 v. H., in Polen 1982 und 1983 sogar nur 30–40 v. H. ausmachte, als Tariflohnanteil zentral festgelegt wird. Er ist unabhängig vom Out-

---

[42] EHLERT, HUNSTOCK, TANNERT (1976), S. 125 (Hervorhebung im Original).
[43] Vgl. FEIWEL (1965), S. 239; PODOLSKI (1973), S. 233 f.; RJBIN, KHATCHATURIAN (1980), S. 55.
[44] Vgl. GROSSMAN (1966), S. 219. Ähnlich RUMJANZEV u. a. (1973), S. 332.
[45] Vgl. HUNSTOCK (1979), S. 107 ff.
[46] Vgl. FEIWEL (1965), S. 245 ff.; BIRMAN (1983), S. 246; MEDWEDEW (1985), S. 143.

put, während die andere Hälfte als Mehrlohnanteil mit Outputänderungen variiert. Dieser umfaßt den Zeit- und Stücklohn, Überstundenentgelte, Feiertagszuschläge usw.[47] Zuständig für die Einstufung der einzelnen Beschäftigten und die Ausarbeitung der Arbeitsnormen, nach denen sich der jeweilige Mehrlohn richtet, sind die Betriebe. Sie können daher, indem sie Beschäftigte umgruppieren, die Arbeitsnormen verändern oder nicht erbrachte Leistungen vergüten, außerplanmäßige Lohnfondserhöhungen erreichen, ohne Gefahr zu laufen, mit Prämienentzug oder Kreditsperren sanktioniert zu werden.[48]

Obwohl die Lohnfondskontrolle eine besondere Bedeutung innerhalb der Finanz- und Kreditkontrolle einnimmt, sind somit außerplanmäßige Lohnfondserhöhungen, die sich in monetären Individualeinkommen niederschlagen, nicht zwangsläufig von entsprechender Mehrproduktion begleitet.

Gegenüber den Kontrollorganen ohne Schwierigkeiten rechtfertigen und kreditär finanzieren lassen sich auch außerplanmäßige Lohnfondserhöhungen, die letztlich nur der Planerfüllung, nicht aber der Übererfüllung dienen. Sie beruhen im wesentlichen auf Sonderschichten und Überstunden, die von den Betrieben angesetzt werden, um jene Produktionsausfälle zu kompensieren, die als Folge von Materialengpässen, qualitativ minderwertigen Vorleistungen, Mängeln des Transportsystems sowie der Überalterung der Produktionsanlagen entstehen.[49]

Systematisch lassen sich Effizienzprobleme der Finanz- und Kreditkontrolle nicht empirisch nachweisen. Es existiert vielmehr eine Reihe von Hinweisen sowie Ergebnissen von Einzeluntersuchungen, die sich häufig primär auf andere Problembereiche beziehen. Danach sind außerplanmäßige Investitionen und die verspätete Inbetriebnahme geplanter Investitionsvorhaben ein chronisches Problem in allen sozialistischen Planwirtschaften. So wurden z. B. 1978 in der DDR Investitionen «in Milliardenhöhe außerhalb des Planes» ermittelt, 1980 in der UdSSR 899 «größere Investitionsprojekte», die nicht durch den Plan abgedeckt waren und 1983 in Polen außerplanmäßige Investitionen in Höhe von 204 Mrd. Zloty; das waren 16 v.H. des gesamten Investitionsvolumens.[50] In Polen kam es in den siebziger Jahren zu Überschreitungen der geplanten Inbetriebnahmefristen bis zu 144 v.H. – ein Problem, das auch in den achtziger Jahren unvermindert anhält, wenn nicht sogar verschärft zu Tage tritt – und in der UdSSR um 75 v.H. Der Anteil an unfertigen Objekten an den jährlichen Investitionsausgaben stieg in der UdSSR von 77 v.H. im Jahre 1975 auf 91 v.H. 1979, und in Polen konnten 1979 ca. 70 v.H. der planmäßig abzuschließenden Investitionsvorhaben nicht beendet werden.[51]

---

[47] Vgl. HAHN (1970), S. 275 ff.; NOVE (1980), S. 247 ff.
[48] Vgl. FARRELL (1977), S. 381; ADAM (1980), S. 57 ff.; WIATR (1984), S. 45.
[49] Vgl. BRZESKI (1964), S. 296; BELOUSSOW (1974), S. 189: «In vielen Betrieben mangelt es in den ersten Monatsdekaden an Rohstoffen und Zulieferteilen; Stillstands- und Wartezeiten sind die Folge. Am Monatsende schafft man die Rohstoffe und Teile mit Kraftfahrzeugen, ja auch mit Flugzeugen heran.» NOVE (1980), S. 272 führt eine russische Untersuchung an, wonach in den letzten neun Tagen jeden Monats weitaus mehr produziert wird als in den vorhergehenden: 2,6mal soviel Werkzeugmaschinen, 1,9mal soviel Wellen und Eisenbahnwaggons sowie 1,8mal soviel Traktoren. Zu den Ausfallzeiten in Polen und den dadurch bedingten Überstunden vgl. GABRISCH (1981, 2), S. 86.
[50] Vgl. MITTAG (1978), S. 3; RJBIN, KHATCHATURIAN (1980), S. 55; Presseschau Ostwirtschaft (1984), 6, S. 34. Ebenso ERDMANN, MELTZER (1980), S. 934.
[51] Vgl. LEVCHUK (1979), S. 84; GARBUZOV (1980), S. 63 ff.; BÖHM (1981), S. 233 f.; KRAVCHINSKY (1982), S. 7 ff.; Presseschau Ostwirtschaft (1984), 6, S. 34 f. und 7, S. 48 f. Als besonders gravie-

Auch für die Existenz ungenutzter Material- und Arbeitskräftereserven als Ergebnis betrieblichen Hortungsstrebens sowie außerplanmäßiger Lagerbestände als Folge qualitativ ungenügenden Outputs sind eine Vielzahl von Angaben vorhanden. Danach übertraf in Polen in der zweiten Hälfte der 50er Jahre das tatsächliche Vorratswachstum das geplante teilweise um das Vierfache und im Zeitraum von 1955 bis 1965 durchschnittlich um das 2,3fache und wurden im Mai 1980 bei Schwerpunktkontrollen gehortete Materialvorräte ohne eindeutigen Verwendungszweck von mehr als 40 Mrd. Zloty ermittelt. In der UdSSR ergaben Stichproben im Jahre 1984 gehortete Vorräte und Warenbestände in Höhe von 2 Mrd. Rubel und in der DDR im Jahre 1983 überschüssige Arbeitskräfte von mehr als 30 v.H. des jeweiligen Beschäftigungsstandes.[52] Der Anteil an schwer verkäuflichen industriellen Konsumgütern wurde in der DDR zu Beginn der 70er Jahre auf ca. 5 v.H. geschätzt und in der UdSSR der Anteil absolut unverkäuflicher Vorräte am Gesamtumfang der Lagerbestände 1973 auf ca. 15 v.H. mit zunehmender Tendenz in der Folgezeit. Besonders häufig finden sich Hinweise auf qualitative Mängel des Güterangebots: So erfüllten in Polen Mitte der 60er Jahre 50 v.H. aller getesteten Konsumgüter nicht die zentral festgelegten Mindestanforderungen und ergaben Stichproben in sowjetischen Betrieben, daß 1977 zwischen 8 und 15 v.H. der überprüften Produkte erhebliche Qualitätsmängel aufwiesen. 1976 mußten aus diesem Grund 15 v.H. des Outputs zurückgewiesen werden und 1975 genügten nur 3,7 v.H. der von den Betrieben als qualitativ verbessert ausgewiesenen Güter in der Leichtindustrie den gestellten Qualitätsanforderungen.[53] Vergleichbare Hinweise lassen sich auch für die gegenwärtige Situation finden.[54]

Einen gegenüber Einzelangaben systematischeren Eindruck können die Entwicklung der Vorratsintensität – das ist die Relation der jährlichen Lagerbestandsveränderungen zum produzierten Nationaleinkommen – und das Verhältnis zwischen den Wachstumsraten der Löhne und der Arbeitsproduktivität geben. Als Hilfsindikatoren für die Effizienzprobleme von Finanz- und Kreditkontrollen sind sie deshalb geeignet, weil zwei ihrer wesentlichen Aufgaben darin bestehen, für eine Beschleunigung des Lagerumschlags zu sorgen und die vorgegebenen Proportionen zwischen Lohn- und Arbeitsproduktivitätsentwicklung zu sichern.[55] Ein gleichbleibender oder ansteigen-

---

rende Beispiele gelten die Rekonstruktion des Maschinenbetriebes in Cernovcy (UdSSR) und das Traktorenwerk Ursus II in Warschau. Die Rekonstruktion des Maschinenbaubetriebes begann 1951; bis 1980 waren aber lediglich 65 v.H. des geplanten Umfangs fertiggestellt, während die Baukosten das 13fache der ursprünglich geplanten Summe übertrafen. Vgl. SLAMA (1984), S. 14. Die Entscheidung für den Bau des Traktorenwerkes Ursus II fiel 1974 mit dem Kauf einer Lizenz des Massey-Ferguson-Perkins-Konzerns. Für 1980 war eine Jahresproduktion von 50 000 Traktoren geplant. Tatsächlich betrug die Produktion 2000 Stück, die zudem aus Importteilen zusammengesetzt wurden, und waren die Anlagen erst zu 56 v.H. fertiggestellt. Vgl. GABRISCH (1981, 2), S. 70.

[52] Vgl. FEIWEL (1965), S. 252f.; PODOLSKI (1973), S. 214 und S. 264; Presseschau Ostwirtschaft (1980), 7, S. 36 und (1985), 5, S. 32; KLINGER (1985), S. 24.

[53] Vgl. zu den einzelnen Angaben: ZIELINSKI (1971), S. 427; SCHROEDER (1975), S. 42; LANGNER (1975), S. 84ff.; ADAM (1980), S. 364; GARBUZOV (1980), S. 63f.

[54] Vgl. u.a. MEDWEDEW (1985), S. 140ff.

[55] Vgl. u.a. PESSEL (1973), S. 99; GÜRMANN, KUBIN, SCHREIBER (1977), S. 46ff.; Direktive des X. Parteitages der SED zum Fünfjahresplan für die Entwicklung der Volkswirtschaft der DDR in den Jahren 1981 bis 1985 (1981), Abs. II.2; ABALKIN (1985), S. 251. In der UdSSR soll im Planungszeitraum 1981 bis 1985 in einigen Bereichen die Kennziffer Lohnkosten durch die Kennziffer Lohnquote je Nettoproduktionsrubel ersetzt werden. Ihr Wachstum muß dann dasjenige der Arbeitsproduktivität unterschreiten. Vgl. PLUCINSKI (1982).

Tab. III.2: Entwicklung der Vorratsintensität[1] in Polen und in der DDR

	1955	1960	1965	1970	1975	1976	1978	1980	1982
Polen	7,2	7,1	8,3	5,8	7,6	8,1	5,1	1,9	9,2
DDR	1,5	3,2	4,5	3,7	2,9	3,4	1,8	–	–

[1] Jährliche Veränderungen des Bestandes an materiellen Umlaufmitteln in Relation zum produzierten Nationaleinkommen. Quelle: United Nations, Yearbook of National Accounts Statistics, versch. Jahrgänge, Rocznik Statystyczny (1983), S. 75.

der Trend der Vorratsintensität würde dann für die Ineffizienz von Finanz- und Kreditkontrollen sprechen; ebenso positive Differenzen zwischen den Wachstumsraten der Durchschnittslöhne und der Arbeitsproduktivität. Allerdings sind die Indikatoren nur begrenzt aussagefähig, weil die Entwicklung der einzelnen Größen auch von Faktoren beeinflußt wird, die sich der Kontrolle der Banken und Betriebe entziehen.

Die Entwicklung der Vorratsintensität in Polen und der DDR deutet, mit aller Vorsicht interpretiert, darauf hin, daß es der Finanz- und Kreditkontrolle zumindest im Beobachtungszeitraum nicht gelungen ist, das Hortungsstreben und mangelnde Interesse der Betriebe an qualitativ hochwertigem Output zu brechen (Tab. III.2). Zwar ist die Vorratsintensität verschiedentlich gesunken. Ein abnehmender Trend läßt sich daraus jedoch nicht ermitteln. Für die UdSSR sind keine kontinuierlichen Angaben verfügbar. Eine Vielzahl von Hinweisen deutet aber ebenfalls auf die Dauerhaftigkeit dieses Problems hin.

Ineffizienzen von Finanz- und Kreditkontrollen zumindest in Polen und in der UdSSR indizieren auch die Expansion der Durchschnittslöhne gegenüber der Arbeitsproduktivität (Tab. III.3). Danach übersteigen in Polen seit den frühen fünfziger Jahren, insbesondere aber seit Mitte der siebziger Jahre die Wachstumsraten der Durchschnittslöhne deutlich diejenigen der Arbeitsproduktivität, so daß von dieser Seite

Tab. III.3: Entwicklung der Durchschnittslöhne (A)[1] und der Arbeitsproduktivität (B)[2] in der UdSSR, Polen und der DDR (durchschnittliche jährliche Änderungsraten in v.H.)

	UdSSR		Polen		DDR	
	A	B	A	B	A	B
1951–55	2,3	6,6	12,8	2,4	8,6	9,2
1956–60	2,3	4,7	9,1	5,2	5,2	7,9
1961–65	3,7	2,0	3,6	2,5	2,7	2,6
1966–70	4,8	4,4	3,7	2,4	3,6	4,7
1971–75	3,6	3,1	9,8	8,3	3,3	3,7
1976–80[3]	2,8	3,3	9,3	0,6	2,6	3,5
1981–83	2,5	3,1	32,9	–2,8	1,9	3,3

[1] Löhne und Gehälter, netto; in der UdSSR Bruttolöhne und -gehälter. – [2] Produziertes Nationaleinkommen je Beschäftigtem. – [3] Bruttolöhne und -gehälter. – Quelle: ADAM (1980), S. 38; United Nations, Monthly Bulletin of Statistics, 12 (1981); Statistisches Jahrbuch der DDR 1981; United Nations, Economic Survey of Europe in 1983.

permanente Störungen des Gleichgewichts zwischen Kauf- und Warenfonds vermutet werden können. In der UdSSR wurde das einkommenspolitische Ziel zumindest von Beginn der sechziger bis Mitte der siebziger Jahre verletzt. Seitdem werden die angestrebten makroökonomischen Proportionen offensichtlich eingehalten. Für viele Branchen und Zweige scheinen gleichwohl auch in der Gegenwart die Wachstumsraten der Durchschnittslöhne die jährlichen Raten des Produktivitätsfortschritts zu übertreffen.[56] Demgegenüber scheint es in der DDR mit Ausnahme des Fünfjahresplanzeitraumes 1961 bis 1965 gelungen, das einkommenspolitische Ziel weitgehend zu verwirklichen. Wenngleich dauerhafte außerplanmäßige Lohnfondserhöhungen damit nicht auszuschließen sind, weil Löhne nur eine Komponente des Lohnfonds bilden, deutet dies doch auf recht effiziente Lohnfondskontrollen hin.

Bei der Berechnung der Arbeitsproduktivität entstehen zwangsläufig Verzerrungen, weil der Marxschen Arbeitswertlehre folgend ein Großteil der Dienstleistungen nicht zum produzierten Nationaleinkommen rechnet. Da im Durchschnittslohn alle Löhne und Gehälter berücksichtigt sind, also auch jene, die in der nicht-materiellen Sphäre anfallen, wurde als Produktivitätsindikator das Verhältnis von produziertem Nationaleinkommen zur Summe aller Beschäftigten berechnet. Außerdem liegen Angaben über die geleisteten Arbeitsstunden nicht vor, so daß (B) im Grunde genommen die Beschäftigtenproduktivität angibt.

Aufgrund ihrer systembedingten Effizienzprobleme kann die Finanz- und Kreditkontrolle betriebliche Einflüsse auf Kredit- und Geldemission nicht neutralisieren. Damit besteht die Gefahr, daß den verantwortlichen zentralen Instanzen das Geldangebot als Steuerungsvariable entzogen und – infolge des Widerspruchs zwischen betrieblichen und zentralen Interessen – das Ziel einer gleichgewichtigen Geldversorgung verletzt wird. Um den Interessenwiderspruch zu mindern, werden daher Steuerungsinstrumente in Form von Kredit- und Kapitalzinsen eingesetzt. Sie sollen die Kreditnachfrage direkt und indirekt – über eine ökonomischere Mittelverwendung – beeinflussen.

e. Die Beeinflussung der Kreditnachfrage durch zinspolitische Instrumente

Bis Mitte der sechziger Jahre hatten Kreditzinsen ausschließlich die Funktion, die Kosten der Banken zu decken. Sie wurden bewußt niedrig gehalten, um die staatlichen Betriebe nicht zu belasten. Mit der Begründung, daß dadurch Finanzmittel quasi zum Nulltarif verteilt werden, was wiederum zur Verschwendung knapper Ressourcen und übermäßigen Aufblähung des Kreditvolumens führe, wurden in der Folgezeit die Zinsen für Kredite in allen sozialistischen Planwirtschaften angehoben.[57] Die Grundzinsen für planmäßige Umlaufmittel- und Investitionskredite stiegen vielerorts um das Doppelte, wobei Zinsniveau und -struktur zwischen den einzelnen Ländern differieren. Während z.B. seit geraumer Zeit die Grundzinsen für planmäßige Umlaufmittel- und Investitionskredite in der DDR einheitlich 5 v.H. und in Polen einheitlich 8 v.H. p.a. betragen, besteht in der UdSSR ein gespaltener Zinssatz: Kredite für zentral geplante Investitionen werden mit 0,5 v.H. verzinst, für Technologieinvestitionen mit 2 v.H., für saisonale Vorräte mit 2-3 v.H. und für Lohnzahlungen mit 1-3 v.H.

---

[56] Vgl. AGAHBEGIAN (1983), S. 383; ABALKIN (1985), S. 251.
[57] Vgl. RJBIN (1970), S. 233.

Für Kredite mit erhöhtem Risiko werden Zuschläge erhoben, für besonders förderungswürdige Vorhaben sind Zinsabschläge zulässig. Soweit sie nicht der Finanzierung ungeplanter, aber erwünschter Prozesse dienen, können die Banken für außerplanmäßige Kredite Strafzinsen erheben, die nach Art und Umfang der Kreditursache differieren. In der DDR beträgt der Zinszuschlag auf die Grundzinsen maximal 7 v. H., in Polen 4 v. H. und in der UdSSR für Vorratskredite und sonstige ungeplante Liquiditätsengpässe maximal 5 v. H.[58]

Der beabsichtigte Stimulierungseffekt von Kreditzinsen besteht darin, daß sie über den Betriebsgewinn den Prämienfonds beeinflussen. Außerplanmäßige Kredite mit ihren Strafzinsen führen zur Untererfüllung der Gewinnkennziffer mit Prämienverlust, während die vorzeitige außerplanmäßige Kredittilgung in umgekehrter Richtung wirkt. Um diesen Stimulierungseffekt auch auf die Zinsen für Plankredite auszudehnen, wurden in den meisten Ländern in den sechziger Jahren die Kalkulationsrichtlinien geändert. Kreditzinsen dürfen seitdem generell nicht mehr als Kostenelemente verrechnet werden, sondern sind aus dem Gewinn zu finanzieren. Formal besteht kein Unterschied zur alten Methode, weil Kreditzinsen in beiden Fällen den Gewinn mindern. Das frühere Verfahren ermöglichte es den Betrieben jedoch, ihre Zinslasten auf die Betriebsabgabepreise zu überwälzen, die im allgemeinen durch Aufschlag eines festen Gewinnsatzes auf die Selbstkosten kalkuliert werden. In jenen Ländern, die, wie Polen und die DDR, das alte Verrechnungssystem beibehalten haben, ist den Kreditzinsen daher bereits durch die Kalkulationsrichtlinien ein Großteil ihrer Wirkungskraft genommen: «Die Behandlung des Zinses als Kostenbestandteil hat zur Folge, daß die Zinsaufwendungen für planmäßige Kredite in Höhe des Grundzinssatzes kalkuliert sind. Hierdurch ist es möglich, daß die Betriebe ihren individuellen Zinsaufwand über den Preis zurückerstattet erhalten.»[59]

Als indirektes, über den Kapitaleinsatz auf die Kreditnachfrage wirkendes Instrument fungiert seit Mitte der sechziger Jahre zunächst in der DDR und dann in allen anderen sozialistischen Planwirtschaften ein Kapitalzins.[60] Aus ideologischen Gründen wird er verschiedentlich als Produktionsfondsabgabe bezeichnet; seine Konstruktion als verzinsliche Abgabe auf das betriebliche Anlage- und Umlaufvermögen – in Polen ist das Umlaufvermögen ausgenommen – verdeutlicht jedoch, daß auch sozialistische Planwirtschaften mittlerweile die Knappheit des Faktors Kapital anerkennen und zwischen Kapitalzins und Produktionsfondsabgabe nur ein terminologischer Unterschied besteht. Das Spürbarmachen der Kapitalknappheit war auch die Intention, die man mit der Einführung der Produktionsfondsabgabe verband. Denn bis zu diesem Zeitpunkt hatte Kapital im Rechnungswesen der Betriebe keinen Preis, verursachte sein Einsatz gleich welchen Umfangs keine Kosten. Daher bestand für die Betriebe kein Anlaß, Grund- und Umlaufmittel rationell zu nutzen. Nunmehr ist für das eingesetzte Kapital, also auch schlecht bzw. noch nicht oder überhaupt nicht genutztes, ein fester Betrag aus dem Bruttogewinn an den Staatshaushalt abzuführen. Verschiedentlich werden – wie seit 1982 in der DDR – ungenutzte und ungeplante Materialvorräte sowie die verspätete Inbetriebnahme von Investitionsprojekten während des gesamten Zeitraums der Verzögerung mit einer zusätzlichen Abgabe von

---

[58] Vgl. Narodowy Bank Polski (1979), S. 27; NOVE (1980), S. 297 ff.; SIGG (1981), S. 181; HARTWIG (1983), S. 181.
[59] EHLERT, HUNSTOCK, TANNERT (1976), S. 150.
[60] Bulgarien und Rumänien schafften dieses Instrument in der Folgezeit wieder ab. Vgl. NEUMANN, FALKENHAGEN (1981), S. 37.

6 v.H. belastet.[61] Dadurch sinkt die Prämierungsgrundlage, so daß es für die Betriebe sinnvoll erscheint, den Kapitaleinsatz zu verringern.

Der Einfluß von Kredit- und Kapitalzinsen auf die materielle Bestandshaltung der Betriebe und deren Kreditnachfrage ist gering. Zwar bestehen zwischen den einzelnen Ländern Effizienzunterschiede, wofür nicht zuletzt die verschiedenartige Ausgestaltung der Abgabesätze verantwortlich sein dürfte. Die Probleme sind jedoch weitgehend identisch:
- Erstens setzt die Wirksamkeit des zinspolitischen Instrumentariums voraus, daß der Nettogewinn zumindest als eine der relevanten, wenn nicht sogar als dominante Prämienkennziffer fungiert. Dies ist eher die Ausnahme.
- Zweitens ist der Anteil der Kreditzinsen und Produktionsfondsabgaben am betrieblichen Bruttogewinn bzw. sind die Strafzinsen in jenen Ländern, in denen die Grundzinsen weiterhin als Kostenbestandteile verrechnet werden, vielfach zu gering, um den Prämienfonds spürbar zu beeinflussen.
- Drittens neutralisieren verschiedene Kennziffern und Regelungen nicht nur den Einfluß von Kredit- und Kapitalzinsen, sondern stimulieren die Kreditnachfrage geradezu.

Die Dominanz der Kennziffer Nettogewinn galt nur im Anschluß an die Wirtschaftsreformen der sechziger Jahre bis zum Beginn der siebziger Jahre. Mittlerweile hat sie vielfach untergeordnete Bedeutung und rangiert hinter den Kennziffern Warenproduktion, Nettoproduktion, Produktion wichtiger Güter, Arbeitsproduktivität und Qualität. Verschiedentlich scheinen zum Teil sogar wieder reine Mengenkennziffern verwendet zu werden. Damit degenerieren aber die Gewinnelemente Kreditzins und Produktionsfondsabgabe im betrieblichen Entscheidungskalkül zur Bedeutungslosigkeit: «... it must be remembered, that the effectiveness of any action on profit rests on the assumption that enterprises are *de facto* sensitive to such actions.»[62]

Ursache für den geringen Umfang der betrieblichen Zinszahlungen sind nicht ihre zu geringe Verschuldung oder ihr zu geringes Anlage- und Umlaufvermögen. Ursache ist vielmehr das geringe Niveau der effektiven Abgabesätze. Die Banken konnten in der Vergangenheit den Betrieben in der DDR Abschläge von 60 v.H., in Polen bis 40 v.H. und in der UdSSR bis 75 v.H. von den geltenden Grundzinssätzen für Plankredite gewähren, wenn diese sich bereit erklärten, Investitionen durchzuführen, die das besondere Wohlwollen der zentralen Organe genießen. Dazu gehören insbesondere Forschungs- und Entwicklungsmaßnahmen zur Verbesserung der Konsum- und Exportgüterproduktion. Gleiches galt, wenn gesamtwirtschaftliche Schwerpunktaufgaben beschleunigt in Angriff zu nehmen waren.[63] Ähnliche Möglichkeiten bestanden und bestehen bei der Zinsgestaltung für außerplanmäßige Kredite, so daß die Spitzensätze von 10 v.H. in der UdSSR und von 12 v.H. in Polen und der DDR bislang selten erreicht worden sein dürften. Weitergehende Reduktionsmöglichkeiten und Ausnahmeregelungen gibt es für die Produktionsfondsabgabe. Abschläge bis 50 v.H. gelten im allgemeinen für Betriebe mit hoher Kapitalintensität sowie für den Woh-

---

[61] Vgl. Autorenkollektiv (1983), S. 157 und S. 182f.
[62] PODOLSKI (1973), S. 262 (Hervorhebung im Original). Ebenso PESSEL (1972/73), S. 62. Zur Vorliebe von Theorie und Praxis für Naturalkennziffern vgl. kritisch BIRMAN (1984). Zu Beginn der achtziger Jahre rangierte der Gewinn in der Rangfolge der Kennziffern verschiedentlich an vorletzter Stelle. Vgl. NEUMANN, FALKENHAUSEN (1981), S. 26f.
[63] Vgl. zu den verschiedenen Möglichkeiten für Kreditzinsvergünstigungen EHLERT, HUNSTOCK, TANNERT (1976), S. 148f. sowie ZWASS (1979), S. 111ff.

nungsbau, Bergbau, Handel und die Landwirtschaft. Ebenso verringert sich die Abgabe, wenn zu geringe Plangewinne erwirtschaftet werden, um daraus neben den geplanten Zahlungen an den Staatshaushalt und den Kreditzinsen die gesetzlich vorgeschriebenen Mindestprämien finanzieren zu können. Sie wird zur Restgröße und entfällt für jene Betriebe, die planmäßig gewinnlos produzieren. Vollständig von der Produktionsfondsabgabe befreit waren zumindest bis zum Beginn der achtziger Jahre alle kreditfinanzierten Grund- und Umlaufmittel, in Polen alle Dienstleistungsbetriebe, in der DDR alle über den Normen liegenden Vorräte sowie in der UdSSR die aus dem Entwicklungsfonds finanzierten Anlagen.[64] Erhebliche Teile des eingesetzten Kapitals – sowjetische Untersuchungen zufolge etwa 20 v.H. des Anlage- und 50 v.H. des materiellen Umlaufvermögens – konnten und können auch gegenwärtig somit der Abführungspflicht entzogen werden, so daß die Produktionsfondsabgabe alles in allem keinen spürbaren Einfluß auf die Prämien und damit auf den Kapitaleinsatz der Betriebe ausüben dürfte: «At first a great hope was placed in the stimulating effects of payments for capital. However, the practical application of payments of capital – despite a few positive changes – did not fundamentally alter the use of fixed capital.»[65]

Daß bestimmte Regelungen und Kennziffern nicht nur die Effizienz wirtschaftspolitischer Maßnahmen mindern, sondern sogar zu gegenläufigen Effekten führen, ist im wesentlichen in Unausgewogenheiten des Leistungsanreiz- und Kontrollsystems begründet. Effizienzmindernd wirkt z.B. die häufig praktizierte Regelung, den Differenzbetrag zwischen erwirtschaftetem Gewinn und den Abführungen an den Prämien- und Investitionsfonds, den geplanten Abgaben an den Staatshaushalt und den Zinsen als «freien Gewinnrest» an den Staatshaushalt abzuführen. Zinsen für außerplanmäßige Kredite oder höhere Produktionsfondsabgaben als Ergebnis ungeplanter Lager verringern dann nur den Gewinnrest mit der Folge, daß der Prämienfonds nicht berührt wird.[66]

Die Regelung, kreditfinanziertes Grund- und Umlaufvermögen von der Produktionsfondsabgabe zu befreien, stimuliert geradezu die Kreditnachfrage, wenn – wie so häufig – die Kreditzinssätze unter dem Abgabesatz für Kapital liegen; denn die Zinsdifferenz veranlaßt die Betriebe, alle mit der Produktionsfondsabgabe belasteten Grund- und Umlaufmittel kreditär zu finanzieren. Ein ähnlich unbeabsichtigter Effekt entsteht, wenn – wie insbesondere in der UdSSR – die Sanktionszinsen für überfällige Investitionskredite geringer sind als der Produktionsfondsabgabesatz. Unter diesen Umständen ist es für die Betriebe lohnend, die vereinbarten Tilgungsfristen zu überschreiten: «This would create a situation in which the enterprise find it more profitable to default (and pay 1.5% during the period of default) than to cancel the loan on schedule and to pay 6% in payments for capital for the paid-off part of the loan.»[67]

Weitere die beabsichtigten Wirkungen konterkarierende Effekte entstehen, wenn eine Prämienkennziffer eingeführt wird, die nur jenen Teil der Grund- und Umlaufmittel berücksichtigt, für den Kapitalzinsen zu entrichten sind. Dies geschah 1970 mit

---

[64] Vgl. WILCZYNSKI (1978), S. 136 ff.
[65] PAVLOVA (1980), S. 74. Zu den Angaben, die sich auf die Jahre 1971/72 beziehen, vgl. SENCHAGOV (1972), S. 43 f. In einer Beispielrechnung für die sowjetische Petroleumindustrie ermittelt er zudem, daß eine geplante Verringerung des fixen Kapitaleinsatzes um 115 Mrd. Rubel den Prämienfonds lediglich um 0,3 v.H. steigern würde. Vgl. ebenso BELOUSSOW (1974), S. 182; ALLAKHVERDIAN (1974), S. 101; PÜTSCH (1978), S. 237; GARBUZOV (1980), S. 55 f.
[66] Vgl. SIGG (1981), S. 180; BIRMAN (1983), S. 246.
[67] RJBIN, KHATCHATURIAN (1980), S. 53. Ebenso PESSEL (1972/73), S. 59.

der Kennziffer «Verrechnungsrentabilität» in der UdSSR.[68] Als Quotient aus dem Nettogewinn und dem Wert des mit Produktionsfondsabgaben belasteten Grund- und Umlaufvermögens induzierte sie einen Anstieg der Kreditnachfrage. Denn generell von der Abgabe befreit ist der kreditfinanzierte Teil des Vermögens, so daß eine Strukturverschiebung zu seinen Gunsten die Verrechnungsrentabilität des Betriebes und damit die Prämie erhöhte.

Unter Berücksichtigung der bisher angeführten Aspekte ist die Wirksamkeit des zinspolitischen Instrumentariums nicht nur als gering zu veranschlagen. Vielmehr kann vermutet werden, daß Variationen der Kapital- und Kreditzinsen vielfach genau die gegenläufigen Reaktionen von Kreditnachfrage und Geldvolumen hervorrufen als beabsichtigt: Weil ein Anstieg der Produktionsfondsabgabe aufgrund der geltenden Regelungen wie eine Verschiebung des relativen Preises zugunsten des Kreditzinses wirkt, ist es für die Betriebe lohnender, ihre Bestandshaltung mit Krediten zu finanzieren. Damit wird der beabsichtigte Kontraktionseffekt auf den betrieblichen Kapitaleinsatz gemindert und ein Anstieg der Kreditnachfrage induziert. Gelingt den Betrieben die Substitution zwischen eigen- und fremdfinanziertem Grund- und Umlaufvermögen, so steigt das tatsächliche Kreditvolumen als Reflex auf die Erhöhung der Produktionsfondsabgabe. Eine ähnliche Reaktion dürfte auf einen Anstieg der Kreditzinsen erfolgen. Weil die Betriebe auf der Beschaffungsseite hohe Leistungsreserven eindeutig präferieren und Zinsbelastungen unter den gegenwärtigen Bedingungen im betrieblichen Entscheidungskalkül kaum eine Rolle spielen, wird der Bedarf an Inputfaktoren auch bei einem Anstieg der Kreditzinsen nicht revidiert. Um aber die zusätzlichen Zinsbelastungen bei gegebenen Finanzmitteln finanzieren zu können, sind zusätzliche Kredite erforderlich.

f. Der Einsatz von Mengensanktionen als geldpolitisches Instrument

Konzeptionell sind Kreditkontrollen und zinspolitische Instrumente indirekt – über die Kreditnachfrage der Betriebe – auf Kredit- und Geldmenge gerichtet. Demgegenüber bieten Mengenrestriktionen direkte Einflußmöglichkeiten. Als Sanktionen können sie in der Planungs- und Planrealisierungsphase angewendet werden, wenn die Kreditanträge der Betriebe den gestellten Anforderungen nicht genügen oder wenn die Beseitigung selbstverschuldeter Liquiditätsengpässe nicht abzusehen ist. Ihre formale Effizienz ist unbestritten, so daß zumindest offensichtliche Disproportionen zwischen monetärer und güterwirtschaftlicher Entwicklung bereits auf der einzelwirtschaftlichen Ebene gemindert werden können. Geprüft werden muß aber, inwieweit sie überhaupt zum Einsatz kommen.

Trotz verschiedentlicher Hinweise, wonach Banken beantragten Projekten und Planwidrigkeiten die Kreditfinanzierung verweigern[69], scheint normalerweise eine Kreditierung auch bei erkennbarer Verletzung der geldpolitischen Ziele zu erfolgen. Ursache dafür sind einmal die liquiditätsbelastenden Effekte, die kreditpolitische

---

[68] Vgl. HEDTKAMP, CZUGUNOW (1980), S. 57.
[69] Vgl. u. a. RJBIN, KHATCHATURIAN (1980), S. 55. Nach ihren Angaben wurde in der UdSSR 1978 die Kreditfinanzierung von beantragten Investitionsprojekten im Werte von 178 Mio. Rubel wegen fehlerhafter Anträge oder der Vernachlässigung der allgemeinen Investitionsrichtlinien verweigert.

Tab. III.4: Entwicklung der überfälligen Lieferverbindlichkeiten und Handelskredite in Polen 1951–1960

	Überfällige Lieferverbindlichkeiten[1]	Überfällige Handelskredite[2]
31.07.1951	–	1
31.12.1951	62	70
1952	54	64
1953	40	48
1954	34	52
1955	16	18
..	..	..
1957	15	11
1958	40	37
1959	38	29
Juni 1960	25	38

[1] Überfällige Lieferverbindlichkeiten in v. H. der gesamten Lieferverbindlichkeiten. – [2] Überfällige Handelskredite in v. H. der gesamten Bankkredite für Forderungen aus Warenlieferungen und Leistungen. Quelle: BRZESKI (1964), S. 118; PODOLSKI (1973), S. 138 und S. 218.

Mengensanktionen nicht nur bei den betroffenen Betrieben selbst, sondern auch bei deren Geschäftspartnern sowie jenen übergeordneten Organen bewirken können, denen gegenüber Abführungspflichten bestehen. Da in einer sozialistischen Planwirtschaft geplante Transaktionen ohne Geld nicht durchgeführt werden können, stören Liquiditätsengpässe die Planerfüllung und breiten sich kettenartig über die gesamte Volkswirtschaft aus.

Daß durch Kreditrestriktionen auch solche Betriebe sanktioniert werden, die nicht Verursacher von Planwidrigkeiten sind, hat sich deutlich in Polen gezeigt. Dort wurde am 30.6.1951 und 1.1.1958 zur Bekämpfung des Hortungsstrebens und des Kreditautomatismus die Vergabe von Plankrediten für übernormative Bestände und von außerplanmäßigen Krediten drastisch erschwert. Als Resultat verringerten sich jedoch weder die überhöhte Bestandshaltung der Betriebe noch die durch Planwidrigkeiten bedingten Liquiditätsengpässe. Vielmehr expandierte das Volumen an überfälligen Lieferantenkrediten und an nicht termingerecht getilgten Bankkrediten für Forderungen aus Warenlieferungen und Leistungen (Tab. III.4): «Thus enterprises in financial difficulties failed to settle their bills within a stipulated period and in turn left the supplier short of funds.»[70] In den Folgejahren wurde daher wieder von stringenten kreditpolitischen Sanktionen abgegangen, was sich in einem entsprechenden Rückgang der Anteile von überfälligen Lieferverbindlichkeiten und Bankkrediten niederschlug.

Damit außerplanmäßige Einnahmeausfälle im Staatshaushalt erst gar nicht entstehen, müssen die geplanten Abgaben von den Betrieben unter allen Umständen geleistet werden. Bei Liquiditätsengpässen sind sie mit außerplanmäßigen Krediten zu finanzieren, so daß Gewinnabführungen auch bei Verlusten und Umsatzsteuern auch bei nicht verkauftem Output an das Budget fließen. Dieses Prinzip, das ebenso

---

[70] PODOLSKI (1973), S. 138f. Ebenso FARRELL (1977), S. 373.

für geplante Lohnzahlungen gilt, unterbindet Mengensanktionen selbst dann, wenn dafür alle Voraussetzungen gegeben sind. Daneben induziert es einen zusätzlichen Bedarf an Krediten, wenn die Betriebe mit höheren Kreditzinsen sanktioniert werden. Denn zusätzlich zu den bereits vorhandenen festen Zahlungsverpflichtungen entstehen neue in Form von Zinszuschlägen, so daß die Kreditnachfrage steigt.[71] Im Grunde genommen verschiebt der Staat die Kreditlasten von sich auf die Betriebe, wobei er das Ziel Sicherheit der Einnahmen dem geldpolitischen Ziel vorzuziehen scheint; denn das Budgetprinzip trägt zur monetären Expansion ohne entsprechende reale Deckung bei.[72] Ähnliche Effekte bewirken Mindestprämienregelungen, wonach z. B. in der DDR der Prämienfonds bei Untererfüllung 80 v. H. und in der UdSSR 40 v. H. seines geplanten Umfangs nicht unterschreiten darf. Bei ungenügendem Gewinn, aus dem der Prämienfonds normalerweise gespeist wird, sind die Anteile entweder aus dem Fonds der übergeordneten Organe oder mit außerplanmäßigen Bankkrediten zu finanzieren.

Können die Banken in diesen Situationen keine Mengensanktionen aufgrund der institutionellen Regelungen verhängen, scheitert der Einsatz des Instrumentariums bei anderen Gelegenheiten oft am Einspruch übergeordneter Organe. Hierbei handelt es sich nicht um jene Instanzen, welche die gesamtwirtschaftlichen Ziele formulieren und für den Zentralplan verantwortlich sind, sondern um Instanzen der mittleren Ebene, wie Wirtschaftsvereinigungen, Ministerien, Kreise und Gemeinden. Aus Angst, für Planverstöße oder wirtschaftliche Schwierigkeiten der ihnen unterstellten Betriebe verantwortlich gemacht zu werden, intervenieren sie gegen die von den Banken beabsichtigten Sanktionsmaßnahmen oder übernehmen Bürgschaften für weitere Kredite: «However, enough outside pressures from industrial ministries, glavks, and various federal and republican authorities converge on the State Bank to result, at times, in excessive credit issuance, prolongation and renewal (if necessary, in disguised form) of loans outstanding, and undesirable over-expansion of currency in circulation.»[73]

Mengensanktionen scheinen sich demzufolge, wenn überhaupt, nur auf jene Betriebe zu beschränken, deren Liquiditätsstatus noch genügend Spielraum zur Erfüllung ihrer finanziellen Verpflichtungen bietet. Demgegenüber erhalten jene, die unter chronischen Liquiditätsengpässen leiden, Subventionen und Bankkredite. Das entspricht letztlich auch einem wesentlichen Organisationsprinzip sozialistischer Planwirtschaften: der Konkursunfähigkeit staatlicher Betriebe.

g. Die Konkursunfähigkeit staatlicher Betriebe

Die Konkursunfähigkeit staatlicher Betriebe ist in der Eigentumsordnung begründet und dürfte eine der wesentlichsten Ursachen für die ungleichgewichtige Geldversorgung in sozialistischen Planwirtschaften sein. Im allgemeinen werden zahlungsunfähige Betriebe zunächst mit außerplanmäßigen Krediten versorgt, so daß ihre Ver-

---

[71] Vgl. THIEME (1979), S. 245.
[72] Vgl. auch BRZESKI (1964), S. 201: «Consequently, the budget draws revenues without counterpart in achieved financial results.»
[73] GARVY (1977), S. 157. Ebenso BRZESKI (1967), S. 188; FARRELL (1977), S. 374. BERLINER wies bereits 1957 darauf hin, daß die Betriebe ihre übergeordneten Instanzen in solchen Fällen erheblich unter Druck setzen (S. 283).

schuldung auch ohne «materielle Deckung» permanent zunimmt. Als weitere Möglichkeiten bieten sich Subventionen aus dem Staatshaushalt oder den Haushalten übergeordneter Instanzen (Ministerien, Wirtschaftsvereinigungen) sowie eine Reduktion der Abführungsverpflichtungen. Diese Maßnahmen induzieren keinen Anstieg des Geldangebots, es sei denn, zu ihrer Finanzierung werden stillgelegte Haushaltsüberschüsse aufgelöst oder andere Betriebe zusätzlich mit Abgaben belastet, so daß eine Umverteilung von Liquiditätsengpässen stattfindet.

Bei länger anhaltenden Zahlungsschwierigkeiten erfolgen Kürzungen oder die Aufhebung bestehender Verbindlichkeiten gegenüber Lieferanten und Banken. Formal hat dies zunächst keinen Einfluß auf Kredit- und Geldmenge. In letzter Konsequenz wird jedoch auch hier das Geldangebot zunehmen. Denn erstens entstehen dadurch Liquiditätsengpässe bei den Gläubigerbetrieben, die – aufgrund des geltenden Prinzips fester, d. h. unter allen Umständen aufrecht zu erhaltender Zahlungsverpflichtungen in Form von Staatshaushaltsabgaben, Mindestprämien, Löhnen – mit außerplanmäßigen Krediten finanziert werden müssen. Zweitens stellt der zahlungsunfähige Betrieb nicht seine Tätigkeit ein. Es entstehen laufend Kosten, deren Finanzierung weitere Bankkredite sich nach sich zieht. Drittens schließlich entstehen mit jedem weiteren Kredit Zinsverpflichtungen, die wiederum einen zusätzlichen Liquiditätsbedarf induzieren, der um so größer ist, je höher die Zinsen ausfallen.

Dies verdeutlicht die Konstruktion von Sanierungsverfahren, wie sie beispielsweise in der DDR durchgeführt wurden: «Gegen einen Betrieb, der durch ungenügende Wirtschaftsführung Volkseigentum und dessen Substanz vermindert (verwirtschaftet) hat, die Erreichung der geplanten Mindestrentabilität nicht gewährleistet, zahlungsunfähig ist und von dem keine Garantien zur Beseitigung der Ursachen und für die Aufhebung der Planrückstände gegeben werden können, ist ein Stabilisierungsverfahren einzuleiten.»[74] Das Ziel besteht darin, mittels genauer Betriebsanalysen durch externe Gutachtergremien, denen neben wirtschaftsleitenden Organen und Banken auch Direktoren anderer Betriebe sowie wissenschaftliche Einrichtungen angehören, die Ursachen der Planwidrigkeiten zu beheben und die Solvenz des betroffenen Betriebes wiederherzustellen. Während des Stabilisierungsverfahrens werden Verbindlichkeiten gegenüber anderen Betrieben und den Banken gekürzt oder für nichtig erklärt. Zudem sind letztere verpflichtet, weitere außerplanmäßige Kredite zu normalen Zinsen zu gewähren.[75] Damit wird die Zwangseintreibung als letztes Mittel der Kreditrückzahlung ausgeschlossen und der zahlungsunfähige Betrieb weiterhin monetär mit Krediten alimentiert. Es entsteht die paradoxe Situation, daß eigentlich zahlungsunfähige Betriebe letztlich nicht zahlungsunfähig werden können. Für die Geldpolitik bedeutet das, daß mit der Kreditierung von Konkursbetrieben eine wirksame Steuerung der Geldmenge behindert wird.

Nicht zuletzt unter diesem Eindruck wurde in Polen mit der Wirtschaftsreform der frühen achtziger Jahre ein Gesetz geschaffen, das die Möglichkeit eines Konkurses auch für staatliche Betriebe vorsieht. Sofern alle Sanierungsbemühungen versagen und auch eine kommissarische Verwaltung nicht zur Gesundung führt, können die verantwortlichen Instanzen den betreffenden Betrieb liquidieren.[76] Die bisherigen Erfahrungen weisen jedoch deutliche Parallelen zum Instrumentarium der Mengen-

---

[74] EHLERT, u.a. (1973), S. 864.
[75] Vgl. PÜTSCH (1978), S. 232f.
[76] Vgl. PYSZ (1984).

sanktionen auf; es kommt nicht oder nur in sehr beschränktem Ausmaß zur Anwendung. Wurden nämlich unmittelbar nach Einführung des Gesetzes noch 700 Betriebe als konkursreif deklariert, schrumpfte ihre Zahl innerhalb weniger Monate rapide unter 20 und lag nach letztem Stand bei nahe Null. Wie sich dabei herausstellte, war dieser Abschmelzungsprozeß nicht das Resultat verbesserter Leistungsfähigkeit, sondern massiver finanzieller Zuwendungen von seiten aller relevanten Institutionen. Sowohl die übergeordneten Branchen und Bezirksorgane als auch der Staatshaushalt und insbesondere die Banken hatten die konkursreifen Betriebe mit genügender Liquidität in Form von Finanzhilfen, Steuerermäßigungen und Krediten versorgt.[77] Angesichts der mit den Budgetzuschüssen gleichzeitig entstandenen Verschuldung des Staates bei der Notenbank ist zu vermuten, daß nicht nur die direkte Versorgung zahlungsunfäger Betriebe mit Bankkrediten, sondern letztlich auch ihre Finanzierung durch Budgetzuschüsse zur Geldproduktion geführt hat.

h. Das Verhalten der Banken

Als eine wesentliche Ursache für die Ineffizienz von Kontroll- und Sanktionsmaßnahmen wurde die Überforderung der Banken angeführt. Offensichtlich gelingt es ihnen nicht, die Leistungspotentiale der staatlichen Betriebe freizulegen und deren Aktivitäten unter ökonomischen Gesichtspunkten zu beurteilen, wobei es immer schwieriger werden dürfte, den über Jahrzehnte gezielter Informationspolitik von den Betrieben geschaffenen Schutzgürtel aufzubrechen. Zudem hat es den Anschein, daß die Banken nicht nur nicht in der Lage, sondern häufig auch nicht bereit sind, ihre Kontroll- und Sanktionsmöglichkeiten soweit als möglich auszuschöpfen. Zusätzlich zu den institutionellen Regelungen und dem Verhalten der staatlichen Betriebe wären dann Widersprüche zwischen Leitung und Ausführungsorganen des Staatsbankensystems für die mangelnde Kontrolle des Geldangebots und ungleichgewichtige Geldversorgung verantwortlich.

Als Ursache für das geringe Interesse der Banken kann eine gewisse Resignation vermutet werden. Sie resultiert aus der Unwirksamkeit vieler Kontrollen sowie dem Tatbestand, daß trotz weitreichender Kompetenzen die meisten ihrer Sanktionsbemühungen am Einspruch der mittleren und höheren Leitungsorgane oder mächtiger Konzerne und Industrievereinigungen scheitern. Sobald intensive Kontrollen und Sanktionen aber für die betroffenen Betriebe kaum Konsequenzen nach sich ziehen, sondern vielmehr Konflikte schaffen, bei denen die Banken Gefahr laufen, Niederlagen zu beziehen, sind deren Motivation und Konfliktbereitschaft entsprechend gering. Die Strategie der Konfliktvermeidung kann dann sogar zu entgegengesetzten Reaktionen führen, wie dies in der Vergangenheit häufig beobachtet wurde. Danach waren die Banken beim Einsatz ihres Instrumentariums nicht nur äußerst zurückhaltend. Vielmehr schienen sie eher darauf bedacht, Liquiditätsengpässe bei den Betrieben auszugleichen als diese selbst.[78]

---

[77] Vgl. WIATR (1984), S. 27.
[78] Vgl. PODOLSKI (1973), S. 343: «Perhaps a vivid illustration ... is the fact that when enterprises find themselves in payments difficulties this is often to greater concern to the bank than to them. And banks have shown greater anxiety than enterprises to remedy the difficulties.» Seinen Angaben zufolge betrachteten Mitte der sechziger Jahre nur 2 von 41 befragten Banken Kreditrestriktionen als wichtiges Sanktionsinstrument (S. 262 ff.). Ebenso GARVY (1977), S. 104.

Die Strategie der Konfliktvermeidung konkurriert auch nicht mit den materiellen Interessen der Banken und dies dürfte ein zweiter Grund für ihr Verhalten sein. Im Gegensatz zu staatlichen Betrieben sind sie nämlich dem Leistungsanreiz- und Kontrollsystem nur insofern unterworfen, als ihre Prämien sich nach der Erfüllung formaler Aufgaben richten. Dazu rechnet die Teilnahme an Plandiskussionen, Kontrollen von Investitionsprojekten vor Ort oder die Durchführung von Kampagnen, mit denen die Bevölkerung zum bargeldlosen Zahlungsverkehr bewegt werden soll. Wirtschaftliche Schwierigkeiten ihrer Schuldner haben demgegenüber keinen Einfluß auf die materielle Stimulierung, weil ein Überschreiten des geplanten Kreditlimits mit keinerlei Sanktionen verbunden ist. Auch besteht für die Banken nicht die Notwendigkeit, sich gegen finanzielle Verluste abzusichern.[79] Damit die Ausreichung geplanter Kredite nicht durch Liquiditätsengpässe im Bankensystem behindert und die Planimplementation nicht gestört wird, können die Banken sich im Bedarfsfalle bei der Staatsbank jederzeit refinanzieren.

Ergebnis der beschriebenen Verhaltensweisen ist der Kreditautomatismus. Weitgehend außerstande, Sanktionen zu verhängen, die Leistungspotentiale der Betriebe aufzudecken oder Planverstöße nachzuweisen, und in dem Bestreben, finanzielle Engpässe selbst bei Verletzung von Minimalanforderungen möglichst konfliktfrei zu beseitigen, finanzieren die Banken das Hortungsstreben und die Verluste der sozialistischen Wirtschaft. «Credits are garanted to avoid an endless chain of mutual obligation, even where this is regarded as unsound, or when an enterprise is unable to present any prescribed item as security for credit.»[80] Indem sich die Banken bei der Kredtivergabe weitgehend den Wünschen der Betriebe anpassen, reagiert das Kreditangebot sehr elastisch auf die Kreditnachfrage. Aus einzelwirtschaftlicher Sicht verhalten sich die Banken rational, wobei ihnen zugute kommt, daß sie formal zwei Funktionen ausüben: eine administrativ standardisierte, die darin besteht, festgelegte Normen anzuwenden und deren Einhaltung zu kontrollieren, und eine entscheidungsorientierte, indem sie als einzelne Kreditinstitution mit engem Kontakt zur sozialistischen Wirtschaft Kreditanträge genehmigen, Kredite gewähren und Sanktionen verhängen. Insofern birgt ihre Strategie, Konflikte mit den Betrieben möglichst zu vermeiden, auch kaum Konfliktpotential gegenüber ihren leitenden Organen.

3. Kontrollierbarkeit versus Endogenität des Geldangebots

Die Analyse des planmäßigen und außerplanmäßigen Kredtivolumens hat ergeben, daß die wesentlichste Geldangebotskomponente nicht autonom von den geldpolitischen Autoritäten bestimmt werden kann. Während die Komponenten $K^p (= K^{pw} + K^{ph})$, K^g und RK im Hinblick auf die monetäre Expansion unter der ausschließlichen Kontrolle der Geldpolitik stehen, wird K^{sw} auch vom Verhalten der Betriebe beeinflußt. Das bedeutet nicht, daß die zentralen Organe keinen Einfluß auf die Kredit-

---

[79] Vgl. EHLERT, HUNSTOCK, TANNERT (1976), S. 116.
[80] ZWASS (1977), S. 107. Ebenso BRZESKI (1967), S. 290; ALLAKHVERDIAN (1974), S. 101; GARVY (1977), S. 115; BIRMAN (1980), S. 98.

verbindlichkeiten der sozialistischen Wirtschaft ausüben: Die jährlichen Veränderungen der zentralen Produktions- und Investitionspläne wirken über die Kreditfinanzierungsnormative für Investitionen und Umlaufmittel auf das Geldangebot ein, ebenso kredit- und andere wirtschaftspolitische Maßnahmen. Eine Anhebung der Normative z. B. fördert die monetäre Expansion, weil dann ein größerer Teil der Investitionen und Umlaufmittel kreditär finanziert werden muß, eine Reduktion der Investitionstätigkeit verringert das Geldmengenwachstum.

Zumindest die statistischen Daten für Polen deuten darauf hin, daß expansive kreditpolitische Maßnahmen eher auf das Geldangebot durchschlagen als kontraktive: Die Anhebung des Kreditfinanzierungsnormativs für Investitionen 1968/69 sowie die 1963 ergangene Anordnung, übernormativen Vorräten die Kreditierung nicht länger zu verweigern, bewirkten jeweils einen überdurchschnittlichen Anstieg der Komponente K^{sw}. Demgegenüber hat weder die Einführung der Produktionsfondsabgabe 1967 noch die Anordnung, übernormative Bestände nicht mehr kreditär zu finanzieren (1957) bzw. die Finanzierungsquote nach einer längeren Phase relativ freier Kreditgewährung auf 40 v. H. zu beschränken (1967), die Expansion der Umlaufmittelkredite wesentlich gebremst.[81]

Diese Reaktionen des Geldangebots sind plausibel; denn es entspricht den Interessen der Betriebe, expansive kreditpolitische Maßnahmen voll zu unterstützen, während sie kontraktive Maßnahmen zu unterlaufen versuchen. Entweder geschieht das durch Einflußnahme auf jene Parameter, die Gegenstand der Kreditpolitik sind, oder indem Ausweichstrategien verfolgt werden. Unter diesem Blickwinkel scheinen auch Kontraktionswirkungen einschneidender restriktiver Maßnahmen nur von begrenzter Dauer. Der beabsichtigte Effekt kann jeweils nur so lange vorhalten, bis sich die Betriebe an die veränderte Situation angepaßt und entsprechende Gegenstrategien entwickelt haben.

Da die zentralen Organe nur die Geldangebotskomponenten K^p, K^g und RK direkt kontrollieren können, sind sie nicht in der Lage, die Geldmenge und deren Veränderung zu fixieren. Die Geldversorgung ist endogen, indem sie wesentlich durch das Verhalten der staatlichen Betriebe beeinflußt wird und sich somit den einzelwirtschaftlichen Bedürfnissen anpaßt. In dieser Hinsicht besteht eine Parallele zum Geldangebot in marktwirtschaftlichen Systemen. Wie die Kreditmarkttheorie des Geldangebots postuliert, determinieren dort neben den währungspolitischen Autoritäten auch Geschäftsbanken und private Nichtbanken im Rahmen ihre Portfolioverhaltens die gesamtwirtschaftliche Geldmenge. Allerdings haben umfangreiche empirische Studien einen dominierenden Einfluß der Währungspolitik nachgewiesen, womit das Geldangebot zwar eine endogene, letztlich aber durch die verantwortlichen Instanzen steuerbare Variable darstellt.[82] Letzteres kann angesichts der dargelegten Gründe und empirischen Befunde für sozialistische Planwirtschaften nicht unterstellt werden, wo mit K^g, K^p und RK nur ein begrenzter Teil des Geldangebots der zentralen Kontrolle unterliegt:

(III.10) $M^s = K^{sw}(\ldots) + \overline{K^p} + \overline{K^g} + \overline{RK}$.

Abgesehen davon, daß K^{sw} durch zentrale Maßnahmen ausgeweitet oder kurzfristig reduziert wird, hängt das Kreditvolumen von der Kreditnachfrage der soziali-

---

[81] Zu den einzelnen Maßnahmen vgl. PODOLSKI (1973), zu den statistischen Daten vgl. Anhang Tab. III.
[82] Vgl. auch THIEME (1983), S. 201. Zur Kreditmarkttheorie vgl. BRUNNER, MELTZER (1968).

stischen Wirtschaft ab. Die Nachfragedeterminanten sind daher weitgehend mit den Determinanten von K^{sw} identisch. Dazu rechnen im wesentlichen der Bestand an planmäßigem und außerplanmäßigem Grund- und Umlaufvermögen (V), die normativen Kreditfinanzierungsquoten (n), Kredit- und Kapitalzinsen (i), der Lohnfonds (L) sowie das Ausmaß an Insolvenzen (o):

(III.11) $\quad K^{sw(d)} = f(\underset{+}{V},\ \underset{+}{L},\ \underset{+}{n},\ \underset{+}{i},\ \underset{+}{o})$,

wobei die Zeichen unter den Argumenten die partiellen Ableitungen angeben. Dabei lassen sich aus den bisherigen Ausführungen zur Vielschichtigkeit des Kreditangebotsprozesses folgende Hypothesen formulieren:
– Ein Anstieg des Grund- und Umlaufvermögens induziert aufgrund der bestehenden Finanzierungsrichtlinien und der betrieblichen Interessen einen erhöhten Bedarf an planmäßigen und außerplanmäßigen Krediten. Gleiches gilt für planmäßige und außerplanmäßige Lohnfondserhöhungen.
– Werden die Kreditfinanzierungsnormative autonom von den zentralen Organen oder durch den Einfluß der Betriebe angehoben, steigt der Kreditbedarf der sozialistischen Wirtschaft.
– Da Kreditzinsen den Betriebsprämienfonds kaum beeinflussen, die Betriebe den Nutzenzuwachs einer kreditfinanzierten Anlage generell höher bewerten als den Nutzenentgang und steigende Zinsen den Finanzmittelbedarf der Betriebe erhöhen, besteht zwischen Kreditzins und Kreditnachfrage ein positiver Zusammenhang. Ähnliche Überlegungen gelten für Kapitalzinsen. Sie sollen (V) reduzieren, bewirken aber, wie bereits ausgeführt, lediglich eine Umstrukturierung innerhalb des Vermögens zugunsten des kreditfinanzierten Anteils und demzufolge einen Anstieg der Kreditnachfrage.
– Insolvenzen induzieren einen erhöhten Kreditbedarf bei den betroffenen Betrieben; werden Sanierungsverfahren durchgeführt, steigt auch die Kreditnachfrage jener Betriebe, deren Forderungen gegenüber zahlungsunfähigen Betrieben gekürzt werden.

Das Grund- und Umlaufvermögen sowie der Lohnfonds werden vom planmäßigen und außerplanmäßigen Output (Y) beeinflußt: Einmal, weil aufgrund von Normativen mit steigendem Output Lohnfonds und Umlaufmittel zunehmen und in normalen Phasen wirtschaftlicher Entwicklung auch die Grundmittelinvestitionen steigen; zum anderen, weil die Betriebe mit steigenden Produktionsplanauflagen eine Ausdehnung ihrer Leistungsreserven anstreben. Erwarten die Betriebe zunehmende Restriktionen auf den Beschaffungsmärkten (R*), entsteht der gleiche Effekt. Sie versuchen, geplante Aufstockungen ihrer materiellen Grund- und Umlaufmittel vorzuziehen und die Beschäftigung auszudehnen, weshalb die Kreditnachfrage steigt.

Eine Verbesserung der Outputqualität (Q) reduziert über den Rückgang an ungeplanten Vorräten sowie die Verkürzung der Inbetriebnahmefristen von Grundmittelinvestitionen den Kreditbedarf. Werden neben diesen Determinanten jene Faktoren berücksichtigt, die, wie der Grad der Risikoaversion oder die Grundstruktur des Leistungsanreiz- und -kontrollsystems, die Präferenzen der Kreditnachfrager (u) beeinflussen, folgt für das Geldangebot:

(III.12) $\quad M^s = K^{sw}(\underset{+}{Y},\ \underset{+}{n},\ \underset{+}{i},\ \underset{-}{o},\ Q,\ \underset{+}{R^*},\ \underset{+}{u}) + \overline{K^p} + \overline{K^g} + \overline{RK}$

Gleichung (III.12) macht die Probleme der Geldangebotskontrolle deutlich. Dem geldpolitischen Ziel entsprechend dürfte das Geldangebot bei gegebenen Preisen längerfristig nur proportional mit dem realen Nationaleinkommen wachsen. Daneben wirken jedoch zahlreiche andere Faktoren auf die Geldproduktion ein, die unter den gegebenen institutionellen Bedingungen von den zentralen Organen nicht neutralisiert werden können. Insbesondere das Prinzip der Konkursunfähigkeit und betriebliches Hortungsstreben verhindern, daß die Kreditemission sich im Einklang mit der Leistungsentwicklung der Volkswirtschaft befindet, woran auch Kredit- und Kapitalzinsen nichts zu ändern vermögen. In der Terminologie der sozialistischen Ökonomie ausgedrückt entstehen laufend Geldfonds, denen die Realisierungsmöglichkeiten fehlen.

Wollen die monetären Autoritäten der Verletzung des geldpolitischen Zwischenzieles entgegenwirken, bleibt ihnen infolge der Bedeutungslosigkeit privater Bankverbindlichkeiten nur das Instrument permanenter Budgetüberschüsse. Wie das Beispiel Polens zeigt, hat es zwischen 1950 und 1980 die monetäre Expansion gebremst, ohne allerdings ein übermäßiges Geldmengenwachstum zu verhindern (Tab. III.1). Seit Ende der sechziger Jahre ist der Kontraktionseffekt von Budgetüberschüssen unbedeutend und nach 1980 hat der Staatshaushalt durch notenbankfinanzierte Defizite sogar zur monetären Expansion beigetragen. Damit gewinnt die bereits gestellte Frage an Relevanz, ob die verantwortlichen Instanzen nicht verschiedentlich selbst das geldpolitische Ziel bewußt verletzen, um den geplanten Produktionsablauf und mögliche Planübererfüllung nicht durch Liquiditätsknappheit zu gefährden und um Konkurse staatlicher Betriebe mit all ihren kurzfristigen negativen Konsequenzen für Beschäftigung und Versorgung unbedingt zu unterbinden.

Eine weitere Frage ist, ob nicht die mikroökonomische Orientierung der Kreditpolitik an betriebsindividuellen Kreditkontrollen, Zinsen und Sanktionen eine gleichgewichtige Geldversorgung behindert. Unter den gegenwärtigen Bedingungen wäre es wahrscheinlich sinnvoller, ein Geldmengenziel vorzugeben, das sich am geplanten Nationaleinkommenswachstum orientiert und jeweils an dessen tatsächliche Entwicklung angepaßt wird. Dies würde allerdings einigermaßen funktionsfähige Kreditmärkte voraussetzen und in letzter Konsequenz eine Abschaffung der Planauflagen und des Prinzips der Konkursunfähigkeit implizieren. Ansätze für eine solche Politik waren in der DDR Ende der sechziger Jahre vorhanden, als das einstufige Bankensystem abgeschafft wurde. Die Staatsbank hatte als Zentralnotenbank die Kreditschöpfungsmöglichkeiten relativ frei operierender und nach Ertragsgesichtspunkten handelnder Geschäftsbanken zu kontrollieren und mit Refinanzierungskrediten und -kosten zu beeinflussen. Die zunehmende Kollision dieses Systems mit den Zielvorstellungen der zentralen Organe führte allerdings zu Beginn der siebziger Jahre wieder zu seiner Aufgabe.[83]

Ob die hier abgeleiteten Konsequenzen für die Geldangebotskontrolle in gleicher Schärfe für alle sozialistischen Planwirtschaften zutreffen, kann infolge fehlender Angaben nicht beurteilt werden. So ist zu vermuten, daß Finanz- und Kreditkontrollen in der DDR effizienter sind als in der UdSSR oder etwa in Polen.[84] Die Grundsätzlichkeit des Problems wird dadurch nicht berührt. Dafür sprechen die angeführten Beispiele, insbesondere aber die Konstruktion der geltenden Leistungsanreiz- und -kontrollsysteme. Daher scheinen allen Vorschlägen und Versuchen, Widersprüche zwi-

---

[83] Vgl. HARTWIG (1983), S. 177 ff.
[84] Vgl. auch BRZESKI (1967), S. 188.

schen betrieblichen und zentralen Interessen durch Variationen des kreditpolitischen Instrumentariums zu lösen oder zu mindern, systembedingte Grenzen gesetzt.[85]

Problemverschärfend wirkt, daß Interessenwidersprüche auch auf den höheren Ebenen der Leitungshierarchie bestehen, d. h. zwischen den Organen der höchsten Ebene und ihren Erfüllungsgehilfen der mittleren Hierarchieebene. Damit wird die Verwirklichung zentraler Ziele bereits auf den mittleren Entscheidungsebenen des Systems unterlaufen. Es gilt nach wie vor die bereits zu Beginn der sechziger Jahre in der DDR gewonnene Einsicht, wonach das Geld- und Kreditsystem nicht wirksamer funktionieren kann als das Gesamtsystem der Planung, Leitung und Finanzierung der Volkswirtschaft.[86]

---

[85] Vorgeschlagen und gegenwärtig praktiziert wird u. a. 1. eine Angleichung und Erhöhung der Kredit- und Kapitalzinsen, 2. Belastung des gesamten Grund- und Umlaufvermögens mit Kapitalzinsen, 3. Abschaffung des Prinzips des «freien Gewinnrestes», 4. Finanzierung von Sanktionszinsen aus dem Prämienfonds des Managements, 5. Belastung des Lohnfonds mit einer steuerähnlichen Abgabe oder höheren Sozialversicherungsabgaben, 6. Verschärfung von Sanktionen, 7. Ausweitung der Bankbefugnisse. Vgl. u. a. SENCHAGOV (1972), S. 48; MAMONOVA (1972), S. 79; PESSEL (1973), S. 90; BIRMAN (1978), S. 8 f.; Autorenkollektiv (1983).
[86] Vgl. HEINICKE, FINGER (1963), G. 2.

IV. Der Einfluß des Geldes auf die wirtschaftlichen Aktivitäten

Aufgrund der mangelnden Kontrollierbarkeit des Geldangebots und der spezifischen Interessen der Staatsbetriebe ist monetäre Überversorgung in sozialistischen Planwirtschaften auch längerfristig nicht vermeidbar. Den traditionellen Auffassungen von der Funktionsweise solcher Wirtschaftssysteme entsprechend hat dies keine Konsequenzen für die wirtschaftlichen Aktivitäten. Danach werden die gesamtwirtschaftlichen Variablen hinsichtlich Niveau und Struktur ebenso zentral bestimmt wie Güter- und Faktorpreise und orientieren sich die verantwortlichen Organe ausschließlich an güterwirtschaftlichen Größen, so daß kein Zusammenhang zwischen Variationen monetärer Aggregate und Veränderungen von Output, Beschäftigung, Preisniveau sowie der relativen Preise besteht. Als Folge von Geldangebotsüberschüssen steigt lediglich die einzelwirtschaftliche Geldhaltung.

Wie gezeigt wurde, sind diese Vorstellungen nicht auf realtypische Planwirtschaftssysteme übertragbar. Die Unvollkommenheiten zentraler Planung und die Trennung von Planung und Planimplementation schaffen einzelwirtschaftliche Dispositionsspielräume, die von den Betrieben und privaten Haushalten zur Verwirklichung ihrer Interessen genutzt werden. Damit besteht die Möglichkeit – und die Erfahrungen bestätigen das –, daß Geld die einzelwirtschaftlichen Verhaltensweisen und damit die güterwirtschaftlichen Aggregate beeinflußt. Sehen sich die zentralen Instanzen dann veranlaßt, diese Reaktionen in ihren Entscheidungskalkülen zu berücksichtigen, werden auch ihre Dispositionen letztlich durch monetäre Größen mitbestimmt.

1. Aspekte der transmissionstheoretischen Analyse

Eine systematische Analyse des Einflusses monetärer Überversorgung auf den Wirtschaftsablauf hat folgende Komplexe zu berücksichtigen:
- die Bedeutung des Geldes für die einzelwirtschaftlichen Dispositionen,
- die Übertragungskanäle und die Mechanismen, welche die geld- und güterwirtschaftlichen Sektoren sozialistischer Planwirtschaften miteinander verbinden,
- die Reihenfolge, in der die verschiedenen güterwirtschaftlichen Sektoren betroffen werden,
- die kurz- und langfristigen Reaktionen von Output, Beschäftigung, Preisniveau und der relativen Preise.

Die sozialistische Ökonomie verfügt über kein diese Problembereiche umfassendes analytisches Instrumentarium. Demgegenüber beschäftigt sich die ökonomische Theorie marktwirtschaftlicher Systeme bereits seit langem mit den Zusammenhängen, die zwischen Variationen der Geldmenge und Veränderungen der güterwirtschaftlichen Mengen- und Preisvariablen bestehen. Ausgehend von der klassischen Quantitätstheorie haben sich über den keynesianischen Zins-Kreditkosten-Mechanismus und den Realvermögensansatz mittlerweile sehr ausdifferenzierte Transmissionstheorien monetärer Impulse entwickelt. Trotz aller Differenzen stimmen sie im wesentlichen darin überein, daß Veränderungen des nominalen Geldangebots Reaktionen der Wertpapier-, Konsum- und Investitionsnachfrage hervorrufen, die dann entsprechende Output-, Beschäftigungs- und Preiseffekte bewirken.[1]

Im folgenden soll versucht werden, die vorliegenden Ansätze auf sozialistische Planwirtschaften zu übertragen, d. h. Zusammenhänge zwischen monetären und güterwirtschaftlichen Größen in solchen Wirtschaftssystemen mit Hilfe prozeßtheoretischer Elemente der nicht-sozialistischen Ökonomie zu analysieren. Dies wurde bislang weitgehend abgelehnt. Die unterschiedlichen ökonomischen Bedingungen in sozialistischen Planwirtschaften – so die Argumentation – verbiete die Übertragung ökonomischer Theorien, die allein für die Analyse marktwirtschaftlicher Systeme konzipiert seien. Das zeige sich besonders deutlich am Beispiel der Makroökonomie. Sie arbeite mit monetären Größen und den Komponenten der Gesamtnachfrage, die in sozialistischen Planwirtschaften keine Bedeutung hätten, weil hier die Angebotsseite dominiere.[2]

Der Ablehnung solcher Übertragungsversuche stehen die bereits begründeten Einflußmöglichkeiten des Geldes und der Nachfrage auf güterwirtschaftliche Größen ebenso entgegen, wie die mittlerweile weitgehend erfolgte mikroökonomische Fundierung der makroökonomischen Theorie mit Verhaltenshypothesen von hohem Allgemeinheitsgrad. So ist nicht einzusehen, warum die Hypothese nutzenmaximierenden Verhaltens, auf die sich die postkeynesianische Transmissionsanalyse ebenso bezieht wie die neoquantitätstheoretische, nur für Wirtschaftssubjekte in Marktwirtschaften gelten sollte. Wie am Beispiel des Verhaltens von Staatsbetrieben gezeigt werden konnte, scheint sie unter den institutionellen Bedingungen sozialistischer Planwirtschaften ebenso zu wirken. Der Unterschied besteht vielmehr darin, daß das Spektrum von Wahlhandlungen in diesen Wirtschaftssystemen stärker begrenzt ist. Die Verhaltenshypothesen müssen daher auf die in den Systemen jeweils konkretisierten Anwendungsbedingungen bezogen werden.

Die Übertragung prozeßtheoretischer Elemente der nicht-sozialistischen Ökonomie zeigt, daß bereits unter den sehr restriktiven Anwendungsbedingungen, die traditionell für die Struktur sozialistischer Planwirtschaften unterstellt werden, monetäre Überversorgung die güterwirtschaftlichen Größen beeinflußt. Denn den Strukturvorstellungen entsprechend wird der vollständig in den zentralen Wirtschaftsmechanismus integrierte Produktionssektor ergänzt durch einen Sektor der privaten Haushalte, der über seine Einkommensentstehung und -verwendung weitgehend autonom befindet. Sobald aber differenzierte Entscheidungsspielräume für die privaten Haushalte bestehen, führt ein Geldangebotsüberschuß entgegen weit verbreiteter Meinung nicht nur zu einem ungewünschten Anstieg der privaten Kassenhaltung oder zu gelegentlichen Preissteigerungen auf den Kolchosmärkten.[3] Vielmehr sind selbst bei umfassender zentraler Planung des Outputs Realeffekte zu erwarten.

---

[1] Vgl. zur Systematisierung der transmissionstheoretischen Ansätze insbes. PARK (1972); SPENCER (1974). Zu den gegenwärtig noch bestehenden Unterschieden vgl. THIEME (1982).
[2] Vgl. u. a. AMES (1965), S. 173; BIRMAN (1980, 1), S. 591.
[3] Vgl. u. a. GARVY (1966), S. 16; GROSSMAN (1968), S. 5; BRONSON, SEVERIN (1973); BUSH (1973).

2. Output- und Beschäftigungswirkungen monetärer Impulse bei begrenzter Planautonomie der privaten Haushalte

Analytische Grundlage der angeführten Zusammenhänge ist die Neue Makroökonomie. Sie wurde im wesentlichen entwickelt, um die Mängel der keynesianischen Makrotheorie durch deren mikroökonomische Fundierung zu beheben und einen übergreifenden theoretischen Rahmen für jene unterschiedlichen Zustände der Ökonomie zu liefern, die mit Walrasianischem Gleichgewicht, unfreiwilliger Arbeitslosigkeit neoklassischen oder keynesianischen Typs, zurückgestauter Inflation sowie Unterkonsumtion bezeichnet werden.[4] Aufgrund ihrer Grundstruktur besitzt die Neue Makroökonomie den Vorteil, nach entsprechenden Modifikationen gerade auf solche sozialistischen Planwirtschaften anwendbar zu sein, in denen die Determination der güterwirtschaftlichen Proportionen ebenso wie der Güter- und Faktorpreise vollständig auf zentraler Ebene erfolgt.

Als wesentliche Annahme unterstellt die Neue Makroökonomie kurzfristig rigide Preise und Löhne sowie variable Mengen, so daß Mengenungleichgewichte auf den Märkten keine Preisvariationen, sondern Mengenreaktionen auslösen. Da die Wirtschaftssubjekte quantitative Mengenbeschränkungen in ihrem Entscheidungskalkül berücksichtigen – Rationierungen also Planrevisionen auslösen –, entstehen in Systemen mit untereinander verbundenen Märkten spillover-Effekte: Können die Wirtschaftssubjekte bei gegebenen Preisen und Löhnen ihre geplanten Transaktionen, die sich in den «notionalen» (unbeschränkten) Angebots- und Nachfragefunktionen niederschlagen, aufgrund von Mengenrationierungen nicht im vollen Umfang durchführen, ändern sie ihre ursprünglichen Tauschpläne für jene Märkte, auf denen sie nicht rationiert werden. An die Stelle der notionalen treten die «effektiven» (beschränkten) Funktionen.[5]

Analog zum Walrasianischen Gleichgewicht, das durch eine gleichgewichtige Preisstruktur die Kompatibilität der unbeschränkten Angebots- und Nachfragepläne herstellt, kommt bei Konsistenz der effektiven Pläne ein «Rationierungsgleichgewicht» zustande. Es wird über Mengenanpassungen erreicht, wobei die «kürzere Seite» des Marktes über das tatsächliche Transaktionsvolumen entscheidet und die «lange Seite» als Überschußseite rationiert wird: «A quantity-constrained equilibrium is a state in which each agent's realised transactions maximise his objective function (utility, profit or whatever): they are for the agent the best he can attain, subject to all constraints facing him ... Thus consistency of all agent's transactions in a quantity-constrained equilibrium is achieved through the adjustment of the quantity ‹rations› without any price changes.»[6]

Die ersten, die diese Überlegungen auf sozialistische Planwirtschaften übertrugen, waren HOWARD und PORTES.[7] Dabei hat PORTES einen Darstellungsrahmen gewählt,

---

[4] Vgl. zur Neuen Makroökonomie BARRO, GROSSMAN (1974) und (1976); MALINVAUD (1977); MUELLBAUER, PORTES (1978).

[5] Vgl. BARRO, GROSSMAN (1976), S. 9f., die von «notional functions» sprechen, wenn alle geplanten Transaktionen bei gegebenen Preisen und Löhnen durchführbar sind und von «effective functions», wenn Transaktionen unter nicht-markträumenden Bedingungen getätigt werden. Ebenso MALINVAUD (1977), S. 13.

[6] MUELLBAUER, PORTES (1978), S. 792.

[7] Vgl. HOWARD (1979); PORTES (1976) und (1981).

der sich zur Verdeutlichung der Realeffekte monetärer Impulse besonders gut eignet. Das im folgenden gewählte Argumentationsmodell umfaßt zwei Sektoren: den staatlichen Sektor – bestehend aus den zentralen Planinstanzen und ihren Erfüllungsgehilfen, den staatlichen Betrieben – und den privaten Sektor, der nur private Haushalte enthält. Planautonomie für die privaten Haushalte bedeutet, daß sie ihre Einkommensverwendung bei zentral vorgegebenem Güterangebot sowie ihren Arbeitseinsatz selbst bestimmen können. Unterstellt werden drei Güter: ein Outputgut, homogene Arbeit als einzig variabler Inputfaktor sowie Geld als Repräsentant des privaten Nettovermögens. Der Output (Y) entsteht im staatlichen Sektor. Seine Aufteilung auf Staatsverbrauch (X) – hierzu rechnen Investitionen, Verteidigung sowie gesellschaftlicher Konsum – und privaten Konsum (C) wird ebenso zentral festgelegt wie Lohnsatz (w) und Konsumgüterpreis (P). Der Staat bietet über seine Betriebe im staatlichen Handel Konsumgüter an (C^s) und fragt Arbeit nach (N^d); die Privaten sind Anbieter auf dem Arbeitsmarkt, erwerben Konsumgüter und halten Realvermögen in Form von Geld (M/P). Zur besseren Anschauung werden die Verhaltensfunktion und technische Relationen der einzelnen Sektoren spezifiziert.

a. Staatlicher Sektor

Der Output wird zu Beginn der Periode hinsichtlich Niveau und Verwendungsstruktur von der Zentrale geplant:

(IV.1) $Y^z = C^z + X^z$,

wobei z für zentral geplante Größen steht. Für die Produktionsfunktion gelte

(IV.2) $Y = a\sqrt{N}$ mit $a > 0$,

woraus für den geplanten Arbeitseinsatz folgt

(IV.3) $N^z = \left(\dfrac{Y^z}{a}\right)^2$.

Genießt die staatliche Absorption absolute Priorität, dann reagieren die zentralen Instanzen bei Planuntererfüllung nur mit Anpassungen des Konsumgüterangebots. X wird zu exogenen Größe und C^s zum Residuum. Variiert dagegen, wie im folgenden angenommen, der Staatsverbrauch mit Veränderungen von Y (X = bY), ist X ebenfalls eine endogene Variable:

(IV.4) $C^s = Y - X = (1 - b)Y$.

Werden die zentralen Instanzen auf dem Arbeitsmarkt mit angebotsbedingten Mengenrestriktionen konfrontiert ($N = N^s < N^d$), reagieren sie bei fester Parameterrelation ($b = \bar{b}$) mit Einschränkungen des Konsumgüterangebots und des Staatsverbrauchs gegenüber den ursprünglich geplanten Mengen. Bei Rationierung auf dem Konsumgütermarkt ($C = C^d < C^s$) wird der Angebotsüberschuß vollständig vom Staat verbraucht. Lagerhaltungsprobleme entstehen somit nicht. Das gilt auch für die Finanzierung: Die Betriebe zahlen Lohneinkommen (wN) und erzielen Verkaufserlöse (PC). Die Einnahmeüberschüsse sind an die Staatsbank abzuführen (Geldvernichtung) und Ausgabenüberschüsse, die sich in positiven privaten Ersparnissen der privaten Haushalte (m) niederschlagen, werden monetär alimentiert (Geldproduktion).

b. Privater Sektor

Die privaten Haushalte versuchen, ihren Nutzen aus Konsum und Freizeit bis zum Ende ihres Planungshorizonts zu maximieren. Der optimale Haushaltsplan kann daher in mehrere Komponenten zerlegt werden. Im Zweiperioden-Planungszeitraum mit einer Nutzenfunktion, die Konsum (C) und Freizeit (T − N) als Argumente enthält: $U(C_t, T - N_t, C_{t+1}, T - N_{t+1})$, besteht die Zerlegung aus der Zweiteilung der Optimallösung in einen auszuführenden Teil $(C_t, T - N_t)$ und einen zu planenden Teil $(C_{t+1}, T - N_{t+1})$, mit T als maximal möglicher Arbeitszeit. Entscheidungsparameter sind der gegenwärtige Lohnsatz, Produktpreis und Anfangskassenbestand M_0, der für die Folgeperiode erwartete Lohnsatz und Produktpreis sowie die erwarteten Mengenrationierungen auf dem Konsumgüter- und Arbeitsmarkt.[8]

Handlungsrelevant für die privaten Haushalte sind die auf die gegenwärtige Periode bezogenen Größen C_t und N_t, womit zugleich die Sparentscheidung m_t bestimmt ist und die Höhe des Kassenbestandes M_t, der in die Folgeperiode transferiert werden soll. Indem M die Substitution zwischen Konsum und Freizeit in der laufenden Periode und Konsum und Freizeit in der Folgeperiode ermöglicht, wird die Geldhaltung zur Entscheidungsvariablen für die gegenwärtige Periode. Bei gegebenen Erwartungen läßt sich dann aus der intertemporalen Nutzenfunktion eine indirekte Nutzenfunktion für die laufende Periode ableiten, die neben Konsum und Freizeit auch Geld enthält.[9]

Im folgenden sei unter Vernachlässigung der Zeitindices für den repräsentativen Haushalt eine spezifische Nutzenfunktion unterstellt:[10]

(IV.5) $\quad U_i = C_i^\alpha (T - N_i)^\beta (M_i/P)^\gamma$

$\quad\quad$ mit $i = 1,\ldots,n;\ N_i \geq 0;\ C_i \geq 0;\ M_i \geq 0$.

Die Budgetrestriktion des Haushalts lautet:

(IV.6) $\quad wN_i + M_{i0} = PC_i + M_i$.

Unterliegt der Haushalt keinen Mengenbeschränkungen auf dem Konsumgüter- oder Arbeitsmarkt, ergibt die Maximierung der Nutzenfunktion bei gegebener Budgetrestriktion folgende notionalen Verhaltensfunktionen:

(IV.7) $\quad \begin{cases} C_i^d = \dfrac{\alpha}{\alpha + \beta + \gamma} (wT + M_{i0}) \dfrac{1}{P} \\[2mm] N_i^s = \dfrac{\alpha + \gamma}{\alpha + \beta + \gamma} T - \dfrac{\beta}{\alpha + \beta + \gamma} \dfrac{M_{i0}}{w} \\[2mm] \left(\dfrac{M}{P}\right)_i^d = \dfrac{\gamma}{\alpha + \beta + \gamma} (wT + M_{i0}) \dfrac{1}{P}, \end{cases}$

wobei wegen $N_i \geq 0$ gelten muß: $(\alpha + \gamma) wT \geq \beta M_{i0}$.

---

[8] Vgl. BÖHM (1980), S. 4 ff.
[9] Vgl. MUELLBAUER, PORTES (1978), S. 796 ff.; SCHRETTL (1979), S. 284 f.
[10] Diese Spezifikation ist derjenigen von MALINVAUD (1977) ähnlich, die eine spezielle Struktur der Erwartungen impliziert: Die Erwartungen für die Folgeperiode hängen nur ab vom gegenwärtigen Produktpreis und Lohnsatz, nicht aber von den gegenwärtigen Mengenrationierungen; es gelten stationäre Preiserwartungen. Vgl. HILDENBRAND und HILDENBRAND (1977), S. 305 ff.

Die Verhaltensfunktionen gelten unter der Bedingung, daß die Haushalte die von ihnen geplanten Transaktionen in vollem Umfang realisieren können. Sehen sie sich demgegenüber auf dem Arbeitsmarkt oder im staatlichen Handel mit nachfrage- bzw. angebotsbedingten Mengenrationierungen konfrontiert, d.h. sind sie nicht in der Lage, die von ihnen eigentlich geplanten Arbeitsleistungen abzusetzen bzw. Konsumgütermengen zu erwerben, ändern sie ihre ursprünglichen Pläne. Im Fall einer angebotsbedingten Mengenrationierung auf dem Konsumgütermarkt ($C = C^s < C^d$) – für die Haushalte ist nunmehr neben P und w auch die Konsumgütermenge ein Datum – führt Nutzenmaximierung dann zu den revidierten effektiven Verhaltensfunktionen:

$$(\text{IV.8}) \quad \begin{cases} N_i^{s'} = N_i^s - \dfrac{\beta}{\beta + \gamma} \dfrac{P}{w} (C_i^d - C_i) \\ \left(\dfrac{M}{P}\right)_i^{d'} = \left(\dfrac{M}{P}\right)_i^d + \dfrac{\gamma}{\beta + \gamma} (C_i^d - C_i). \end{cases}$$

Ein Vergleich mit (IV.7) zeigt, daß der Haushalt bei $C_i < C_i^d$ das effektive gegenüber dem notionalen Arbeitsangebot verringert und die Geldhaltung erhöht: Die notionalen Funktionen werden jeweils um eine Komponente, die der Höhe der Überschußnachfrage proportional ist, nach unten bzw. oben korrigiert.

Die Situation auf dem Arbeitsmarkt kann graphisch verdeutlicht werden (Abb. IV.1). Bei einem staatlich fetgesetzten Lohnsatz w_0 sei der Arbeitsmarkt im Gleichgewicht ($N^s = N^d$); die notionalen Pläne der zentralen Planer und der privaten Haushalte stimmen überein. Fällt die verfügbare Konsumgütermenge unter die nachgefragte Menge (C_0), reduzieren die privaten Haushalte ihr Arbeitsangebot um so stärker, je größer bei gegebenen Löhnen, Preisen und Geldbeständen ihre Überschußnachfrage ausfällt; die notionale geht über in die effektive Arbeitsangebotsfunktion. Während das Konsumgütervolumen bei einem Umfang, der gleich oder größer ist als die Konsumgüternachfrage, keinen Einfluß auf das Verhalten der Privaten ausübt, wird C bei einem Nachfrageüberschuß zu einer Determinanten des Arbeitsangebots.

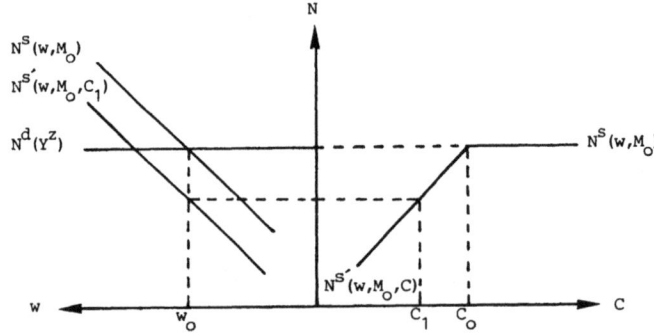

Abb. IV.1: Arbeitsmarkt bei angebotsbedingter Mengenrationierung auf dem Konsumgütermarkt.

c. Rationierungsfreies und mengenrationiertes Gleichgewicht

Wählen die zentralen Organe bei gegebenen Parametern und gegebenem T und M_0 einen Reallohn, bei dem das von ihnen geplante Konsumgüterangebot der Konsumgüternachfrage entspricht, und einen Nominallohn, bei dem das Arbeitsangebot den zur Produktion des zentral geplanten Outputs notwendigen Arbeitskräftebedarf deckt, besteht ein rationierungsfreies Gleichgewicht. Die notionalen Pläne von privaten Haushalten und zentralen Planern auf dem Konsumgüter- und Arbeitsmarkt sind konsistent und somit auch geplante und tatsächliche Realklasse identisch. Steigt nun das inländische Geldangebot – hervorgerufen durch leistungsunabhängige monetäre Übertragungen an den privaten Sektor oder den Umtausch privater Devisenbestände –, wirken gemäß (IV.7) expansive Vermögenseffekte auf die notionale Konsumgüternachfrage und kontraktive Effekte auf das notionale Arbeitsangebot. Am Konsumgüter- und Arbeitsmarkt entsteht ein Nachfrageüberschuß ($N = N^s < N^d$, $C = C^s < C^d$).

Der Nachfrageüberschuß am Arbeitsmarkt vergrößert sich, sobald die Privaten die angebotsbedingte Mengenrationierung am Konsumgütermarkt wahrnehmen. Sie revidieren ihren Angebotsplan und reagieren mit einer weiteren Reduktion ihres Arbeitsangebots, nun entsprechend (IV.8). Dadurch sinken Beschäftigung und Output mit der Folge, daß sich der Nachfrageüberschuß am Konsumgütermarkt verstärkt. Das Ergebnis sind weitere Einschränkungen des Arbeitsangebots usw. Ein mengenrationiertes Gleichgewicht ist erreicht, wenn die revidierten, den Restriktionsbedingungen angepaßten Pläne der privaten Haushalte und zentralen Planer übereinstimmen.

Die Darstellung dieser Zusammenhänge kann im Portes-Diagramm verdeutlicht werden (Abb. IV.2). Dabei repräsentiert der IV. Quadrant den Arbeitsmarkt und der

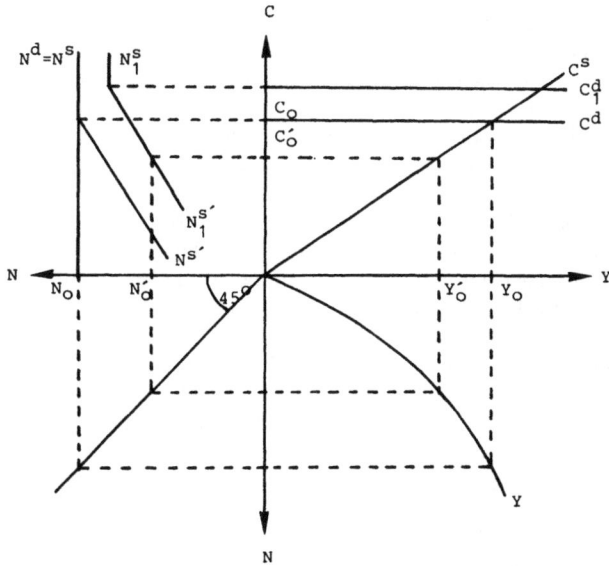

Abb. IV.2: Output- und Beschäftigungseffekte einer Geldmengenerhöhung.

I. Quadrant den Konsumgütermarkt. Im unrationierten Gleichgewicht betragen Beschäftigung, Output und Konsum N_0, Y_0 und C_0 Mengeneinheiten, die notionalen Angebots- und Nachfragepläne sind identisch. Als Reaktion auf die Geldmengenerhöhung verschiebt sich die Konsumfunktion von C^d auf C_1^d und das Arbeitsangebot von N^s auf N_1^s. Da aber gleichzeitig $C = C^s < C^d$, erfolgt eine weitere Reduktion des Arbeitsangebots; nun allerdings entsprechend der effektiven Arbeitsangebotsfunktion $N_1^{s'}$.

Im neuen mengenrationierten Gleichgewicht sind Output, Beschäftigung und Konsum auf Y_0', N_0' und C_0' gesunken. Der kontraktive Effekt, den eine Geldmengenerhöhung sowieso auf die gesamtwirtschaftlichen Aggregate bewirkt, wird durch den Nachfrageüberschuß am Konsumgütermarkt verstärkt. Die neuen Gleichgewichtswerte von Y, N und C werden durch das effektive Arbeitsangebot und das dementsprechend revidierte Konsumgüterangebot bestimmt. Der Kontraktionswirkung unterliegt annahmegemäß auch der Staatsverbrauch, es sei denn, die zentralen Organe wollen ihn unter allen Umständen aufrechterhalten ($X = \bar{X}$). In diesem Falle gehen Verringerungen des Outputs voll zu Lasten des privaten Konsums. Da sich dadurch das Angebotsdefizit auf dem Konsumgütermarkt erhöht, fallen die negativen Realeinkommens- und Beschäftigungseffekte stärker aus als bei endogenem Staatsverbrauch.

Im Gegensatz zur Geldmengenexpansion verursacht eine Reduktion des Geldangebots, etwa in Form eines Währungsschnitts, lediglich Struktureffekte. Das Arbeitsangebot steigt und die Konsumgüternachfrage sinkt, wobei der Rückgang der Nachfrage durch den Angebotsüberschuß auf dem Arbeitsmarkt verstärkt wird. Weil annahmegemäß der Nachfragerückgang auf dem Konsumgütermarkt bei den zentralen Organen keine Einschränkung des geplanten Outputs und damit auch keine Verringerung der Arbeitsnachfrage induziert, sondern der Angebotsüberschuß an Konsumgütern in den Staatsverbrauch eingeht, entstehen Strukturverschiebungen. Private Absorption wird an den Staat übertragen.

Wollen die zentralen Organe die negativen Konsequenzen des Geldangebotsüberschusses beseitigen, bieten sich – neben einer Verringerung der Geldmenge – Lohn- und Preiserhöhungen sowie eine Reduktion des Staatsverbrauchs zugunsten des Konsumgüterangebots. Neben kurzfristigen Output- und Beschäftigungseffekten entstehen dann auch Preis- oder Struktureffekte. Dabei sind die Expansionswirkungen von Preiserhöhungen und Verringerungen der staatlichen Absorption eindeutig: Eine Ausdehnung des Konsumgüterangebots induziert gemäß (IV.8) einen Anstieg des effektiven Arbeitsangebots. Da am Arbeitsmarkt ein Nachfrageüberschuß besteht, wird das zusätzliche Angebot absorbiert mit der Folge, daß der Output zunimmt. Die gleichen Konsequenzen haben Preiserhöhungen für Konsumgüter. Sie bewirken über kontraktive Realeinkommens- und Realvermögenseffekte einen Rückgang des Nachfrageüberschusses am Gütermarkt, wodurch das effektive Arbeitsangebot steigt.

Demgegenüber ist die Effizienz von Lohnerhöhungen zweifelhaft. Da die privaten Haushalte entsprechend ihren effektiven Arbeitsangebotsfunktionen handeln, entscheidet die Relation zwischen Realklassenhaltung und realem Versorgungsniveau über ihre Angebotsreaktionen:

$$(IV.9) \quad \frac{\partial N^{s'}}{\partial w} = \frac{\gamma\beta + \beta^2}{\gamma^2 + 2\beta\gamma + \beta^2} \frac{M_0 - PC}{w^2} \quad \text{für} \quad M_0/P \gtreqless C.$$

Nur bei positiven Differenzen zwischen Geldbestand und Konsumgütervolumen entstehen expansive Output- und Beschäftigungseffekte. Bei $M_0/P = C$ erfolgen überhaupt keine Reaktionen und bei $M_0/P < C$ sinken Beschäftigung und Output als Folge von Lohnerhöhungen.[11]

Die hier analysierten Zusammenhänge beziehen sich auf ein sehr restriktives Modell der zentralen Planung und Leitung. Es hat seine Aufgabe darin, über die systematische Erfassung von Verhaltensmustern den Einfluß des Geldes auf güterwirtschaftliche Variable in seiner Grobstruktur zu verdeutlichen. Eine genauere theoretische Durchdringung des Transmissionsmechanismus monetärer Impulse erfordert, daß einzelne implizit oder explizit enthaltene Modellannahmen den konkreten Organisationsbedingungen sozialistischer Planwirtschaften angepaßt werden. Zu diesen vereinfachenden und daher problematischen Annahmen gehört neben der Reduktion von Input und Output auf homogene Größen und der Beschränkung des privaten Vermögens auf monetäre Aktiva insbesondere
- die vollständige Integration der staatlichen Betriebe in den zentralen Planungs- und Lenkungsmechanismus;
- die Annahme, die kürzere Seite des Marktes rationiere die längere, was bedeutet, daß niemand gezwungen werden kann, mehr zu kaufen oder zu verkaufen als er beabsichtigt;
- die unterstellte Struktur der Erwartungsbildung, wonach Rationierungen der laufenden Periode die Rationierungserwartungen unbeeinflußt lassen;
- die Vernachlässigung außerstaatlicher Märkte mit freier Preisbildung (Schattenwirtschaft);
- die Vernachlässigung selektiver Rationierungsschemata, womit unterstellt ist, daß alle Wirtschaftseinheiten in gleichem Umfang rationiert werden;
- die Annahme, einzelwirtschaftliches Verhalten sei nicht auf Überwindung empfundener Mengenrationierung gerichtet, sondern auf optimale Anpassung, so daß Rationierung für die betroffenen Wirtschaftseinheiten zum Datum wird.

Die Annahme, wonach die kürzere Marktseite die längere rationiert, impliziert Freiwilligkeit des Tausches. Sie ist für den Konsumgütermarkt sozialistischer Planwirtschaften durchaus gegeben, für den Arbeitsmarkt gelten demgegenüber Einschränkungen. So bietet die Ausgestaltung der Arbeitskontrakte normalerweise nur die Möglichkeit, Angebotsvariationen in Intervallen durchzuführen, so daß Angebotsreduktionen nur durch den Übergang von Ganztags- zu Halbtagsbeschäftigungen oder vollkommenes Ausscheiden aus dem Arbeitsprozeß erfolgen können. Auch der häufig praktizierten Strategie, entschuldigt oder unentschuldigt vom Arbeitsplatz fernzubleiben, sind in der Praxis Grenzen gesetzt. Deshalb reduzieren die Wirtschaftseinheiten in der Regel nicht ihr mengenmäßiges Arbeitsangebot, sondern ihre Arbeitsintensität. Im Modell bewirkt dies eine Veränderung der Produktionsfunktion bei gegebenem Faktoreinsatz.

Wie bereits am Verhalten der staatlichen Betriebe gezeigt wurde, sind die Rationierungserwartungen ein erheblicher Einflußfaktor. Unter der Voraussetzung permanenter Mengenbeschränkungen auf den verschiedenen Märkten ist daher das unterstellte Erwartungsmodell wenig plausibel. Danach besteht ein ungebrochenes Zutrauen in die Kaufkraft des Geldes. Je nach Relation von Löhnen und Preisen wird es bei Restriktionen in der laufenden Periode verstärkt akkumuliert, um in der Folgeperiode vermehrt Ausgaben zu tätigen.[12] Demgegenüber scheint es realistischer, davon

---

[11] Vgl. HARTWIG (1982).
[12] Vgl. auch v. DELHAES (1978), S. 289f.

auszugehen, daß die Rationierungserfahrungen aus der gegenwärtigen und den vergangenen Perioden die Rationierungserwartungen für die Folgeperioden beeinflussen und daß für die Entscheidungen der laufenden Periode erwarteter Umfang und – unter Aufgabe des Zweiperiodenmodells – erwartete Rationierungsdauer von Bedeutung sind.[13]

Ein wesentlicher Faktor für die Übertragung monetärer Impulse in realen sozialistischen Planwirtschaften ist die Existenz außerstaatlicher Märkte mit weitgehend freier Preisbildung. Über die Schattenwirtschaft wird ein Großteil der Transmissionsprozesse abgewickelt, so daß sich Anpassungsprozesse an monetäre Ungleichgewichte und Mengenrestriktionen im staatlichen Konsumgüterhandel nicht nur auf Reduktionen des Arbeitsangebots oder der Arbeitsintensität beschränken.[14] Die Erfahrungen in den sozialistischen Planwirtschaften zeigen auch, daß Wirtschaftssubjekte von Mengenbeschränkungen nicht gleichmäßig betroffen werden. Die Ausübung bestimmter Funktionen in der Partei- und Leitungshierarchie oder die Zugehörigkeit zu bestimmten Betrieben und Berufsgruppen erleichtert in vielen Fällen den Zugriff auf Engpaßgüter. Dieser kann über spezielle Bezugsscheine, Beziehungen oder betriebsindividuelle Leistungen erfolgen oder auch, indem z. B. betriebliche Tätigkeiten den Zugang zu knappen Gütern ermöglichen, die auf illegalen Märkten veräußert oder mit denen – verschiedentlich sogar innerhalb der offiziellen Arbeitszeit – Engpaßgüter hergestellt werden.[15]

Die Annahme, Mengenrationierungen würden von den betroffenen Wirtschaftseinheiten als Datum betrachtet, korrespondiert ebenfalls nicht mit der Realität. Meist wird versucht, Mengenbeschränkungen durch Aufwendung von Transaktionskosten in Form von Wartezeiten, Suchkosten, Bestechungen usw. zu überwinden. Dabei sind die Wirtschaftssubjekte bereit, höhere als die staatlich festgesetzten Preise zu zahlen, wenn sie damit Informationskosten und Zeitaufwendungen mindern können. Anpassungsreaktionen betreffen daher nicht nur die rationierungsfreien Märkte, sondern auch die rationierten Märkte selbst.

Möglichkeiten, diese Aspekte in die Geldwirkungsanalyse zu integrieren, bieten die vermögenstheoretischen Transmissionskonzepte. Hierzu rechnen der neoquantitätstheoretische Mechanismus der relativen Preise und die postkeynesianische Theorie der portfolio-selection.[16] Grundlage sind die einzelwirtschaftlichen Vermögensentscheidungen, in denen nicht nur die Wertschätzungen über Gegenwarts- und Zukunftskonsum zum Ausdruck kommen; sie bestimmen auch Umfang und Niveau der wirtschaftlichen Aktivitäten. Die Transmission monetärer Impulse in den güterwirtschaftlichen Bereich erfolgt über Vermögensbestandsanpassungsprozesse. Der vermögenstheoretische Ansatz weist daher den Vorteil auf, bei der Untersuchung des Zusammenwirkens monetärer und güterwirtschaftlicher Variablen Strom- und Bestandsgrößen gleichermaßen zu erfassen. Aufgrund seiner mikroökonomischen Fundierung und dem Tatbestand, daß in sozialistischen Planwirtschaften – wenngleich in weitaus begrenzterem Umfang als in Marktwirtschaften – verschiedene Möglichkeiten des Vermögenserwerbs existieren, läßt sich der Ansatz prinzipiell auch auf diese Wirtschaftssysteme übertragen.[17]

---

[13] Vgl. BARRO, GROSSMAN (1974), S. 96f.; HARTWIG, THIEME (1984).
[14] Vgl. HARTWIG, (1983, 1).
[15] Vgl. bereits BERLINER (1957), S. 101. Ebenso GROSSMAN (1979), S. 838; NOVE (1980), S. 272.
[16] Vgl. BRUNNER (1970); BRUNNER, MELTZER (1974); TOBIN (1961) und (1978).
[17] Vgl. HARTWIG, THIEME (1984).

3. Ein vermögenstheoretischer Ansatz der Geldwirkung in sozialistischen Planwirtschaften

Die Vermögensdefinition umfaßt alle Aktiva, die einen Nutzenstrom abwerfen. Nutzenstiftend sind pekuniäre und nicht-pekuniäre Erträge, während Transaktionskosten und Risiken den Nutzen der Vermögenshaltung beeinträchtigen. Insofern trägt eine Verringerung von Transaktionskosten und Risiken sowie ein Anstieg der Erträge positiv zum Gesamtnutzen des Vermögens bei. Vermögensoptimierendes Verhalten unterstellt, wählen die Wirtschaftssubjekte jene Aktivastruktur, die unter Berücksichtigung der aktivaspezifischen erwarteten Erträge, Kosten und Risiken bei gegebener Risikoneigung den Nutzen eines gegebenen Vermögens maximiert. Die Einbeziehung solcher Aktiva, die vergleichsweise geringe Erträge abwerfen, resultiert aus ihren Transaktionskosten- und Risikovorteilen. Daher ist auch Geld Gegenstand nutzenmaximierender Wahlhandlungen. Der Nutzen der Geldhaltung besteht in der Ersparnis von Transaktionskosten, der Zahlungssicherheit und – bei Preisstabilität – der Wertsicherheit.[18]

Das Nutzenmaximum ist erreicht, wenn die Grenznutzen der verschiedenen, dem Vermögen zugehörigen Aktivaarten ausgeglichen sind. Zwischen den einzelnen Aktiva bestehen Substitutions- oder Komplementaritätsbeziehungen, so daß die Nachfrage nach jedem Aktivum von den spezifischen erwarteten Erträgen, Kosten und Risiken dieser Vermögensform, den Erträgen, Kosten und Risiken der anderen Anlageformen sowie von der Höhe des gesamten Vermögensbestandes als Budgetrestriktion abhängt.[19] Da die Wirtschaftssubjekte nicht nur Entscheidungen über die Struktur ihres Vermögens, sondern auch über seinen Umfang treffen, müssen die Passiva der Vermögensbilanz sowie die Beziehungen zwischen Einkommen und Vermögen berücksichtigt werden. Der Verzicht auf Gegenwartskonsum und die Kreditaufnahme ermöglichen es, den Vermögensbestand, im zweiten Falle über das vorhandene Nettovermögen hinaus, auszuweiten.

Änderungen der erwarteten Erträge, Risiken und Kosten verursachen Störungen der Vermögensstruktur; ebenso Variationen der Aktivamengen, die zudem – wie Preisniveauveränderungen – den realen Bruttovermögensbestand beeinflussen. Dadurch werden Substitutions- und Vermögenseffekte ausgelöst, die sich in Reaktionen der einzelnen Bestands- und Stromnachfragen niederschlagen. Wie Veränderungen anderer Vermögensbestandteile führen Variationen der realen Geldbestände zu Anpassungsreaktionen. Aufgrund geringerer Transaktionskosten werden davon zunächst die Finanzaktiva betroffen. Danach erfolgen Reaktionen auf den Bestandsmärkten für Sachaktiva und schließlich werden die monetären Impulse über die Investitions- und Konsumnachfrage auf die Märkte für neuproduzierte Güter übertragen.[20]

---

[18] Vgl. TOBIN (1957/58) und (1965); CLAASSEN (1980), S. 149f.

[19] Da sich die Risiken des Finanzvermögens qualitativ von denen des Sachvermögens unterscheiden, unterstellt die postkeynesianische Portfoliotheorie Komplementarität zwischen den beiden Vermögensblöcken. Selbst bei gleichbleibenden Ertragsraten für Finanz- und Sachaktiva werden daher die Wirtschaftssubjekte bei Veränderungen ihres Finanzvermögensbestandes ihren Sachaktivabestand ebenfalls verändern, um die alte Risikostruktur wieder herzustellen. Vgl. TOBIN (1978), S. 50ff.

[20] Vgl. zum Transmissionsprozeß BRUNNER (1970).

Bei der Wirkungsanalyse monetärer Impulse in kapitalistischen Marktwirtschaften werden Depositen häufig nicht zum relevanten Vermögen gerechnet. Die Begründung dafür ist, daß Depositen gleichzeitig Aktiva der privaten Nichtbanken und Verbindlichkeiten des privaten Bankensystems darstellen. Daher sei der gesamtwirtschaftliche Nettoeffekt einer Zunahme des Depositenvolumens gleich Null, weil in der konsolidierten Vermögensbilanz des privaten Sektors diese Zunahme von einem gleichzeitigen Anstieg der Verbindlichkeiten begleitet werde.[21] Abgesehen davon, daß diese Position zunehmend kritisiert wird, besteht das damit verbundene Problem einer notwendigen Separierung von Veränderungen der Bargeldmenge und des Depositenbestandes für sozialistische Planwirtschaften nicht. Beide Komponenten weisen die gleiche Qualität auf; sie repräsentieren beide Verbindlichkeiten des Staatsbankensystems.

Weitere Faktoren, die bei der Übertragung des vermögenstheoretischen Ansatzes auf diese Wirtschaftssysteme zu berücksichtigen sind, betreffen:
- das begrenzte Aktivaspektrum, das die Entfaltung der Vermögensstruktur stark einengt;
- die Inflexibilität vieler Preise und Ertragssätze, wodurch die Anpassungen der Grenznutzen einzelner Aktiva über relative Preisänderungen erschwert wird;
- Mengenrationierungen, die erwünschte Mengenanpassungen oft verhindern;
- die unterschiedlichen Entscheidungskalküle der privaten Wirtschaftseinheiten und der staatlichen Betriebe sowie den Einfluß, den zentrale Instanzen auf die betriebliche Vermögensstruktur ausüben.

a. Determinanten der Vermögensstruktur privater Wirtschaftseinheiten

Das Vermögensspektrum der privaten Wirtschaftssubjekte umfaßt Finanzaktiva, Sachaktiva und Humanvermögen. Abgesehen von Staatsanleihen, die – wenn überhaupt – nur in geringem Umfang existieren sowie häufig als Zwangsanleihen emittiert und oft abgewertet worden sind, bestehen Finanzaktiva aus Bargeld, Sicht- und Termindepositen, Einlagen auf Buchsparkonten und bei Versicherungen und Westdevisen. Zu den Sachaktiva rechnen insbesondere Immobilien, Schmuck und dauerhafte Konsumgüter sowie bei den wenigen privaten Agrar- und sonstigen Betrieben Produktionsmittel.[22]

Aktiva	Vermögensbilanz der privaten Wirtschaftseinheiten	Passiva
Finanzvermögen		Nettovermögen
Sachvermögen		Kredite
Humanvermögen		
Bruttovermögen		Bruttovermögen

---

[21] Vgl. GURLEY, SHAW (1960), S. 72f.; PATINKIN (1965), S. 295f.
[22] Zu den einzelnen Vermögenskategorien vgl. BOUCHAL (1979), S. 76f. Langlebige Konsumgüter dienen als Produktionsmittel, wenn mit ihnen Güter für die Schattenwirtschaft produziert werden.

Der Vermögenscharakter dauerhafter Konsumgüter resultiert aus der kontinuierlichen Nutzbarmachung der von ihren Beständen abgegebenen Leistungen. Im Gegensatz zu Dienstleistungen und jenen Gütern, die dem eigentlichen Gegenwartskonsum im Sinne von «Verbrauch» dienen, werden sie nur zu einem Bruchteil in der Gegenwart «verbraucht». Ihre Leistungsabgabe verteilt sich vielmehr über eine längere Nutzungsdauer. Deshalb ist ihr Kauf und die sich anschließende Bestandshaltung als Vermögensanlageentscheidung zu interpretieren.

Die Erträge der Aktiva bestehen aus Löhnen, Zinsen, Spekulationsgewinnen, Mieteinnahmen sowie sonstigen Nutzenstiftungen; die Risiken in der Unsicherheit, mit der die erwarteten Erträge behaftet sind.[23] Finanzaktiva unterliegen dem Risiko des Realwertverlustes bei Preis- und Kassenhaltungsinflation sowie dem Risiko des Nominalwertverlustes durch Währungsreformen. Realwertsicher dürften Wertdevisen sein, deren Schwarzmarktkurse im allgemeinen der inflationären Entwicklung folgen, weil ihre Transaktionskostenvorteile gegenüber heimischer Währung mit steigenden Güterengpässen zunehmen. Die Entwicklung in Polen in den vergangenen Jahren bestätigt dies eindrücklich.[24] Da umgekehrt mit zunehmender Besserversorgung an Konsumgütern und Dienstleistungen die Schwarzmarktkurse sinken, besteht für Westdevisen neben politischen Unwägbarkeiten das Risiko preisbedingter Kapitalwertverluste.

Absolute Kapitalwertverluste durch sinkende Güterpreise können für Sachaktiva vernachlässigt werden, denn entweder haben sich deren Preise aufgrund administrativer Maßnahmen in der Vergangenheit nicht geändert oder sie sind gestiegen. Demgegenüber unterliegen sie dem Risiko von Verlusten infolge relativer Preisänderungen sowie durch außerökonomische Faktoren und unerwartet hohen Verschleiß.

Das Risiko, Einkommens- und Nutzeneinbußen zu erleiden, besteht für Humanvermögen einmal bei seinem Einsatz in der Schattenwirtschaft. Neben Spekulationsverlusten oder unerwartet hohen Transaktionskosten, die ertragsmindernd wirken, sind insbesondere illegale Aktivitäten mit hohen Risiken behaftet. Risiken resultieren zudem aus möglichen Fehlinvestitionen in Humankapital. Gerade die neuere Entwicklung in den sozialistischen Planwirtschaften verdeutlicht, daß die erwarteten Erträge von Bildungsinvestitionen mit erheblichen Unsicherheiten behaftet sind. So finden Hochschulabgänger häufig keine ihrem Qualifikationsniveau entsprechenden Arbeitsplätze, was sich nicht nur auf das pekuniäre Einkommen, sondern auch den sozialen Status sowie die Zugriffschancen auf knappe Güter auswirkt.[25]

Unterschiede in den Transaktionskosten der einzelnen Aktiva sind auf technische Gegebenheiten und vor allem auf Güterrestriktionen zurückzuführen. Für besonders begehrte, im staatlichen Handel nur begrenzt verfügbare Aktiva entstehen beim Erwerb neben gewöhnlich anfallenden Transaktionskosten zusätzliche Kosten in Form von Wartezeiten, Bestechungen, dem Ressoucenverzehr bei der Suche nach alternativen Möglichkeiten des Gütererwerbs sowie in Form zusätzlicher Ausgaben für höhere Preise. Denn Engpaßgüter können in aller Regel auf den außerstaatlichen Märkten zu höheren Preisen als im staatlichen Handel erworben werden, so daß sich durch die Bereitschaft, höhere Preise in der Schattenwirtschaft zu zahlen, Wartezeiten und Sachkosten vermeiden lassen. Diejenige Beschaffungsart, die den geringeren Nutzenentgang stiftet, wird gewählt. Aus diesem Grund kann es einzelwirtschaftlich

---

[23] Vgl. zum folgenden HARTWIG, THIEME (1982).
[24] Vgl. BACZYNSKI (1985).
[25] Vgl. u. a. FOX (1977), S. 9 f.; GABRISCH (1981, 2), S. 83 f.; KLINGER (1985), S. 30 f.

durchaus rational sein, bei Mengenrationierung im staatlichen Handel und hohen Preisen und Risiken in der Schattenwirtschaft die Geldnachfrage zu erhöhen. Ein Anstieg der Geldhaltung ist dann die Folge von Substitutionsprozessen innerhalb der Vermögensstruktur zugunsten der «preiswerteren» Alternative.[26] Mit den gleichen Argumenten läßt sich – neben unvollkommener Teilbarkeit und an deren technischen Faktoren – auch die temporäre Stabilität einzelner Vermögensbestandteile begründen.

Zusätzliche Bedeutung erhalten Güterrestriktionen, wenn sie von den Wirtschaftssubjekten trotz der Bereitschaft, hohe Transaktionskosten und Risiken aufzuwenden, nicht überwunden werden können. In diesem Fall ist die gewünschte Vermögensstruktur nicht realisierbar. Sofern die Haushalte mit einer Aufhebung der Mengenrestriktionen rechnen, halten sie vermehrt die noch verfügbaren Aktiva – darunter auch Geld –, um sie in den Folgeperioden in gegenwärtige Engpaßgüter umzuwandeln. Erwarten sie demgegenüber ein Andauern der Restriktionen, reagieren sie mit der oben beschriebenen Reduktion ihres Arbeitseinsatzes. Dies dürfte allerdings seltener der Fall sein, denn meist scheinen Mengenrestriktionen zumindest längerfristig überwindbar, so daß als Anpassungsbarrieren überwiegend Transaktionskosten und Risikoaversion wirken.

b. Die Vermögensstruktur der staatlichen Betriebe

Das Verhalten der staatlichen Betriebe bezüglich der von ihnen angestrebten Aufteilung ihrer Aktiva und Passiva wurde bereits ausführlich beschrieben. Das gilt ebenso für die Einflußmöglichkeiten der zentralen Instanzen, so daß hier eine kurze problembezogene Darstellung genügt.

Die Vermögensbilanz der staatlichen Betriebe besteht aus den sog. Produktionsgrundfonds bzw. Grundmitteln – das ist das materielle Anlagevermögen – und den materiellen und finanziellen Umlaufmitteln auf der Aktivseite sowie den eigenen und fremden Fonds auf der Passivseite. Langfristige Finanzanlagen existieren nicht. Da nicht nur Sach- und Finanzaktiva pekuniäre Erträge abwerfen oder das Risiko von Planunterfüllung mindern, sondern auch der Arbeitskräftebestand, müßte die Bilanz eigentlich um das betriebliche Humanvermögen erweitert werden.

Aktiva	Vermögensbilanz der staatlichen Betriebe	Passiva
materielles Anlagevermögen		eigene Fonds
materielle Umlaufmittel		Bankkredite
finanzielle Umlaufmittel – Kassenbestand – Forderungen – Bankguthaben		sonstige Verbindlichkeiten
Bruttovermögen		Bruttovermögen

---

[26] Vgl. HARTWIG (1983, 1).

Die Bilanzstruktur ist weitgehend durch die Art des produzierenden Outputs, die Produktionstechnik, zentrale Investitionsprogramme usw. bestimmt. Das große Interesse der Betriebe an Sachaktiva und Arbeitskräften induziert eine relativ geringe Nachfrage nach monetären Aktiva; abgesehen von einem zur Finanzierung der laufenden und zukünftigen Ausgaben erforderlichen Bestand an Transaktionskasse. Aufgrund des Kreditautomatismus, kaum spürbarer Kreditkosten, geringer Habenzinsen und der Institution des Naturaltauschs auf den Parallelmärkten dürfte der Bedarf an Vorsichtskasse für unerwartete Liquiditätsengpässe sowie an Spekulationsmitteln für sich kurzfristig ergebende Möglichkeiten des Erwerbs knapper Inputfaktoren nur wenig ausgeprägt sein. Frei verfügbare monetäre Aktiva werden daher im allgemeinen unverzüglich in Sachaktiva umgewandelt oder zu Lohnfondserhöhungen verwendet.

Im Gegensatz zu den Privaten scheinen die Betriebe einer Budgetrestriktion kaum zu unterliegen. Wie gezeigt wurde, gelingt es ihnen vielmehr, ihre Passiva auch gegen den Willen der zentralen Organe permanent durch Kreditaufnahme auszudehnen. Der Nutzenentgang der kreditfinanzierten Anlagen wird im allgemeinen geringer bewertet als der erwartete Nutzenzuwachs; obwohl Bestandsveränderungen Transaktionskosten verursachen und die erwarteten pekuniären Erträge von Investitionen vielfach sehr gering und mit großen Unsicherheiten behaftet sind. Der Nutzengewinn beruht darauf, daß hohe Bestände das Planuntererfüllungsrisiko in Gegenwart und Zukunft mindern und den Bürokratieleitern pekuniäre und nicht-pekuniäre Erträge ermöglichen. Aufgrund des Leistungsanreiz- und Kontrollsystems sowie der mangelnden Konkursfähigkeit, die eine persönliche Haftung weitgehend ausschließt, sind Sachaktiva ebenso wie der Beschäftigtenstand im Entscheidungskalkül der Betriebe kaum mit Risiken behaftet.[27]

Da sich das Geldangebot weitgehend der betrieblichen Geldnachfrage anpaßt, werden die Betriebe mit Mengenrestriktionen dann konfrontiert, wenn sie ihren Sachaktiva- oder Arbeitskräftebestand ausdehnen wollen. Verschiedentlich können Restriktionen durch Aufwendung von Transaktionskosten behoben oder gemindert werden. Sie resultieren aus Bestechungen, Verhandlungen mit übergeordneten Instanzen oder der Suche nach Anbietern und Substituten für die benötigten Inputfaktoren. Verschiedentlich ist dies jedoch nicht möglich, weil den gewünschten Investitionen die Genehmigung verweigert wird – davon sind vor allem Vorhaben größeren Umfangs betroffen – oder die nachgefragten Ressourcen nicht zur Verfügung stehen.

c. Anpassungseffekte bei expansiven monetären Impulsen

Bei der folgenden Transmissionsanalyse sind den konkreten Bedingungen sozialistischer Planwirtschaften entsprechend drei Gruppen von Akteuren zu unterscheiden: Zentrale Planungs- und Leitungsinstanzen, staatliche Betriebe und Private. Der gesamtwirtschaftliche Output entsteht im staatlichen und im außerstaatlichen Sektor, d. h. in den staatlichen Betrieben und bei den privaten Wirtschaftseinheiten. Im staatlichen Sektor existieren neben dem offiziellen Versorgungssystem zwischenbetriebliche Parallelmärkte. Sie rechnen ebenso zur Schattenwirtschaft wie die vielgestaltigen privaten Märkte.

---

[27] Vgl. auch KORNAI (1980), S. 524: «There is absolute assurance of risk-free investment.»

Ausgangspunkt sei ein Anstieg des Geldangebots, der dadurch hervorgerufen wird, daß die Betriebe höhere Mittelzuweisungen oder geringere Abgaben an den Staatshaushalt erreichen, die aus stillgelegten Budgetüberschüssen finanziert werden. Es kommt im Zeitablauf zu einer Reihe von sich zum Teil in ihren Wirkungen überschneidenden Anpassungsreaktionen, von denen hier nur die wesentlichsten skizziert werden können und die nicht exakt in der aufgeführten Reihenfolge auftreten müssen. Dabei gelten zunächst gegebene Erwartungen und gegebene Verhaltensweisen der zentralen Organe. Distributionseffekte werden vernachlässigt.[28]

Durch die höheren Mittelzuweisungen steigt die Kassenhaltung der Betriebe mit der Konsequenz, daß der Grenznutzen sinkt. Von den dadurch ausgelösten Anpassungsreaktionen sind in Ermangelung ertragreicher finanzieller Anlagealternativen und aufgrund der spezifischen betrieblichen Interessen unmittelbar Sachaktiva und der Arbeitskräftestand betroffen. Ein Abbau der betrieblichen Verschuldung ist nicht anzunehmen. Die gestiegene Nachfrage nach Sachaktiva findet kurzfristig ihren Niederschlag in zusätzlichen Forderungen nach Investitionsgütern und Umlaufmitteln gegenüber den zentralen Versorgungsorganen sowie auf den Parallelmärkten. Längerfristig äußert sie sich in den Betriebsplanentwürfen, die einmal jährlich aufgestellt werden. Die Reaktionen auf dem Arbeitsmarkt sind ähnlich, so daß außerplanmäßige Lohnfondserhöhungen als Resultat gestiegener Arbeitsnachfrage weniger auf eine Zunahme der Beschäftigung als auf steigende Löhne zurückgehen. Die erworbenen Inputfaktoren dienen der Vorratshaltung und werden für außerplanmäßige Anlageinvestitionen eingesetzt.

Neben Preis- und Kosteneffekten induzieren die Anpassungsreaktionen der Betriebe vor allem Struktureffekte: Knappe Güter werden aus ihren geplanten Verwendungen abgezogen und außerplanmäßig eingesetzt mit der Konsequenz, daß die Durchführung geplanter Vorhaben gestört wird. Expansive Outputeffekte sind möglich, sofern die zunehmenden Engpässe an Inputfaktoren und Preissteigerungen auf den Parallelmärkten die Betriebe dazu bewegen, ihre vorhandenen Leistungsmöglichkeiten besser zu nutzen, so daß die Planerfüllung trotz zusätzlicher außerplanmäßiger Aktivitäten gewährleistet ist.

Durch legale und illegale Lohnfondserhöhungen sowie Zahlungen für Leistungen, die von privaten Betrieben für die staatliche Wirtschaft erbracht werden, gelangt der monetäre Impuls in den privaten Sektor. Die Geldhaltung der Privaten steigt bei abnehmendem Grenznutzen. Aufgrund vergleichsweise geringerer Informations- und Veränderungskosten erwerben die Wirtschaftssubjekte zunächst verstärkt Finanzaktiva. Der Umfang an längerfristigen und daher höher als Sicht- und Spargiroeinlagen verzinsten Depositen steigt. Ebenso expandiert die Nachfrage nach jenen Finanzaktiva, die Zugriffsrechte auf Engpaßgüter in zukünftigen Perioden garantieren und Zugriffschancen in der Gegenwart verbessern. Ersteres ermöglichen Guthaben auf Ansparkonten, letzteres Westdevisen, deren Schwarzmarktkurse steigen.

Die Übertragung des monetären Impulses in den güterwirtschaftlichen Bereich konzentriert sich aufgrund von Preisvorteilen zunächst auf den staatlichen Konsumgüterhandel. Mit zunehmenden Informations- und Veränderungskosten in Form von Wartezeiten, Suchkosten, Bestechungen wird der Impuls dann auf die außerstaatlichen Märkte übergreifen. Dort steigen die Preise um so stärker, je größer die Mengenrationierungen im staatlichen Handel sind. Begleitet wird diese Entwicklung von einer Verringerung der Passiva.

---

[28] Vgl. dazu CASSEL, Thieme (1976).

Zunehmende Güterengpässe im staatlichen Handel und steigende Preise auf den außerstaatlichen Märkten induzieren zusätzliche private Aktivitäten. Einmal müssen die Wirtschaftssubjekte vermehrt knappe Ressourcen aufwenden, um die von ihnen nachgefragten Güter beschaffen zu können; sei es durch Anstehen in Käuferschlangen, sei es bei der Suche nach Möglichkeiten des Gütererwerbs oder durch Bestechungen. Zum anderen lassen sich durch die Preissteigerungen in der Schattenwirtschaft zusätzliche Einkommen erzielen, so daß der Arbeitseinsatz in diesem Bereich zunimmt. Sofern die Wirtschaftssubjekte nicht bereit sind, ihre Freizeit in entsprechendem Umfang zu reduzieren, verringern sie ihren Arbeitseinsatz in den staatlichen Betrieben durch vermehrtes Fernbleiben oder durch Einschränkungen ihrer Leistungen am Arbeitsplatz.

Die Leistungssteigerungen im privatwirtschaftlichen Bereich führen zur Ausdehnung der Güterproduktion, womit der monetäre Impuls von bereits produzierten Gütern auf neu produzierte übertragen wird. Allerdings geht der expansive Beschäftigungs- und Outputeffekt zu Lasten des staatlichen Sektors, wo neben Arbeitsleistungen auch Vor- und Zwischenprodukte aus ihren zentral geplanten Verwendungen in den staatlichen Betrieben abgezogen und in den privaten Sektor umgelenkt werden. Die Arbeitsproduktivität sinkt, und die betriebliche Planerfüllung für Investitions- und Konsumgüter wird durch ungeplante Materialengpässe zusätzlich gefährdet, was sich infolge der planmäßigen Interdependenzen der Produktionsprozesse im gesamten staatlichen Sektor auswirkt. Da die staatlichen Betriebe ihre Planerfüllung nicht gefährden wollen, werden sie ihre vorhandenen Leistungsreserven mobilisieren. Damit bleibt der Output im Rahmen seines geplanten Umfangs. Möglicherweise fällt allerdings die Planübererfüllung geringer aus.

Neben gestiegenen Konsumausgaben ist auch ein Anstieg privater Humankapitalinvestitionen möglich. Beurteilen die Wirtschaftssubjekte ihre Chancen günstig, durch Humankapitalinvestitionen bessere, kostengünstigere und risikolosere Zugriffsmöglichkeiten auf knappe Güter in der Zukunft zu erhalten, werden sie entsprechende langfristige Bestandsanpassungen vornehmen. Dazu gehören:
- Erwerb von Zusatzqualifikationen, die zur Ausübung solcher Berufe befähigen, die eine Besserversorgung mit Engpaßgütern erwarten lassen;
- Erlangung von Fähigkeiten, die auf spezifischen Märkten (z.B. Auslandsmärkten) einsetzbar sind;
- Teilnahme an Parteischulungen, deren erfolgreiche Absolvierung für einen Aufstieg innerhalb der Parteihierarchie und den damit verbundenen Privilegien bei der Güterversorgung Voraussetzung ist;
- Erwerb von Fähigkeiten mit hohem politischen Prestigewert (z.B. Hochleistungssportler).[29]

Der Transmissionsprozeß ist beendet, wenn die Wirtschaftssubjekte ihre gewünschten Anpassungen vorgenommen haben oder auf unveränderbare angebotsbedingte Mengenrestriktionen stoßen, die sie nicht überwinden können. Dabei wird der Abbau ungewünschter Kassenbestände einmal dadurch bewirkt, daß mit steigenden Preisen die nominale Geldnachfrage zunimmt, weil die Wirtschaftssubjekte einen größeren Umfang an Transaktionskasse benötigen. Zum anderen steigt die Geldnachfrage als Resultat zunehmender Güterengpässe im staatlichen Handel. Sie induzieren steigende Transaktionskosten, Preise und Risiken für die betroffenen Engpaßgüter,

---

[29] Vgl. HARTWIG, Thieme (1984).

womit die Geldhaltung als kostengünstige und riskolose Anlageform wieder an Attraktivität gewinnt. Zudem werden Engpaßgüter häufig unerwartet und in kleinen Mengen auf dem staatlichen Konsumgütermarkt angeboten. Um die damit verbundenen Zugriffschancen auf preisgünstige Beschaffungsmöglichkeiten nutzen zu können, benötigen die Wirtschaftssubjekte Geld; und je mehr sie auf solche Gelegenheiten angewiesen sind, je größer ist ihre Nachfrage nach Kasse. Dabei werden zudem möglichst große, über den unmittelbaren Bedarf hinausgehende Gütermengen erworben, weil dadurch die zukünftige Bedarfsdeckung gesichert ist und die Güter darüberhinaus zu Spekulationszwecken auf den außerstaatlichen Märkten eingesetzt werden können. Bestehen unüberwindbare Mengenrestriktionen oder erreichen die Preise, Risiken und Transaktionskosten ein nach subjektiven Einschätzungen exorbitant hohes Ausmaß, so unterbleiben ursprünglich geplante Mengenanpassungen bei den betroffenen Gütern. Verantwortlich dafür ist letztlich die Budgetrestriktion, der alle privaten Wirtschaftseinheiten unterliegen. Da sich die staatlichen Betriebe einer solchen Restriktion nur in viel schwächerem Umfang gegenübersehen und dementsprechend Preise und Transaktionskosten in ihrem Entscheidungskalkül anders bewerten, dürften ihre Verhaltensweisen von denjenigen des privaten Sektors erheblich differieren.[30]

Die gesamtwirtschaftlichen Effekte der beschriebenen Anpassungsreaktionen lassen sich aufgrund ihrer Vielschichtigkeit und gegenseitigen Überlagerung nur schwer abschätzen. Auch dürften sie in der Realität in einzelnen Bereichen noch differenzierter ablaufen, in anderen dagegen institutionell bedingt eher an Grenzen stoßen. Gleichwohl können folgende Effekte postuliert werden:

– Zunächst entstehen in jedem Falle Preiseffekte. Das Lohnniveau steigt aufgrund außerplanmäßiger Lohnerhöhungen, ebenso das Preisniveau in der Schattenwirtschaft als Folge gestiegener Nachfrage. Die Preisreaktionen im staatlichen Handel und im staatlichen Versorgungssystem für Produktionsgüter sind demgegenüber unbestimmt. Einerseits ist zu erwarten, daß die verantwortlichen Instanzen – nicht zuletzt aus ideologischen Gründen – Preiserhöhungen nicht zulassen. Gemäß dem eingangs dargestellten analytischen Konzept ist dies allerdings nicht gleichbedeutend mit Geldwertstabilität, denn im staatlichen Sektor steht den gestiegenen Geldbeständen der staatlichen Betriebe und der Privaten kein entsprechend größeres Volumen an Produktions- und Konsumgütern gegenüber, so daß die Möglichkeit abnimmt, die je Geldeinheit gegebenen Ansprüche auf produzierte Güter zu realisieren. Auf der anderen Seite gelingt es den staatlichen Betrieben immer wieder, auch solche Preiserhöhungen gegenüber den verantwortlichen Organen durchzusetzen, die nicht auf Produktverbesserungen oder Kostensteigerungen beruhen.[31] Zudem scheinen die zentralen Entscheidungsinstanzen in der jüngeren Vergangenheit zunehmend auf Preiserhöhungen als Instrument zur Kaufkraftabschöpfung zurückzugreifen.

– Die Struktureffekte bestehen darin, daß Inputfaktoren aus dem staatlichen Sektor abgezogen und der privaten Verwendung zugeführt werden. Ob sich die damit verbundenen kontraktiven Beschäftigungs- und Outputeffekte im staatlichen Sektor und die Expansionswirkungen im außerstaatlichen Bereich kompensieren, ist schwer zu beurteilen. Da nach allen bisherigen Erfahrungen die Grenzproduktivitäten in der Schattenwirtschaft größer sein dürften als im staatlichen Sektor, schei-

---

[30] Vgl. auch KORNAI (1980), S. 297 ff.
[31] Vgl. u. a. MEDWEDEW (1985), S. 140.

nen expansive Nettoeffekte plausibel. Dem steht allerdings entgegen, daß die Wirtschaftssubjekte erhebliche Ressourcen bei der Überwindung bestehender Güterrestriktionen aufwenden müssen. Der Ausfall dieser Ressourcen für die produktive Verwendung wirkt wohlfahrtsmindernd.

Die Reaktionen der Wirtschaftssubjekte auf monetäre Überversorgung werden wesentlich durch ihre Rationierungserwartungen bestimmt. So gelten die dargestellten Zusammenhänge bei gegebenen Rationierungserwartungen. Rechnen die privaten Haushalte und staatlichen Betriebe demgegenüber aufgrund zunehmender Güterengpässe in der laufenden Periode mit einer weiteren Verschärfung und weiteren Preissteigerungen in der Folgeperiode, erhalten die beschriebenen Effekte weitere erwartungsinduzierte Impulse: Die Wirtschaftssubjekte versuchen, für die Zukunft geplante Güterkäufe vorzuziehen und Vorräte anzulegen. Um den zusätzlichen Bedarf finanzieren zu können, sinkt die Geldnachfrage, während die Kreditnachfrage zunimmt. Die gestiegene Güternachfrage bewirkt eine weitere Zunahme der gegenwärtigen Güterengpässe im staatlichen Sektor und weitere Preissteigerungen auf den außerstaatlichen Märkten. Diese Effekte werden verstärkt, wenn es den Betrieben gelingt, ihren gestiegenen Kreditbedarf bei den Banken durchzusetzen, wodurch neue monetäre Impulse entstehen.

Erwarten die Wirtschaftssubjekte eine unüberschaubare Restriktionsphase und beurteilen sie auch ihre Chancen skeptisch, durch vermehrte Aktivitäten im privaten Sektor und die Aufwendung von Informations- und Veränderungskosten die Engpaßsituation verbessern zu können, erfolgt bei den Privaten die eingangs beschriebene Verringerung des mengemäßigen Arbeitsangebotes: Sie substituieren unsicheren Zukunftskonsum durch vermehrte Freizeit. Ebenfalls anzunehmen sind Reduktionen des Humankapitalbestandes, indem die zu seiner Aufrechterhaltung notwendigen Ersatzinvestitionen eingeschränkt werden. Da die staatlichen Betriebe nicht mehr mit einer kontinuierlichen Zunahme ihrer Leistungsreserven rechnen können, besteht ihre Strategie darin, niedrigere Planauflagen zu erhalten. Längerfristig sinken Output und Beschäftigung.

Ob und inwieweit sich die für das System der zentralen Planung und Leitung destabilisierenden Effekte auch längerfristig durchsetzen, hängt wesentlich vom Verhalten der zentralen Organe und ihrer Durchsetzungsfähigkeit gegenüber den staatlichen Betrieben ab. Gelingt es nicht, insbesondere die Güterversorgung der privaten Haushalte zu verbessern und reagieren sie auf das Entstehen außerstaatlicher Märkte mit Verboten und Kontrollen, ist damit zu rechnen, daß der demotivierende Einfluß monetärer Überversorgung und nachfolgender Güterengpässe auf die Arbeitsneigung langfristig dominiert. Dies wird auch zunehmend in den sozialistischen Planwirtschaften erkannt.

Kann demgegenüber monetäre Überversorgung durch steigende Preise oder eine Zunahme des Güterangebots im staatlichen wie im privaten Handel gemindert werden oder gelingt es, die Erwartungen der Privaten so zu beeinflussen, daß ein Geldangebotsüberschuß durch einen Anstieg der gewünschten Geldhaltung absorbiert wird, weil die Wirtschaftssubjekte mit vermehrtem Konsum in der Zukunft rechnen, wird es nicht zu einem Rückgang der Leistungsbereitschaft in den staatlichen Betrieben kommen. Das setzt allerdings voraus, daß die zentralen Organe in bestimmten Situationen von den ideologisch präformierten Vorstellungen zur Preisgestaltung im Sozialismus ebenso Abstand nehmen wie vom Prinzip des forcierten Wachstums des Produktionsgütersektors. Eine weitere Voraussetzung besteht darin, daß die staatlichen Betriebe entsprechende Vorhaben der zentralen Organe nicht durch ihr Hortungsstreben, Ausschußproduktion oder außerplanmäßige Investitionen unterlaufen. Ebenso wie den Versuchen, das Entstehen monetärer Überversorgung zu vermeiden, scheinen nach allen bisherigen Erfahrungen solchen zentralen Vorhaben jedoch systembedingte Grenzen gesetzt.

V. Ergebnisse und Schlußfolgerungen

In der vorliegenden Untersuchung wurde versucht, monetäre Phänomene in sozialistischen Planwirtschaften einer systematischen Analyse zu unterziehen. Dabei konnte gezeigt werden, daß Geld nicht nur integraler Bestandteil dieser Wirtschaftssysteme ist, sondern – im Gegensatz zur weithin vertretenen Auffassung – zudem einen nicht zu vernachlässigenden ökonomischen Einflußfaktor darstellt. Daraus ergibt sich für die zentralen Instanzen die Notwendigkeit, das Geldangebot so zu steuern, daß aus der Geldversorgung keine zentral unerwünschten ökonomischen Effekte resultieren. Dieses Ziel kann – den theoretischen und politischen Vorstellungen entsprechend – dann als verwirklicht betrachtet werden, wenn monetäre und güterwirtschaftliche Expansionsrate übereinstimmen.

Die institutionellen Rahmenbedingungen in den sozialistischen Planwirtschaften schaffen im Grunde optimale Voraussetzungen für eine den geldpolitischen Zielen adäquate Geldangebotssteuerung. Denn das einstufig organisierte staatliche Bankensystem und das Valutamonopol scheinen unerwünschte Einflüsse auf die Versorgung mit Binnenwährung vollständig verhindern zu können. Dem widerspricht die faktische Entwicklung. Sie ist durch permanente gesamtwirtschaftliche Liquiditätsüberschüsse gekennzeichnet, so daß das Ziel einer gleichgewichtigen Geldversorgung bislang nicht realisiert werden konnte. Die Ursachen dafür verdeutlicht eine genauere Analyse der Determinanten des Geldangebots. Danach ist die Geldmenge keine von den zentralen Instanzen kontrollierbare Variable. Sie wird vielmehr weitgehend endogen durch das Verhalten der staatlichen Betriebe bestimmt, deren Interesse an niedrigen Planauflagen, möglichst hohen Leistungsreserven und umfangreichen Krediten einer gleichgerichteten Entwicklung der monetären und realen Aggregate entgegensteht. Problemverschärfend wirkt, daß institutionelle Prinzipien, wie das der Konkursunfähigkeit oder der unbedingten Einhaltung geplanter Abführungen an die öffentlichen Haushalte, den verantwortlichen Organen selbst bei offensichtlichen Verstößen gegen das geldpolitische Ziel die Hände bindet.

Mangelnde Kontrollierbarkeit des Geldangebots ist die Ursache für monetäre Überversorgung. Die Analyse ihrer gesamtwirtschaftlichen Konsequenzen zeigt, daß selbst bei vollständiger Integration des Produktionssektors in das System der zentralen Planung und Leitung und zentraler Determination des Konsumgüterangebots monetäre Impulse Realeinkommens- und Beschäftigungseffekte und – bei entsprechenden Reaktionen der zentralen Organe – auch Preisniveaueffekte bewirken. Im Gegensatz zu Marktwirtschaften sind die Output- und Beschäftigungswirkungen eines Geldangebotsüberschusses in sozialistischen Planwirtschaften negativ.

Die demotivierenden Effekte monetärer Überversorgung, die aus der Nichteinlösbarkeit von Sozialproduktsansprüchen des Geldes resultieren, werden in den konkreten sozialistischen Planwirtschaften durch das Entstehen spontaner Marktbeziehungen außerhalb des zentralen Versorgungsmechanismus gemindert. Sie erfüllen eine wichtige Funktion beim Abbau ungewünschter Geldhaltung, weil hier kurzfristige Mengen- und Preisreaktionen möglich sind. Das bedeutet nicht, daß kontraktive Realeinkommens- und Beschäftigungswirkungen unterbleiben. Denn im Rahmen der Anpassungsreaktionen an expansive monetäre Impulse werden knappe Ressourcen aus den staatlichen Betrieben abgezogen und in die privatwirtschaftliche Produktion von Konsumgütern gelenkt. Kurzfristig mögen sich die daraus resultierenden expansiven und kontraktiven Effekte in den beiden Sektoren ausgleichen. Längerfristig ist jedoch ein Rückgang des Outputs oder – in einer dynamischen Wirtschaft – des Outputwachstums möglich, weil die Behinderung von Investitionsvorhaben zugunsten der Konsumgüterproduktion zukünftige Wachstumschancen mindert.

Die zentralen Instanzen stehen vor dem Dilemma, entweder außerstaatliche Märkte zuzulassen, über die ein Großteil der monetären Impulse absorbiert wird, und gleichzeitig massive Störungen der zentral geplanten Allokation mit der Gefahr langfristig wachstumshemmender Effekte in Kauf zu nehmen oder solche Absorptionsmöglichkeiten vollständig zu unterbinden mit der Konsequenz, daß Output und Beschäftigung unmittelbar sinken. Auch bietet sich die Möglichkeit, die langjährige Praxis konstanter staatlicher Preise aufzugeben und die Betriebe zu forcierter Konsumgüterproduktion zu bewegen. Letzterem stehen jedoch häufig die Ineffizienzen des Leistungsanreiz- und Leistungskontrollsystems entgegen, die schließlich wiederum dafür verantwortlich sind, daß monetäre Überversorgung erst entsteht.

Literatur

Monographien und Aufsätze

ADAM, J., 1980: Wage Control and Inflation in the Soviet Bloc Countries, New York.
ABALKIN, L. I., 1979: Die Entwicklung der Lehre von der Warenproduktion und vom Wertgesetz im Sozialismus. In: W. SCHLIESSER (Hrsg.), Wertgesetz und Wertkategorien in der sozialistischen Planwirtschaft, Berlin (O), S. 73–86.
- 1985: Der entwickelte Sozialismus und die neuen Anforderungen an das ökonomische Denken, Übers. a. d. Russ. In: Sowjetwissenschaft. Gesellschaftswissenschaftliche Beiträge, 38, S. 245–253.

ALLAKHVERDIAN, 1974: Improving the Finance and Credit Mechanism, Übers. a. d. Russ. In: Problems of Economics, 17, S. 88–106.
AMES, E., 1965: Soviet Economic Processes, Homewood, Ill.
ATLAS, S., 1959: Das sozialistische Geldsystem und das Geldumlaufgesetz, Geld und Kredit, Wissenschaftliches Bulletin des Instituts für Wirtschaftswissenschaften bei der Deutschen Akademie der Wissenschaften, Berlin (O).
Autorenkollektiv, 1962: Das Finanzsystem der DDR, Berlin (O).
- 1972: Lehrbuch Politische Ökonomie – Sozialismus, Berlin (O).
- 1973: Sozialistische Betriebswirtschaft, 3. Aufl., Berlin (O).
- 1974: Einführung in die politische Ökonomie des Sozialismus, Berlin (O).
- 1977: Politische Ökonomie des Kapitalismus und des Sozialismus, Berlin (O).
- 1978: Das sozialistische Finanzwesen der DDR, Berlin (O).
- 1979: Wirtschaftliche Rechnungsführung in der Industrie, Berlin (O).
- 1980: Lexikon der Wirtschaft. Volkswirtschaftsplanung, Berlin (O).
- 1983: Stimulierung in Industriebetrieben und Kombinaten, Berlin (O).

BACZYNSKI, J. 1985: Wieviel für einen Dollar? Übers. a. d. Poln. In: Osteuropa, 35, A. 280–283.
BARRO, R. J., GROSSMAN, H. I., (1974): Suppressed Inflation and the Supply Multiplier. In: Review of Economic Studies, 41, S. 87–104.
- - 1976: Money, Employment and Inflation, Cambridge.
BATYRJOW, W. M., 1955: Die Organisation und Planung des Geldumlaufs in der UdSSR, Übers. a. d. Russ., Berlin (O).
BELOUSSOW, R. A., 1974: Plan, Interessen und Aktivität der Werktätigen, Übers. a. d. Russ., Berlin (O).
BERLINER, J. S., 1957: Factory and Manager in the U.S.S.R., Cambridge, Mass.
BIELIG, W., PLÖNTZKE, H., 1977: Die Anforderungen an die wirtschaftliche Rechnungsführung in den Betrieben und Zweigen für die Durchsetzung einer hohen volkswirtschaftlichen Effektivität und Proportionalität. In: Autorenkollektiv, Geld und Finanzen in der sozialistischen Reproduktion, Berlin (O), S. 77–93.
BIRMAN, A. M., 1978: What Finance Can Do, Übers. a. d. Russ. In: Problems of Economics, 22, S. 3–23.
- 1984: Tonne, Stück und Rubel, Übers. a. d. Russ. In: Sowjetwissenschaft. Gesellschaftswissenschaftliche Beiträge, 37, S. 240–248.
BIRMAN, I., 1978: From the Achieved Level, in: Soviet Studies, 30, S. 153–172.
- 1980: The Financial Crisis in the USSR. In: Soviet Studies, 32, S. 84–105.
- 1980, 1: A Reply to Professor Pickersgill, in: Soviet Studies, 32, S. 586–591.
- 1981: Secret Incomes of the Soviet State Budget, The Hague.
BLEI, A., 1978: Leitfaden zur Finanzierung der volkseigenen Industrie, Berlin (O).
BÖHM, E., 1981: Sowjetunion – Zufriedenstellendes, aber ungleichgewichtiges Wirtschaftswachstum. In: K. BOLZ (Hrsg.), Die wirtschaftliche Entwicklung in den sozialistischen Ländern Osteuropas zur Jahreswende 1980/81, Hamburg, S. 217–268.
BÖHM, V., 1980: Preise, Löhne und Beschäftigung, Tübingen.

BONIN, J. P., MARCUS, A. J., 1979: Information, Motivation, and Control in Decentralized Planning: The Case of Discretionary Managerial Behavior. In: Journal of Comparative Economics, 3, S. 235-252.
BOUCHAL, M., 1979: Einnahmen und Ersparnisse der Bevölkerung. In: Tschechoslowakische Wirtschaftsrundschau, 4, S. 68-86.
BRESHNEW, L. I., 1971: Rechenschaftsbericht des Zentralkomitees der KPdSU an den XXIV. Parteitag der Kommunistischen Partei der Sowjetunion, Berlin (O).
BRESS, L., HENSEL, K. P. u. a., 1972: Wirtschaftssysteme des Sozialismus im Experiment – Plan oder Markt?, Frankfurt.
BRONSON, D. W., SEVERIN, B. S., 1966: Recent Trends in Consumption and Disposable Money Income in the U.S.S.R. In: Joint Economic Committee Congress of the United States, New Directions in the Soviet Economy, Washington D.C., S. 499-529.
BRUNNER, K., 1970: Eine Neuformulierung der Quantitätstheorie des Geldes. Die Theorie der relativen Preise, des Geldes, des Outputs und der Beschäftigung. In: Kredit und Kapital, 3, S. 1-30.
BRUNNER, K., MELTZER, A. H., 1974: Die Verwendung von Geld: Geld in der Theorie einer Tauschwirtschaft. In: K. BRUNNER, H. G. MONISSEN, M. J. M. NEUMANN (Hrsg.), Geldtheorie, Köln, S. 50-73.
– – 1968: Liquidity Traps for Money, Bank Credit and Interest Rates, Journal of Political Economy, 76, S. 1-37.
BRUS, W., 1978: Ziele, Methoden und politische Determinanten der Wirtschaftspolitik Polens 1970-1976, Berichte des Bundesinstituts für ostwissenschaftliche und internationale Studien, Köln.
BRZESKI, A., 1964: Inflation in Poland 1945-1960, Diss., Berkeley, Cal.
– 1967: Finance and Inflation under Central Planning. In: Osteuropa Wirtschaft, 12, S. 177-190 und 278-297.
– 1968: Forced-Draft Industrialization with Unlimited Supply of Money: Poland 1945-1964. In: G. GROSSMAN (Hrsg.), Money and Plan, Berkeley and Los Angeles, S. 17-37
BUCK, H., 1969: Technik der Wirtschaftslenkung in kommunistischen Staaten, Bd. I und II, Coburg.
– 1979: Monetäre Wirtschaftslenkung in der DDR, Gesamtdeutsches Institut, Bonn, Nr. 21/1987.
– 1980: Stabilisierung der Außenwirtschaftsbeziehungen von administrativ-sozialistischen Wirtschaftssystemen. In: A. SCHÜLLER, U. WAGNER (Hrsg.), Außenwirtschaftspolitik und Stabilisierung von Wirtschaftssystemen, Stuttgart, S. 143-176.
– 1985: Geldtheorie und Geldpolitik. In: Bundesministerium für innerdeutsche Beziehungen (Hrsg.), DDR-Handbuch, 3. Aufl., Köln.
BUSH, K., 1973: Soviet Inflation. In: M. Y. LAULAN (Hrsg.), Banking, Money and Credit in Eastern Europe, NATO, Brussels, S. 97-105.
CAGAN, P., 1956: The Monetary Dynamics of Hyperinflation. In: M. FRIEDMAN (Hrsg.), Studies in the Quantity Theory of Money, Chicago, S. 25-117.
CASSEL, D., 1984: Hrsg., Wirtschaftspolitik im Systemvergleich, München 1984.
CASSEL, D., THIEME, H. J., 1976: Verteilungswirkungen von Preis- und Kassenhaltungsinflation. In: dies. (Hrsg.), Einkommensverteilung im Systemvergleich, Stuttgart, S. 101-121.
CASSEL, D., SCHUBERT, M., 1979: Außenwirtschaftlich induzierte Instabilitäten. In: H. J. THIEME (Hrsg.), Gesamtwirtschaftliche Instabilitäten im Systemvergleich, Stuttgart, S. 187-202.
CLAASSEN, E.-M., 1980: Probleme der Geldtheorie, 2. Aufl., Berlin, Heidelberg, New York.
CULBERTSON, W. P., AMACHER, R. C., 1978: Inflation in the Planned Economies: Some Estimates for Eastern Europe. In: Southern Economic Journal, 45, S. 380-393.
DDR-Handbuch, 1979: Hrsg. v. Bundesministerium für innderdeutsche Beziehungen, 3. Aufl., Köln 1984.
DELHAES, K. v., 1977: Allokationsmängel als Ursache inflationärer Prozesse in Zentralverwaltungswirtschaften. In: Jahrbuch für Sozialwissenschaft, 69, S. 38-54.

DELHAES, K. V., PETERHOFF, R., 1981: Polen: Reform des Lenkungssystems – Ausweg aus der gegenwärtigen Krise? In: Wirtschaftsdienst, 2, S. 78–81.
Direktive des X. Parteitages der SED zum Fünfjahrplan für die Entwicklung der Volkswirtschaft der DDR in den Jahren 1981 bis 1985. In: Neues Deutschland vom 20.4.1981.
DODGE, N. T., 1975: Inflation in the Socialist Economies. In: G. C. MEANS u. a., The Roots of Inflation, London, S. 211–238.
DORNBUSCH, R., FISCHER, S., 1978: Macroeconomics, New York.
EGERLAND, H., 1957: Zum Einfluß der Umschlagsgeschwindigkeit des Geldes auf die notwendige Bargeldmenge. In: Geld und Kredit, Wissenschaftliches Bulletin des Instituts für Wirtschaftswissenschaften zu Berlin, Berlin (O), S. 283–295.
EHLERT, W. u. a., 1973: Wörterbuch der Ökonomie – Sozialismus, Berlin (O).
EHLERT, W., GEBHARDT, G., TANNERT, K., 1972: Einige Fragen des Geldes, der Finanzen und des Kredits in der sozialistischen Planwirtschaft. In: Sozialistische Finanzwirtschaft, 26, S. 31–34.
EHLERT, W., HUNSTOCK, D., TANNERT, K., 1976: Geldzirkulation und Kredit in der sozialistischen Planwirtschaft, Berlin (O).
FARRELL, J. P., 1977: Microeconomic Policy Behavior of the National Bank of Poland, 1950–1970. In: Osteuropa Wirtschaft, 22, S. 363–388.
FEIWEL, G. R., 1965: The Economics of a Socialist Enterprise, New York.
FIGURNOWA, N. P., 1979: Die Ausnutzung des Wertgesetzes bei der ökonomischen Stimulierung der Produktionskollektive und der einzelnen Werktätigen. In: SCHLIESSER, W. (Hrsg.), Wertgesetz und Wertkategorien in der sozialistischen Planwirtschaft, Berlin (O), S. 225–240.
FOX, U., 1967: Das Bankwesen der europäischen Volksdemokratien, Wiesbaden.
– 1974: Ökonomische Hebel als Instrument der Planung und Leistungsmobilisierung im polnischen Industriebetrieb. In: Osteuropa Wirtschaft, 19, S. 89–111.
– 1977: Versteckte Arbeitslosigkeit in Polen. In: Osteuropa Wirtschaft, 22, S. 1–20.
FRERIS, A., 1984: The Soviet Industrial Enterprise, Theory and Practice, London, Sydney.
FRIEDMAN, M., 1970: Die optimale Geldmenge und andere Essays, München.
FRIEDMAN, M., SCHWARTZ, A., 1970: Monetary Statistics of the United States, Estimates, Sources, Methods, New York, London.
FUCHS, D., LOTZE, H.-J., SCHELLBACH, D., 1981: Zu einigen Fragen der Geldtheorie im Sozialismus. In: Wirtschaftswissenschaft, 23, S. 539–554.
GABRISCH, H., 1981, 1: Polen – Weiterhin Lähmung der Wirtschaft durch politische Instabilität. In: K. BOLZ (Hrsg.), Die wirtschaftliche Entwicklung in den sozialistischen Ländern Osteuropas zur Jahreswende 1980/81, Hamburg, S. 103–158.
– 1981, 2: Die Leistungsfähigkeit des polnischen Wirtschaftssystems und die Probleme der Wirtschaftsreform, Hamburg.
GARBUZOV, V., 1980: Soviet Finances as a Factor in Increasing the Effectiveness of Production and Improving the Quality of Work, Übers. a. d. Russ. In: Problems of Economics, 22, S. 46–67.
GARVY, G., 1964: The Role of the State Bank in Soviet Planning. In: J. DEGRAS, A. NOVE (Hrsg.), Soviet Planning: Essays in Honor of Naum Jasny, Oxford.
– 1966: Money, Banking, and Credit in Eastern Europe, New York.
– 1968: East European Credit and Finance in Transition. In: G. Grossman (Hrsg.), Money and Plan, Berkeley and Los Angeles, S. 153–183.
– 1977: Money, Financial Flows, and Credit in the Soviet Union, Cambridge, Mass.
GEBHARDT, G., 1977: Zur Rolle der finanziellen Bilanzierung bei der Sicherung der Übereinstimmung von materieller und finanzieller Planung. In: Autorenkollektiv, Geld und Finanzen in der sozialistischen Reproduktion, Berlin (O), S. 176–190.
GREEN, D., 1978: Household Expenditures and the Demand for Money in the German Democratic Republic, unveröff. Manuskript, Chase Manhattan Bank, New York.
GROSSMAN, G., 1966: Gold and the Sword: Money in the Soviet Command Economy. In: H. ROSKOVSKY (Hrsg.), Industrialization in Two Systems, Essays in Honor of ALEXANDER GERSCHENKRON, New York, London, Sydney, S. 204–236.

- 1968: Hrsg., Money and Plan, Berkeley and Los Angeles.
- 1979: Notes on the Illegal Private Economy and Corruption. In: Joint Economic Committee Congress of the United States, Soviet Economy in a Time of Change, Washington D.C., S. 834–855.
- 1982: The Second Economy in the USSR. In: V. TANZI (Hrsg.), The Underground Economy in the United States and Abroad, Lexington, S. 245–264.
- 1983: A Note on Soviet Inflation. In: Joint Economic Commitee Congress of the United States, Soviet Economy in the 1980's: Problems and Prospects, Washington D.C., S. 267–286.

GRUMBKOW, G. C. v., 1977: Die Ausnutzung der Finanzen bei der Kontrolle der Effektivität der Volkswirtschaft. In: Autorenkollektiv, Geld und Finanzen in der sozialistischen Reproduktion, Berlin (O), S. 107–120.
- 1984: (Hrsg.), Sozialistische Finanzkontrolle, Berlin (O).

GURLEY, J. G., SHAW, E. S., 1960: Money in a Theory of Finance, Washington D.C.

GURTZ, J., KALTOFEN, G. 1977: Der Staatshaushalt der DDR. Grundriß, Berlin (O).

GUSSAKOW, A. D., DYMSCHIZ, I. A., 1953: Geldumlauf und Kredit in der UdSSR, Übers. a. d. Russ., Berlin (O).

GUTMANN, G., 1965: Theorie und Praxis der monetären Planung in der Zentralverwaltungswirtschaft, Stuttgart.

HAFFNER, F., 1977, 1: Institutionelle Ursachen und Hemmnisse für inflationäre Prozesse in sozialistischen Planwirtschaften. In: Zeitschrift für Wirtschafts- und Sozialwissenschaften, 2, S. 95–129.
- 1977, 2: Die Einflüsse der zentralen Geldumlaufplanung auf Planerfüllung und monetäre Stabilität. In: Kredit und Kapital, 10, S. 490–515.
- 1978: Systemkonträre Beziehungen in der sowjetischen Planwirtschaft. Ein Beitrag zur Theorie der mixed economy, Berlin.
- 1980: Erklärungsmomente für naturale und monetäre Disproportionen aus einer Theorie der unvollkommenen Planwirtschaft. In: K.-E. SCHENK (Hrsg:), Lenkungsprobleme und Inflation in Planwirtschaften, Berlin, S. 9–44.

HAHN, G., 1970: Lohn und Prämie in der ökonomischen Stimulierung der Betriebe. In: Autorenkollektiv, Die ökonomische Stimulierung der sozialistischen Produktion, Berlin (O), S. 268–282.

HAMEL, H., 1981: Sozialistische Unternehmenskonzentration und Managerverhalten. Die Kombinatsbildung in der DDR als Effizienzproblem. In: G. HEDTKAMP (Hrsg.), Anreiz- und Kontrollmechanismen in Wirtschaftssystemen I, Berlin, S. 67–97.

Handbuch DDR-Wirtschaft, 1977: Hrsg. v. Deutschen Institut für Wirtschaftsforschung, Berlin.

HARTWIG, K.-H., 1982: Output- und Beschäftigungseffekte einkommens- und währungspolitischer Maßnahmen in sozialistischen Planwirtschaften: Ein rationierungstheoretischer Ansatz. In: Zeitschrift für Wirtschafts- und Sozialwissenschaften, 15.
- 1983: Aufbau und Funktionsweise des Währungssystems der DDR. In: G. GUTMANN (Hrsg.), Basisbereiche der Wirtschaftspolitik in der DDR, Asperg b. Stuttgart, S. 167–185.
- 1983, 1: Involuntary Liquid Assets in Eastern Europe: Some Critical Remarks. In: Soviet Studies, 35, S. 103–105.

HARTWIG, K.-H., THIEME, H. J., 1979: Schwankungen von Geldmenge, Umlaufgeschwindigkeit und Inflationsrate: Diagnose und Meßprobleme in unterschiedlichen Wirtschaftssystemen. In: H. J. THIEME (Hrsg.), Gesamtwirtschaftliche Instabilitäten im Systemvergleich, Stuttgart, S. 97–115.
- - 1984: Determinanten der Vermögensstruktur und Anpassungsprozesse im Systemvergleich. In: H. G. KRÜSSELBERG (Hrsg.), Vermögen im Systemvergleich, Stuttgart, S. 89–105.
- - 1985: Monetary Goals, Targets, and Indicators in Centrally Planned Economies: The Example of the German Democratic Republic. In: Jahrbuch der Wirtschaft Osteuropas, 11, S 173–186.

HEDTKAMP, G., CZUGUNOW, N. T., 1980: Neuere Entwicklungen in der sowjetischen Finanzwirtschaft, Tübingen.

HEDTKAMP, G., 1983: Hrsg., Beiträge zum Problem der Schattenwirtschaft, Berlin.
HEINICKE, W., FINGER, H., 1963: Höhere Wirksamkeit von Kredit und Zins. In: Deutsche Finanzwirtschaft, 16/5, G. 1-4.
HENSEL, K. P., 1954: Einführung in die Theorie der Zentralverwaltungswirtschaft, 1. Aufl., Stuttgart.
HENSEL, K. P., 1971: Wirtschaftssysteme – Zwangsläufigkeit oder alternative Gestaltung. In: K. P. HENSEL u. a., Wirtschaftssysteme zwischen Zwangsläufigkeit und Entscheidung, Stuttgart, S. 3-12.
HICKS, J., 1946: Value and Capital, 2. Aufl., Oxford.
– 1967: Critical Essays in Monetary Theory, Oxford.
HILDENBRAND, K., HILDENBRAND, W., 1977: Keynessche Gleichgewichte bei Unterbeschäftigung. In: H. ALBACH u. a. (Hrsg.), Quantitative Wirtschaftsforschung, Tübingen, S. 303-319.
HIRSHLEIFER, J., 1976: Price Theory and Applications, Englewood Cliffs, N.J.
HODGMAN, D. R., 1960: Soviet Monetary Control Through the Banking System. In: G. GROSSMAN (Hrsg.), Value and Plan, Berkeley and Los Angeles, S. 105-124.
HÖHMANN, H.-H., KASER, M. C., THALHEIM, K. C., 1972: Hrsg., Die Wirtschaftsordnungen Osteuropas im Wandel, Freiburg i. Br.
HOLZMAN, F. D., 1955: Soviet Taxation, The Fiscal and Monetary Problems of a Planned Economy, Cambridge.
– 1960: Soviet Inflationary Pressures, 1928-1957: Causes and Cures. In: The Quarterly Journal of Economics, 74, S. 165-188.
HOWARD, D., 1976: A Note on Hidden Inflation in the Soviet Union. In: Soviet Studies, 27, S. 599-608.
– 1979: The Disequilibrium Modell in a Controlled Economy, Lexington, Mass.
HUNSTOCK, D., 1979: Die Entwicklung der Geldeinkommen, der Geldfonds und des Geldwertes als Ausdruck der planmäßigen Gestaltung der Währungsbeziehungen im Sozialismus. In: W. SCHLIESSER (Hrsg.), Wertgesetz und Wertkategorien in der sozialistischen Planwirtschaft, Berlin (O), S. 107-140.
HUNSTOCK, D., KELLER, H., 1976: Die Aufgaben der finanziellen Bilanzierung bei der Leitung und Planung der sozialistischen Volkswirtschaft. In: Wirtschaftswissenschaft, 24, S. 727-737.
HUTCHINGS, R., 1983, The Soviet Budget, Albany.
JANSEN, P., 1982: Das Inflationsproblem in der Zentralverwaltungswirtschaft, Stuttgart.
JAKUSCHEW, W. M., (1983): Wirtschaftsmechanismus, Leistungsprinzip und Wettbewerb, Übers. a. d. Russ. In: Sowjetwissenschaft, Gesellschaftswissenschaftliche Beiträge, 36, S. 47-58.
JERMOLAJEW, I. D., 1973: Objektive Gesetze und wissenschaftliche Leitung der Gesellschaft, Übers. a. d. Russ., Berlin (O).
KAMINSKY, H., 1980: Die höheren Anforderungen an die Mitglieder sozialistischer Kollektive in den Bank- und Finanzorganen zur Sicherung eines wirkungsvollen Beitrages in Vorbereitung des X. Parteitages der SED. In: Sozialistische Finanzwirtschaft, 34/12, S. 3-6.
KATH, D., 1980: Geld und Kredit. In: D. BENDER u. a., Vahlens Kompendium der Wirtschaftstheorie und Wirtschaftspolitik, Bd. 1, München, S. 153-190.
KATSENELINBOIGEN, A., 1975: Disguised Inflation in the Soviet Union. In: Economic Aspects of Life in the U.S.S.R., NATO, Brussels, S. 101-111.
– 1977: Coloured Markets in the Soviet Union. In: Soviet Studies, 31, S. 297-313.
KEREN, M., MILLER, J., THORNTON, J. R., 1983: The Ratchet: A Dynamic Mangerial Incentive Model of the Soviet Enterprise. In: Journal of Comparative Economics, 7, S. 347-367.
KEYNES, J. M., 1930: Treatise on Money, London.
KLEER, J., 1984: Perspektiven der sozialistischen Genossenschaftsentwicklung. In: W. JÄGER, H. PAULI (Hrsg.), Genossenschaften und Genossenschaftswissenschaft, Freundesgabe für Professor Dr. ERIK BOETTCHER zum 65. Geburtstag, Wiesbaden, S. 297-313.
KLINGER, F., 1985: Soziale Auswirkungen und lebensweltliche Zusammenhänge der sozialistischen Rationalisierung. In: I. SPITTMANN-RÜHLE, G. HELWIG (Hrsg.), Lebensbedingungen in der DDR, Siebzehnte Tagung zum Stand der DDR-Forschung in der Bundesrepublik Deutschland, 12. bis 15. Juni 1984, Köln, S. 23-36.

KNAUFF, R., 1979: Funktionsmechanismen der Wirtschaftssysteme. In: H. HAMEL (Hrsg.), Bundesrepublik Deutschland – DDR. Die Wirtschaftssysteme, 3. Aufl., München, S. 93–169.
KOHLMEY, G., 1956: Das Geld in der sozialistischen Gesellschaft, Berlin (O).
KOHLMEY, G., DEWEY, C., 1956: Bankensystem und Geldumlauf in der DDR 1945–1955, Berlin (O).
KOLLOCH, K., THÜMMLER, W., 1977: Zu den Gesetzmäßigkeiten des Geldumlaufs und ihrer praktischen Ausnutzung im Sozialismus. In: Autorenkollektiv, Geld und Finanzen in der sozialistischen Reproduktion, Berlin (O), S. 220–233.
KOMAR, A., 1974: Grundlagen des polnischen Finanzsystems. In: Osteuropa Wirtschaft, 19, S. 219–231.
KOONT, S., ZIMBALIST, A., 1984: Incentives and Elicitation Schemes: A Critique and an Extension. In: A. ZIMBALIST (Hrsg.), Comparative Economic Systems: Present Views, Boston, S. 159–174.
KORNAI, J., 1980: Economics of Shortage, 2 Bde., Amsterdam, New York, Oxford.
KOROWINA, S., 1983: Planungs- und Stimulierungsmethoden in der Industrie – Mängel und Lösungswege, Übers. a.d. Russ. In: Sowjetwissenschaft. Gesellschaftswissenschaftliche Beiträge, 36, S. 536–542.
KOSSYGIN, A. N., 1971: Referat auf dem XXIV. Parteitag der KPdSU, zit. nach TANNERT (1977).
KRONROD, J. A., 1954: Das Geld in der sozialistischen Gesellschaft. Theoretischer Grundriß, Übers. a.d. Russ., Berlin (O) 1963.
KRUBER, K.-P., 1979: Unternehmensmacht als Verstärker von Instabilitäten. In: H. J. THIEME (Hrsg.), Gesamtwirtschaftliche Instabilitäten im Systemvergleich, Stuttgart, S. 133–144.
KUCZYNSKI, W., 1978: The State Enterprise under Socialism. In: Soviet Studies, 30, S. 313–335.
KÜHNE, H.-D., 1961: Zur Analyse der Entwicklung des Bargeldumlaufs. In: Deutsche Finanzwirtschaft, 14/3, G. 41–44.
KULAGIN, G., 1983: Wege der Intensivierung, Übers. a.d. Russ. In: Sowjetwissenschaft. Gesellschaftswissenschaftliche Beiträge, 36, S. 734–740.
KUNZE, C., 1972: Änderungen in Bankpolitik und Bankwesen als Teil der Wirtschaftsreform der DDR, Berlin.
KUSCHPÈTA, 1978: The Banking and Credit System of the USSR, Leiden, Boston.
LAIDLER, D., 1977: The Demand for Money: Theories and Evidence, 2. Ed., New York.
LANGNER, F., 1975: Angebot und Nachfrage im Sozialismus, Berlin (O).
– 1979: Rolle und Erfordernisse des Wertgesetzes im Sozialismus. In: W. SCHLIESSER (Hrsg.), Wertgesetz und Wertkategorien in der sozialistischen Planwirtschaft, Berlin (O), S. 26–50.
LASKI, K., 1980: Inflationsprobleme einer offenen sozialistischen Volkswirtschaft. In: K.-E. SCHENK (Hrsg.), Lenkungsprobleme und Inflation in Planwirtschaften, Berlin, S. 71–94.
LAVIGNE, M., 1974: The Socialist Economies of the Soviet Union and Europe, London.
LEEMAN, W. A., 1977: Centralized and Dezentralized Economic Systems, Chicago.
LEIPOLD, H., 1981: Wirtschafts- und Gesellschaftssysteme im Vergleich, 3. Aufl., Stuttgart.
LENIN, W. I., 1908: Die Agrarfrage in Rußland am Ausgang des 19. Jahrhunderts, Lenin-Werke, Bd. 15, Berlin (O) 1963.
– 1921: X. Parteitag der KPR, Lenin-Werke, Bd. 32, Berlin (O) 1961.
– 1921, 1: VII. Moskauer Gouvernements-Parteikonferenz, Lenin-Werke, Bd. 33, Berlin (O) 1963.
LEVCHUK, I., 1979: Money Circulation and the Role of Money under Socialism, Übers. a.d. Russ. In: Problems of Economics, XXII, S. 71–87.
LEVINE, H. S., 1962: Pressure and Planning in the Soviet Economy. In: M. BORNSTEIN, D. FUSFELD (Hrsg.), The Soviet Economy: A Book of Readings, Homewood, Ill.
LIBERMAN, E. J., 1973: Ökonomische Methoden zur Effektivitätssteigerung der gesellschaftlichen Produktion, Übers. a.d. Russ., Berlin (O).
– 1974: Methoden zur Wirtschaftslenkung im Sozialismus. Ein Versuch über die Stimulierung der gesellschaftlichen Produktion, Frankfurt.
LODENSACK, W., 1962: Veränderte Umschlagsgeschwindigkeit des Bargelds auf dem Lande. In: Deutsche Finanzwirtschaft, 16/7, G. 18–20.

MALINVAUD, E., 1977: The Theory of Unemployment, Reconsidered, Oxford.
MAMONOVA, I., 1972: The Interest Rate and its Differentiation, Übers. a.d. Russ. In: Problems of Economics, XIV, S. 75–82.
MARCZEWSKI, J., 1974: Crisis in Socialist Planning, Eastern Europe and the USSR, New York, Washington, London.
MARX, K., 1867: Das Kapital, Bd. I, Marx-Engels-Werke, Bd. 23, Berlin (O) 1969.
– 1885: Das Kapital, Bd. II, Marx-Engels-Werke, Bd. 24, Berlin (O) 1970.
– 1894: Das Kapital, Bd. III, Marx-Engels-Werke, Bd. 25, Berlin (O) 1969.
– 1844: Ökonomisch-philosophische Manuskripte aus dem Jahre 1844, Marx-Engels-Werke, Ergänzungsband, 1. Teil, Berlin (O) 1973, S. 465–568.
MEDWEDEW, W., 1984: Über die Bilanziertheit der Volkswirtschaft, Übers. a.d. Russ. In: Sowjetwissenschaft. Gesellschaftswissenschaftliche Beiträge, 37, S. 138–143.
MILJUKOW, A., 1984: Mehr Selbständigkeit und Eigenverantwortlichkeit für die Betriebe, Übers. a.d. Russ. In: Sowjetwissenschaft. Gesellschaftswissenschaftliche Beiträge, 37, S. 233–239.
MITTAG, G., 1978: Beschlüsse des IX. Parteitages werden konsequent verwirklicht. In: Neues Deutschland vom 27./28. Mai 1978, S. 3.
MONAZON, K., MÜLLER, M., 1980: Geld und Finanzen im entwickelten Sozialismus. In: Sozialistische Finanzwirtschaft, 34/9, S. 22–26.
MONTIAS, J.J., 1968: Bank Lending and Fiscal Policy in Eastern Europe. In: G. GROSSMAN (Hrsg.), Money and Plan, Berkeley and Los Angeles, S. 38–56.
MUELLBAUER, J., PORTES, R., 1978: Macroeconomic Models with Quantity Rationing. In: The Economic Journal, S. 788–821.
MÜLLER, H.E., 1980: Die staatliche Finanzkontrolle der Industriebetriebe in der DDR, Stuttgart.
MUJŻEL, J., 1975: Changes in the Price Level in Socialist Economies. In: Jahrbuch der Wirtschaft Osteuropas, 2, München, S. 105–125.
NEUMANN, M.J.M., 1971: Zwischenziele und Indikatoren der Geldpolitik. In: Kredit und Kapital, 4, 1971, S. 398–420.
NEUMANN, H., FALKENHAGEN, H.J., 1981: Vervollkommnung der wirtschaftlichen Rechnungsführung in den RGW-Mitgliedsländern. In: Sozialistische Finanzwirtschaft, 35/3, S. 24–28 und 35/5, S. 35–38.
NIEHANS, J., 1978: The Theory of Money, Baltimore, London.
NOVE, A., 1980: Das sowjetische Wirtschaftssystem, Übers. a.d. Engl., Baden-Baden.
OFER, G., PICKERSGILL, J., 1980: Soviet Household Saving: A Cross-Section Study of Soviet Emigrant Families. In: Quarterly Journal of Economics, 94, S. 397–432.
PARK, Y.C., 1972: Some Current Issues on the Transmission Process of Monetary Policies. In: IMF-Staff Papers, 19, S. 1–45.
PATINKIN, D., 1965: Money, Interest and Prices, 2. Aufl., New York.
PAVLOVA, E.G., 1980: The Stimulating Role of Payments for Capital, Übers. a.d. Russ. In: Problems of Economics, 22, S. 73–84.
PAWLOW, P.M., 1977: Über den sozialökonomischen Inhalt der Ware-Geld-Beziehungen im Sozialismus. In: Autorenkollektiv, Geld und Finanzen in der sozialistischen Reproduktion, Berlin (O), S. 9–22.
PESSEL, M., 1972/73: Profit, Capital Charges and Interest, Übers. a.d. Russ. In: Problems of Economics, 14, S. 55–66.
– 1973: Credit and its Development under Current Conditions, Übers. a.d. Russ. In: Problems of Economics, 15, S. 86–99.
PETERHOFF, R., 1984: Polen: Wirtschaftspolitik im Zwiespalt zwischen Plan und Markt. In: D. CASSEL (Hrsg.), Wirtschaftspolitik im Systemvergleich, München, S. 301–318.
PICKERSGILL, J.E., 1968: Hyperinflation and Monetary Reform in the Soviet Union, 1921–1926. In: Journal of Political Economy, 76, S. 1037–1048.
– 1970: A Long-Run Demand Function for Money in the Soviet Union. In: Journal of Money, Credit and Banking, 2, S. 121–131.
– 1976: Financial Planning in the Soviet Economy. In: J. THORNTON (Hrsg.), Economic Analysis of the Soviet-Type System, Cambridge, London, New York, Melbourne, S. 141–155.

PINDAK, F., 1983: Inflation under Central Planning. In: Jahrbuch der Wirtschaft Osteuropas, 10, S. 93–131.
PIOTROWSKI, K., 1980: Direct and Indirect Instruments in the System of Management of the Polish Economy in the 1970s. In: Soviet Studies, 33, S. 500–514.
PLÖNTZKE, H. u. a., 1980: Theoretische und methodische Probleme von Geld und Finanzen in der entwickelten sozialistischen Gesellschaft. Konferenzbericht. In: Wirtschaftswissenschaft, 28, S. 1122–1131.
PLUCINSKI, E., 1982: Die neue Lohnregelung in der UdSSR. In: Forschungsberichte des Wiener Instituts für internationale Wirtschaftsvergleiche, 76, Wien.
PODOLSKI, T. M., 1973: Socialist Banking and Monetary Control, Cambridge.
PORJASOV, D., 1966: Zur Wirkung des Gesetzes der Geldzirkulation im Sozialismus. In: Deutsche Finanzwirtschaft, 20/1, G. 2–5.
PORTES, R., 1976: Macroeconomic Equilibrium and Disequilibrium in Centrally Planned Economies, Discussion Paper in Economics, No. 45, Birbeck College, London.
– 1981: Macroeconomic Equilibrium and Disequilibrium in Centrally Planned Economies. In: Economic Inquiry, 19, S. 559–578.
PORTES, R., WINTER, D., 1978: The Demand for Money and for Consumption Goods in Centrally Planned Economies. In: The Review of Economics and Statistics, 50, S. 8–18.
POWELL., R., 1951: Soviet Monetary Policy, Diss., Berkeley.
PREOBASHENSKI, E. A., 1926: The New Economics, Übers. a. d. Russ., Glasgow 1965.
PÜTSCH, M., 1978: Die Staatsbank der Deutschen Demokratischen Republik, Frankfurt/Main.
PYSZ, P., 1984: Der Konkurs von staatlichen Unternehmen in Polen möglich. In: Osteuropa, 34, S. 586–589.
RJBIN, V., 1970: Der Kredit im System der wirtschaftlichen Rechnungsführung. In: Autorenkollektiv, Die ökonomische Stimulierung der sozialistischen Produktion, Berlin (O), S. 216–231.
RJBIN, V., KHATCHATURIAN, A., 1980: Improving the Credit Financing of Capital Investments, Übers. a. d. Russ. In: Problem of Economics, 22, S. 45–57.
ROESLER, J., 1978: Die Herausbildung der sozialistischen Planwirtschaft in der DDR, Berlin (O).
ROSFIELDE, S., 1980: A Comment on David Howard's Estimate of Hidden Inflation in the Soviet Retail Sales Sector. In: Soviet Studies, 33, S. 423–427.
RUDCENKO, S., 1979: Household Money Income, Expenditure and Monetary Assets in Czechoslovakia, GDR, Hungary and Poland, 1956–1975. In: Jahrbuch der Wirtschaft Osteuropas, 8, S. 431–450.
RUDICK, M., 1982: Sparsamer Energieeinsatz gemeinsam kontrolliert. In: Sozialistische Finanzwirtschaft, 36/2, S. 42.
RUMJANZEV, A. u.a., 1973: Politische Ökonomie des Sozialismus, Übers. a.d. Russ., Frankfurt a. M.
SAVING, T. R., 1967: Monetary-policy Targets and Indicators. In: Journal of Political Economy, 75, S. 446–465.
SCHLIESSER, W., 1979: Hrsg., Wertgesetz und Wertkategorien in der sozialistischen Planwirtschaft, Berlin (O).
SCHLIESSER, W., ZUFELDE, U., 1985: Zu den Funktionen des Geldes in der sozialistischen Planwirtschaft. In: Wirtschaftswissenschaft, 33, S. 692–712.
SCHMIDT, W., 1960: Das Wesen der Funktion des Geldes als Mittel der Geldakkumulation und seine Rolle im Prozeß der erweiterten sozialistischen Reproduktion, Diss., Berlin (O).
SCHMIDT, H., 1980: Zu einigen strittigen polit-ökonomischen Fragen der Geldtheorie im Sozialismus. In: Wirtschaftswissenschaft, 28, S. 303–328.
SCHMIDT, H., WALDHELM, J., 1984: Die aktive Rolle des Geldes bei der planmäßigen Ausnutzung der ökonomischen Gesetze des Sozialismus für die effektive und proportionale Gestaltung der intensiv erweiterten Reproduktion. In: Wirtschaftswissenschaft, 32, S. 437–443.
SCHRETTL, W., 1978: Allokationsmängel als Ursache inflationärer Prozesse in Zentralverwaltungswirtschaften. Eine Bemerkung. In: Jahrbuch für Sozialwissenschaft, 30, S. 282–286.
SCHROEDER, G., SEVERIN, B., 1976: Soviet Consumption and Incomes Policy in Perspective. In:

Joint Economic Comittee Congress of the United States, Soviet Economy in a New Perspective, Washington D.C., S. 620-660.
SCHUMPETER, J. A., 1965: Geschichte der ökonomischen Analyse, 2 Bde., Göttingen.
SEIDENSTECHER, G., 1982: Machen Ersparnisse arbeitsscheu? Zur Entwicklung des Sparens in der Sowjetunion. In: Osteuropa-Wirtschaft, 27, S. 321-329.
SELL, E., THIEME, H. J., 1980: Nebenwährungen bei zentraler Planung der Wirtschaftsprozesse. In: A. SCHÜLLER, U. WAGNER (Hrsg.), Außenwirtschaftspolitik und Stabilisierung von Wirtschaftssystemen, Stuttgart, S. 127-141.
SENCHAGOV, V., 1972: Improving the System of Payments for Fixed and Working Capital, Übers. a. d. Russ. In: Problems of Economics, 14, S. 41-54.
SIGG, H., 1981: Grundzüge des sowjetischen Bankwesens, Bern und Stuttgart.
SIEBKE, J., WILLMS, M., 1976: Theorie der Geldpolitik, Berlin, Heidelberg, New York.
SLAMA, J., 1984: Empirische Analyse einiger Tendenzen der Bildung und Nutzung des Anlagekapitals in sowjetisch geprägten Planwirtschaften. In: H. G. KRÜSSELBERG (Hrsg.), Vermögen im Systemvergleich, Stuttgart, S. 167-186.
SMITH, A., 1776: Der Wohlstand der Nationen und seine Ursachen. Neu aus dem Englischen übertragen von H. C. RECKENWALD, München 1974.
SPENCER, R. W., 1974: Channels of Monetary Influence: A Survey. In: Review of the Federal Reserve Bank of St. Louis, 56, November, S. 8-26.
STALIN, J., 1951: Ökonomische Probleme des Sozialismus in der UdSSR, Übers. a.d. Russ., Berlin (O).
STEIN, J.L., 1970: Monetary Growth Theory in Respective. In: American Economic Review, 60, S. 85-106.
STOPH, W., 1971: Berichte zur Direktive des VIII. Parteitages der SED zum Fünfjahrplan für die Entwicklung der Volkswirtschaft der DDR in den Jahren 1971 bis 1975, Berlin (O).
SZEPLAKI, L., TAYLOR, R. A., 1972: Banking, Credit and Monetary Indicators in Reformed Socialist Planning. In: Journal of Money, Credit, and Banking, 5, S. 572-581.
TANNERT, K., 1969: Zur Bestimmung des Geldvolumens in der individuellen Konsumtion. In: Deutsche Finanzwirtschaft, 8, G. 4-7.
– 1977: Funktionen und Prinzipien des sozialistischen Kredits und ihre Rolle bei der Stimulierung der Effektivität. In: Autorenkollektiv, Geld und Finanzen in der sozialistischen Reproduktion, Berlin (O), S. 203-219.
THIEME, H. J., 1977/78: Inflation in westlichen Marktwirtschaften und östlichen Planwirtschaften. In: List Forum, 9, S 290-309.
– 1979: Makroökonomische Instabilitäten – Erscheinungsformen, Ursachen und Konzepte ihrer Bekämpfung. In: H. HAMEL (Hrsg.), Bundesrepublik Deutschland – DDR. Die Wirtschaftssysteme, 3. Aufl., München, S. 212-283.
– 1980, 1: Wirtschaftssysteme. In: D. BENDER u. a., Vahlens Kompendium der Wirtschaftstheorie und Wirtschaftspolitik, Bd. 1, München, S. 1-47.
– 1980, 2: Probleme der Definition und Messung von Inflationen in Systemen zentraler Planung. In: K. E. SCHENK (Hrsg.), Lenkungsprobleme und Inflation in Planwirtschaften, Berlin, S. 45-70.
– 1982: Keynesianismus – Monetarismus: Was bleibt? In: J. STARBATTY (Hrsg.), Geldordnung und Geldpolitik in einer freiheitlichen Gesellschaft, Tübingen 1982.
– 1983: Geldpolitik im Wirtschaftssystem der DDR. In: GUTMANN (Hrsg.), Basisbereiche der Wirtschaftspolitik in der DDR, Asperg b. Stuttgart, S. 187-212.
THÜMMLER, W., 1974: Zum Wesen und Wirkungsmechanismus des einheitlichen sozialistischen Geldumlaufs und seiner Bedeutung für die Stabilität des Geldsystems im Sozialismus, Diss., Berlin (O).
– 1983: Geldtheoretische Aspekte der kollektiven Währung der Mitgliedsländer des RGW, transferabler Rubel. In: Wissenschaftliche Zeitschrift der Humboldt-Universität zu Berlin, 4.
TOBIN, J., 1957/58: Liquidity Preference as a Behavior Towards Risk. In: The Review of Economic Studies, 25, S. 65-86.
– 1961: Money, Capital and Other Stores of Value. In: The American Economic Review, 51, S. 26-37.

- 1965: The Theory of Portfolio Selection. In: F. H. HAHN, F. P. R. BRECHLING (Hrsg.), The Theory of Interest Rates, London, S. 3–51.
- 1978: Grundsätze der Geld- und Staatsschuldenpolitik, Baden-Baden.

VINCENTZ, V., 1981: Über die Ausgestaltung von Prämiensystemen. In: G. HEDTKAMP (Hrsg.), Anreiz- und Kontrollmechanismen in Wirtschaftssystemen I, Berlin, S. 99–125.

WAGNER, U., 1967: Interessenkonflikte zwischen politischer Führung und Betriebsleitungen in sowjetischen Zentralverwaltungswirtschaften, dargestellt am Beispiel der Industrie Mitteldeutschlands, Diss. Marburg.

WEITZMANN, M., 1976: The New Soviet Incentive Model. In: Bell Journal of Economics, 7, S. 251–257.

WERALSKI, M., 1982: Das Finanzsystem der volkseigenen Betriebe in Polen. In: Osteuropa-Wirtschaft, 27, S. 46–54.

WIATR, M. S., 1984: Motivationssystem in der Wirtschaftsreform in Polen. In: Forschungsbericht des Wiener Instituts für internationale Wirtschaftsvergleiche, 100, Wien.

WILCZYNSKI, J., 1978: Comparative Monetary Economics. Capitalist and Socialist Monetary Systems and their Interrelations in the Changing International Scene, London.

WILES, P., 1960: Rationality, the Market, Decentralization, and the Territorial Principle. In: G. GROSSMAN (Hrsg.), Value and Plan, Berkeley and Los Angeles, S. 184–203.
- 1983: Soviet Inflation 1982. In: Jahrbuch der Wirtschaft Osteuropas, 10, S. 132–156.

WYCZANSKI, P., 1985: Schwarzmarktdevisenkurse in Polen 1980–1982, Übers. a. d. Poln. In: Osteuropa, 35, A. 275–279.

ZALESKI, E., 1984: Die polnische Wirtschaftskrise und ihre Auswirkung auf den RGW. In: H.-H. HÖHMANN, H. VOGEL (Hrsg.), Osteuropas Wirtschaftsprobleme und die Ost-West-Beziehungen, Köln, S. 61–90.

ZAUBERMAN, A., 1949/50: Economic Thought in the Soviet Union. In: Review of Economic Studies, 16, S. 102–116.
- 1960: The Soviet Debate on the Law of Value and Price Formation. In: G. GROSSMAN (Hrsg.), Value and Plan, Berkeley and Los Angeles, S. 17–35.

ZIELINKSI, J. G., 1971: On the Effectiveness of the Polish Economic Reforms. In: Soviet Studies, 22, S. 406–432.
- 1973: Economic Reform in Polish Industry, London.

ZIMMERMANN, H. u. a., 1957: Geld und Kredit in der Deutschen Demokratischen Republik, Berlin (O).

ZWASS, A., 1979: Money, Banking and Credit in the Soviet Union and Eastern Europe, London and Basingstoke.

Periodika

Glowny Urzad Statystyczny, Rocznik Statystyczny, Warszawa, versch. Jahrgänge.
Glowny Urzad Statystyczny, Rocznik Statystyczny Finansow, Warszawa, versch. Jahrgänge.
Narodowy Bank Polski, Information Bulletin, Warszawa, versch. Jahrgänge.
Österreichische Ost- und Südosteuropa-Institut, Wien, Presseschau Ostwirtschaft, versch. Jahrgänge.
Staatliche Zentralverwaltung für Statistik, Statistisches Jahrbuch der Deutschen Demokratischen Republik, Berlin (O), versch. Jahrgänge.
United Nations, Economic Survey of Europe, versch. Jahrgänge.
United Nations, Monthly Bulletin of National Statistics, 12 (1981).
United Nations, Yearbook of National Accounts Statistics, New York, versch. Jahrgänge.

Anhang

Tab. 1: Entwicklung der gesamtwirtschaftlichen Geldmenge und ihrer Verwendungskomponenten in Polen 1950–1983 (Stand am Jahresende in Mrd. Zloty)

	M	M^p		M^{sw}			M^g	
		B^p	D^p	B^{sw}	D^{sw2}	F^{sw}	D^g	X^1
1950	17,9	3,9	0,2	0,7	9,0	2,2	9,7	7,8
1951	15,3	4,8	0,4	0,7	9,1	2,7	17,3	19,7
1952	15,4	5,4	0,5	0,8	10,0	2,7	24,9	28,9
1953	21,1	7,6	0,7	0,8	13,1	3,4	31,0	35,5
1954	24,0	9,2	1,0	0,9	15,2	3,4	30,1	35,8
1955	22,6	10,6	1,6	0,9	16,0	2,6	27,8	36,9
1956	33,7	16,4	2,6	1,1	20,0	2,5	29,8	38,7
1957	47,5	18,6	6,1	1,1	28,2	4,6	31,6	42,7
1958	58,7	21,4	8,3	1,2	32,8	10,4	28,8	44,2
1959	68,2	22,0	12,7	1,2	35,9	15,5	29,1	48,2
1960	85,0	25,1	17,0	1,3	36,6	24,1	38,5	57,6
1961	97,3	29,1	19,9	1,5	40,9	28,4	36,8	59,3
1962	104,3	31,0	26,3	1,5	39,0	33,7	39,6	66,7
1963	133,4	31,7	35,3	1,5	46,7	52,8	46,8	81,4
1964	144,7	34,9	43,3	1,8	45,8	42,5	67,0	90,6
1965	160,8	37,4	52,6	2,0	55,4	49,7	65,4	101,7
1966	197,6	42,2	65,1	1,9	66,4	75,1	53,6	106,7
1967	239,7	45,7	78,9	2,6	72,4	92,7	58,8	111,4
1968	290,3	50,5	91,1	2,8	83,4	113,5	63,7	114,7
1969	368,3	53,2	105,8	4,2	96,7	140,8	88,4	120,8
1970	441,8	53,5	117,4	5,1	92,2	156,1	148,6	131,1
1971	691,8	61,3	136,5	6,0	228,9	163,6	237,6	142,1
1972	687,9	69,8	169,9	8,4	178,2	155,4	253,3	147,1
1973	845,7	85,5	213,0	10,8	268,3	188,8	228,0	148,7
1974	1087,5	105,8	264,2	11,3	419,0	234,4	203,3	150,5
1975	1409,8	127,7	307,3	13,5	597,7	309,8	210,5	156,7
1976	1763,0	147,4	339,1	16,6	727,7	333,3	367,9	169,0
1977	2155,4	162,4	376,2	19,9	938,1	374,6	459,4	175,2
1978	2533,8	185,1	414,6	24,2	1121,1	383,1	598,7	184,0
1979	2768,2	211,0	463,6	27,9	1205,3	412,2	632,2	184,0
1980	3055,3	266,0	499,8	30,7	1506,7	439,4	498,8	186,1
1981	3707,5	370,7	678,5	38,3	1975,7	459,9	370,5	186,1
1982	4929,0	564,2	880,8	51,2	2843,0	577,3	198,6	186,1
1983	5640,0	663,1	1075,5	67,5	3148,7	644,3	227,0	186,1

Quelle: Rocznik Statystyczny Finansow, Narodowy Bank Polski, Rocznik Statystyczny, versch. Jahrg.

[1] $X = -\sum_{t=1950}^{1983} (E^g - A^g)$

[2] $D^{sw} = SD^{sw} + R^{sw}$

Tab. II: Entwicklung der privaten Geldbestände und ihrer Komponenten in der DDR und in Polen 1950–1983 (Stand am Jahresende in Mrd. Mark bzw. Zloty)

	DDR				Polen			
	M^P	B^P	D^P	$\frac{B^P}{M^P}$	M^P	B^P	D^P	$\frac{B^P}{M^P}$
1950	4,64	3,36	1,28	0,72	4,12	3,95	0,17	0,96
1951	4,78	3,33	1,45	0,70	5,22	4,85	0,37	0,93
1952	5,38	3,35	2,03	0,63	5,89	5,41	0,48	0,92
1953	6,10	3,56	2,54	0,58	8,29	7,59	0,70	0,92
1954	8,01	4,30	3,71	0,54	10,23	9,19	1,04	0,90
1955	9,06	4,12	4,94	0,45	12,20	10,63	1,57	0,87
1956	10,58	4,50	6,08	0,43	19,01	16,36	2,65	0,86
1957	12,47	3,48	8,99	0,28	24,69	18,57	6,12	0,74
1958	15,02	3,76	11,26	0,25	29,70	21,42	8,28	0,72
1959	18,19	4,16	14,03	0,23	34,61	21,96	12,65	0,63
1960	22,04	4,54	17,50	0,21	42,04	25,07	16,97	0,60
1961	24,39	4,22	20,17	0,17	48,97	29,08	19,89	0,59
1962	25,96	4,41	21,55	0,17	57,40	31,05	26,35	0,54
1963	28,21	4,51	23,70	0,16	67,02	31,57	35,27	0,47
1964	31,87	4,50	27,37	0,14	78,21	34,96	43,35	0,45
1965	36,44	5,16	31,28	0,14	90,03	37,37	52,66	0,42
1966	40,50	5,47	35,03	0,13	107,34	42,20	65,14	0,39
1967	44,82	5,84	38,98	0,13	124,56	45,70	78,86	0,37
1968	49,75	6,43	43,32	0,13	141,65	50,52	91,13	0,36
1969	55,09	7,04	48,05	0,13	158,99	53,19	105,80	0,33
1970	59,56	7,41	52,15	0,12	170,90	53,51	117,39	0,31
1971	63,40	7,68	55,72	0,12	197,81	61,33	136,48	0,31
1972	68,75	8,78	59,97	0,13	239,69	69,80	169,89	0,29
1973	74,30	9,18	65,12	0,12	298,52	85,48	213,04	0,29
1974	79,50	9,58	70,22	0,12	370,05	105,83	264,22	0,28
1975	85,45	10,14	75,31	0,12	434,98	127,72	307,27	0,29
1976	90,70	10,49	80,21	0,11	486,47	147,41	339,06	0,30
1977	97,39	11,31	86,08	0,12	538,61	162,39	376,22	0,30
1978	103,96	11,91	92,05	0,11	599,70	185,10	414,60	0,31
1979	109,43	12,37	96,96	0,11	674,60	211,03	463,57	0,31
1980	111,98	12,25	99,73	0,11	765,77	265,98	499,79	0,35
1981	115,27	12,31	102,96	0,11	1049,20	370,70	678,50	0,35
1982	120,10	12,53	107,57	0,10	1445,00	564,20	880,80	0,39
1983	126,96	13,03	113,93	0,10	1738,60	663,10	1075,50	0,38

Quelle: Statistische Jahrbücher der DDR, Narodowy Bank Polski, Rocznik Statystyczny Finansow, Rocznik Statystyczny, versch. Jahrgänge.

Tab. III: Entwicklung der gesamtwirtschaftlichen Geldmenge und ihrer Entstehungskomponenten in Polen 1950–1983 (Stand am Jahresende in Mrd. Zloty)

	M	K^{sw}		K^{pw}		K^{ph}		K^g	RK
		K_I^{sw}	K_U^{sw}	K_L^{qw}	K_R^{pw}	K_W^{ph}	K_C^{qh}		
1950	17,9	3,9	28,1	0,7	—	—	—	—	− 12,0
1951	15,3	2,0	34,4	0,8	—	—	—	—	− 21,9
1952	15,4	1,9	44,5	0,8	—	—	0,4	—	− 32,2
1953	21,1	2,0	59,1	0,9	—	—	0,8	—	− 41,7
1954	24,0	2,3	61,9	1,3	—	—	0,9	—	− 42,4
1955	22,6	2,3	62,3	1,6	—	0,1	0,8	—	− 44,5
1956	33,7	4,9	71,9	2,3	0,1	0,1	1,0	—	− 46,6
1957	47,5	5,9	86,9	3,8	0,3	0,5	1,1	—	− 51,0
1958	58,7	8,3	96,2	5,4	0,2	1,3	1,3	—	− 54,0
1959	68,2	11,2	105,4	6,9	0,2	2,3	2,4	—	− 60,2
1960	85,0	14,5	124,3	8,7	0,2	3,1	3,5	—	− 69,3
1961	97,3	15,8	135,3	9,6	0,2	3,8	4,1	—	− 71,5
1962	104,4	18,8	145,1	10,8	0,2	4,2	4,9	—	− 79,6
1963	133,4	21,7	183,9	13,2	0,2	4,6	5,5	—	− 95,7
1964	144,7	25,3	196,1	17,2	0,3	5,0	6,0	—	− 105,2
1965	160,8	30,1	212,4	21,7	0,5	5,6	6,9	—	− 116,4
1966	197,6	41,2	238,1	25,5	0,7	6,2	8,9	—	− 123,0
1967	239,7	57,4	266,2	29,9	0,9	6,8	8,7	—	− 130,2
1968	290,3	88,0	284,2	31,0	1,0	7,6	8,1	—	− 132,6
1969	368,3	140,0	316,2	38,8	1,1	8,3	8,4	—	− 144,5
1970	441,8	190,3	346,0	40,8	1,0	9,1	11,8	—	− 157,2
1971	691,8	374,5	418,1	43,5	1,0	9,6	13,1	—	− 168,0
1972	687,9	316,8	463,4	49,5	1,0	11,0	16,5	—	− 170,3
1973	845,7	398,3	533,9	56,6	1,0	12,8	16,0	—	− 172,9
1974	1087,5	527,6	641,4	61,3	1,1	14,7	14,6	—	− 173,2
1975	1409,8	686,6	822,8	64,9	1,2	16,9	14,4	—	− 197,0
1976	1763,0	883,3	965,3	68,5	1,2	19,3	14,3	—	− 188,9
1977	2155,4	1043,9	1167,3	81,6	1,3	21,5	16,7	—	− 176,9
1978	2533,8	1301,7	1275,8	94,6	1,4	24,2	17,4	—	− 183,1
1979	2768,3	1429,3	1395,8	103,7	1,4	25,8	19,7	—	− 207,9
1980	3055,3	1548,6	1531,1	107,3	2,4	27,9	18,6	—	− 180,6
1981	3707,5	1638,0	1667,0	113,3	3,0	29,7	18,7	195,0	42,8
1982	4929,0	1846,0	1952,1	140,3	7,3	35,5	40,5	216,0	691,3
1983	5640,0	2047,5	2096,2	162,6	13,1	52,7	66,5	398,6	802,8

Quelle: Rocznik Statystyczny Finansow, Narodowy Bank Polski, Rocznik Statystyczny, versch. Jahrg.

Tab. IV: Entwicklung monetärer und güterwirtschaftlicher Aggregate in Polen (jährliche Änderungsraten in v. H.)

	Gesamtwirtschaft			Privater Sektor	
		Nationaleinkommen		Bankguthaben und Bargeldmenge	privater Verbrauch
	Geldmenge	Produktion	Verwendung		
1951	−14,6	7,5	7,5	23,9	−
1952	0,6	6,2	6,1	12,1	−
1953	37,0	10,4	10,3	36,6	−
1954	13,7	10,5	10,6	21,8	−
1955	− 5,8	8,3	8,9	18,1	−
1956	49,1	7,0	7,8	56,6	−
1957	40,9	10,7	13,6	28,6	−
1958	23,6	5,5	3,2	19,8	−
1959	16,2	5,1	7,0	16,0	−
1960	24,6	4,4	3,0	20,9	−
1961	14,5	8,1	7,3	16,5	6,0
1962	7,6	2,1	2,7	16,8	3,0
1963	27,4	6,9	6,3	16,0	5,0
1964	8,6	6,7	4,9	17,1	4,0
1965	11,0	6,9	8,3	15,0	6,0
1966	22,8	7,1	7,4	18,6	5,6
1967	21,3	5,7	4,5	18,6	4,7
1968	21,4	8,9	8,5	13,4	6,2
1969	26,6	2,9	3,5	13,0	4,5
1970	19,9	5,2	5,0	7,8	4,0
1971	56,6	8,1	9,8	15,8	7,0
1972	− 0,6	10,5	12,5	21,7	8,6
1973	22,9	10,8	14,3	24,6	8,6
1974	28,6	10,5	12,0	23,4	6,8
1975	29,6	8,9	9,5	17,6	11,2
1976	25,0	6,8	6,5	12,2	8,6
1977	22,3	4,9	2,2	11,0	6,5
1978	17,6	3,0	0,5	13,5	1,1
1979	9,2	− 2,3	− 3,7	12,6	3,3
1980	10,3	− 5,9	− 6,0	13,5	2,2
1981	21,3	−12,0	−10,5	37,0	− 4,5
1982	32,9	− 5,4	−10,5	37,7	−14,9
1983	14,4	6,0	5,4	20,3	6,5

Quelle: Narodowy Bank Polski; Rocznik Statystyczny, versch. Jahrgänge.

Tab. V: Entwicklung monetärer und güterwirtschaftlicher Aggregate in der DDR (jährliche Änderungsraten in v.H.)

	Privater Sektor		
	Bankguthaben und Bargeldmenge	Einzelhandelsumsatz	privater Verbrauch
1951	3,0	24,0	14,9
1952	12,6	16,8	13,9
1953	13,6	9,4	6,7
1954	31,1	8,6	7,4
1955	13,1	6,2	5,4
1956	16,8	3,5	2,1
1957	19,9	6,7	7,5
1958	20,4	9,6	7,8
1959	21,1	10,2	8,4
1960	21,2	6,9	5,2
1961	10,7	5,8	3,6
1962	6,5	−0,7	0,0
1963	8,6	0,3	0,6
1964	13,0	3,3	3,5
1965	14,3	4,3	4,0
1966	11,1	4,1	3,9
1967	10,7	3,9	4,3
1968	11,0	4,9	3,6
1969	10,7	6,0	5,7
1970	8,1	4,3	3,8
1971	6,5	3,9	3,6
1972	8,4	6,0	6,3
1973	8,1	5,8	5,3
1974	7,4	6,1	5,6
1975	7,6	3,4	3,6
1976	6,1	4,6	4,0
1977	7,4	4,4	4,4
1978	6,7	3,4	3,7
1979	5,3	3,5	4,1
1980	2,3	4,5	3,4
1981	2,9	2,5	2,8
1982	4,2	1,0	1,4
1983	5,7	0,7	1,0

Quelle: Statistisches Jahrbuch der DDR, versch. Jahrgänge.

Alternativberechnung zur Geldmenge in Polen

Bleiben die kumulierten Budgetüberschüsse bei der Berechnung der Geldmenge unberücksichtigt, gilt:

$MI = B + D^p + D^{sw} + D^g = M - X.$

Entsprechend Tab. I ergeben sich dann für das monetäre Aggregat folgende Beträge in Mrd. Zloty:

1950 – 25,7	1960 – 142,6	1970 – 572,9	1980 – 3241,4
1951 – 35,0	1961 – 156,6	1971 – 833,9	1981 – 3893,6
1952 – 44,3	1962 – 171,4	1972 – 835,0	1982 – 5115,1
1953 – 56,6	1963 – 214,8	1973 – 994,4	1983 – 5826,1
1954 – 59,8	1964 – 235,5	1974 – 1238,0	
1955 – 59,5	1965 – 262,6	1975 – 1566,5	
1956 – 72,4	1966 – 304,3	1976 – 1932,0	
1957 – 90,2	1967 – 351,1	1977 – 2330,6	
1958 – 102,9	1968 – 405,6	1978 – 2717,8	
1959 – 116,4	1969 – 489,1	1979 – 2954,3	

Die durchschnittliche jährliche Wachstumsrate von MI beträgt im gesamten Untersuchungszeitraum 18 v. H. und differiert somit von M um 2 Prozentpunkte. Die Abweichungen zwischen den beiden Geldmengenaggregaten sind in den fünfziger und sechziger Jahren größer, was in den relativ hohen Budgetüberschüssen dieser Periode begründet ist. Die relativen Abweichungen der Expansionsraten von M und MI liegen – nach Bereinigung der Extremwerte – im gesamten Untersuchungszeitraum bei durchschnittlich 36 v. H., während sie ab Mitte der sechziger Jahre auf 17 v. H. und nach 1975 auf 6,5 v. H. fallen. Zwischen 1950 und 1965 beträgt der Abweichungsgrad durchschnittlich 66 v. H.

Die Vernachlässigung der Budgetüberschüsse ergibt für den gesamten Untersuchungszeitraum nur geringfügige Verschiebungen in der Verwendungsstruktur der Geldmenge MI gegenüber M (Tab. II.2 und Tab. VI).

Tab. VI: Anteile der Verwendungskomponenten am Wachstum der Geldmenge MI in Polen 1950–1983 (in v. H.).

	M^p		M^{sw}			D^g
	B^p	D^p	B^{sw}	D^{sw}	F^{sw}	
1950–1983	11,4	18,5	1,1	54,2	11,1	3,7
1950–1980	8,2	15,5	0,9	46,6	13,6	15,2
1980–1983	15,5	22,4	1,6	62,6	8,0	−10,1

Zwangsläufig erhalten die Einlagen des Staates ein größeres Gewicht. Der positive Absorptionsanteil ist größer, weil D^g nicht durch die kumulierten Budgetüberschüsse belastet wird. Der Kontraktionseffekt fällt stärker aus ($D^g = -10,1$; $M^g = -8,4$), da eine Auflösung der stillgelegten Mittel offensichtlich nicht erfolgt ist.

Bei Fragen zur Produktsicherheit wenden Sie sich bitte an:
If you have any questions regarding product safety,
please contact:

Walter de Gruyter GmbH
Genthiner Straße 13
10785 Berlin
productsafety@degruyterbrill.com